actitud
buenos aires
unplugged
FIN DE SEMANA - WEEKEND

NATASHA ELLIOT & SOFÍA POMAR

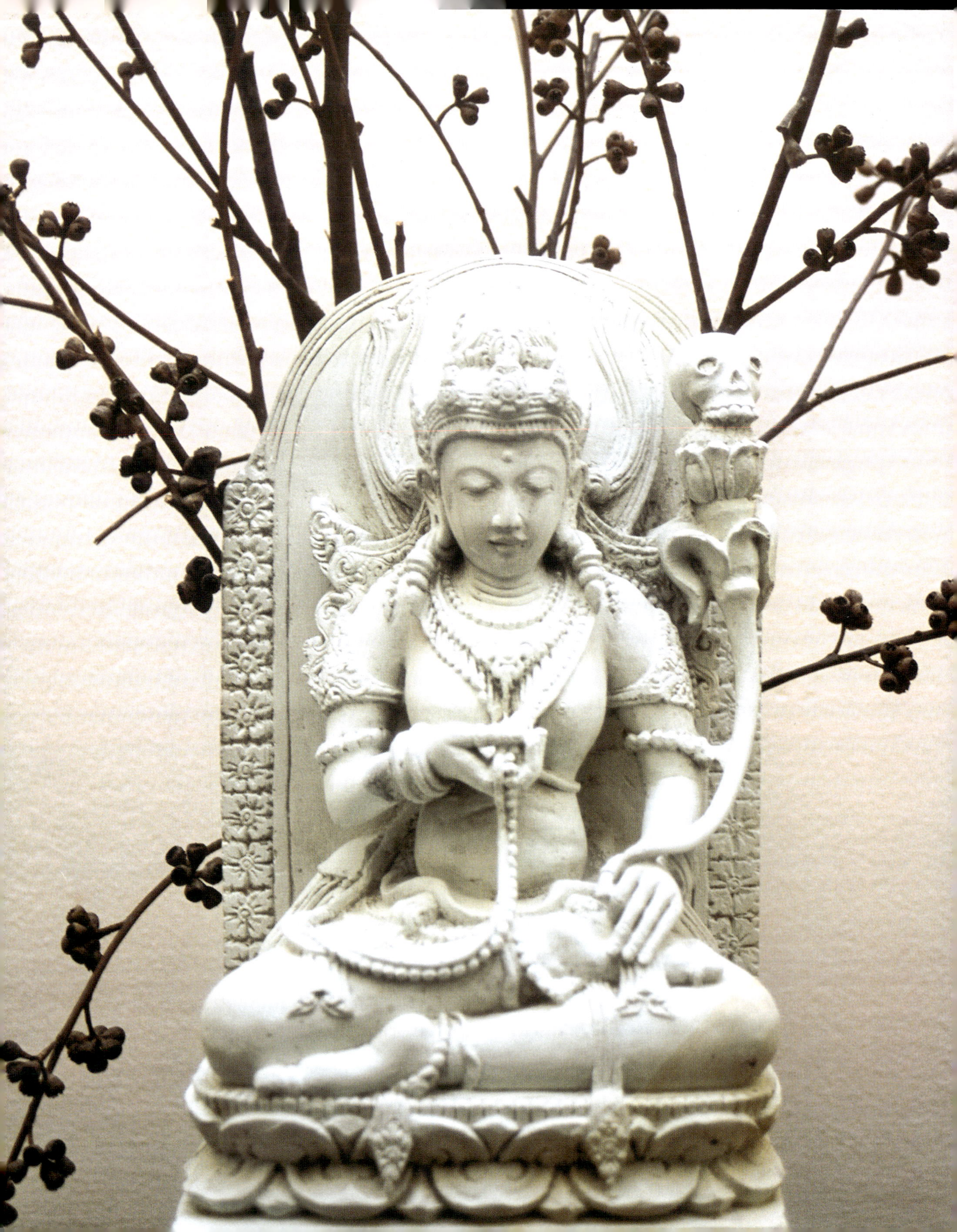

FOTOGRAFÍA
MARIANO GALPERIN

actitud
buenos aires
unplugged
FIN DE SEMANA - WEEKEND

NATASHA ELLIOT & SOFÍA POMAR

Acuático

- 11 LA JUANITA
  viaje - short trip
- 17 VILLA JULIA
  viaje - short trip
- 21 LA PASCUALA
  viaje - short trip
- 27 EVIAN
  capricho - delight
- 31 LOS PECANES
  paseo - outing
- 37 FUNDACIÓN PROA
  paseo - outing

Urbano

- 41 EL DIAMANTE
  gusto - tasting
- 47 PARRILLA LA ESQUINA
  gusto - tasting
- 51 PARK TOWER
  viaje - short trip
- 57 SALÓN MUARÉ
  capricho - delight
- 63 BOTÁNICO
  paseo - outing
- 69 SAN MARTÍN
  paseo - outing

Telúrico

- 77 EL CHANGO
  gusto - tasting
- 81 GAUCHITO GIL
  capricho - delight
- 87 MATADEROS
  capricho - delight
- 93 FOLKLORE
  capricho - delight
- 97 PAN Y TEATRO
  gusto - tasting
- 103 CHASCOMÚS
  paseo - outing

De luxe

- 109 FAENA
  paseo - outing
- 117 SANTA RITA
  viaje - short trip
- 123 BRAGA MENÉNDEZ
  capricho - delight
- 129 JOSÉ IGNACIO
  viaje - short trip
- 137 PROMENADE
  capricho - delight
- 143 FAGLIANO
  capricho - delight

Retro

- 149 ETERNAUTAS
  paseo - outing
- 153 COLONIA
  paseo - outing
- 161 BAR DE ROBERTO
  gusto - tasting
- 165 EL CASCO
  viaje - short trip
- 169 MONTEVIDEO
  viaje - short trip
- 175 CARLOS KEEN
  paseo - outing

Global

- 181 BARRIO CHINO
  capricho - delight
- 187 BEREBER
  gusto - tasting
- 193 OUI OUI
  gusto - tasting
- 197 L'EAU VIVE
  gusto - tasting
- 203 CARMELO
  viaje - short trip
- 211 ESCUELA ARMENIA
  gusto - tasting

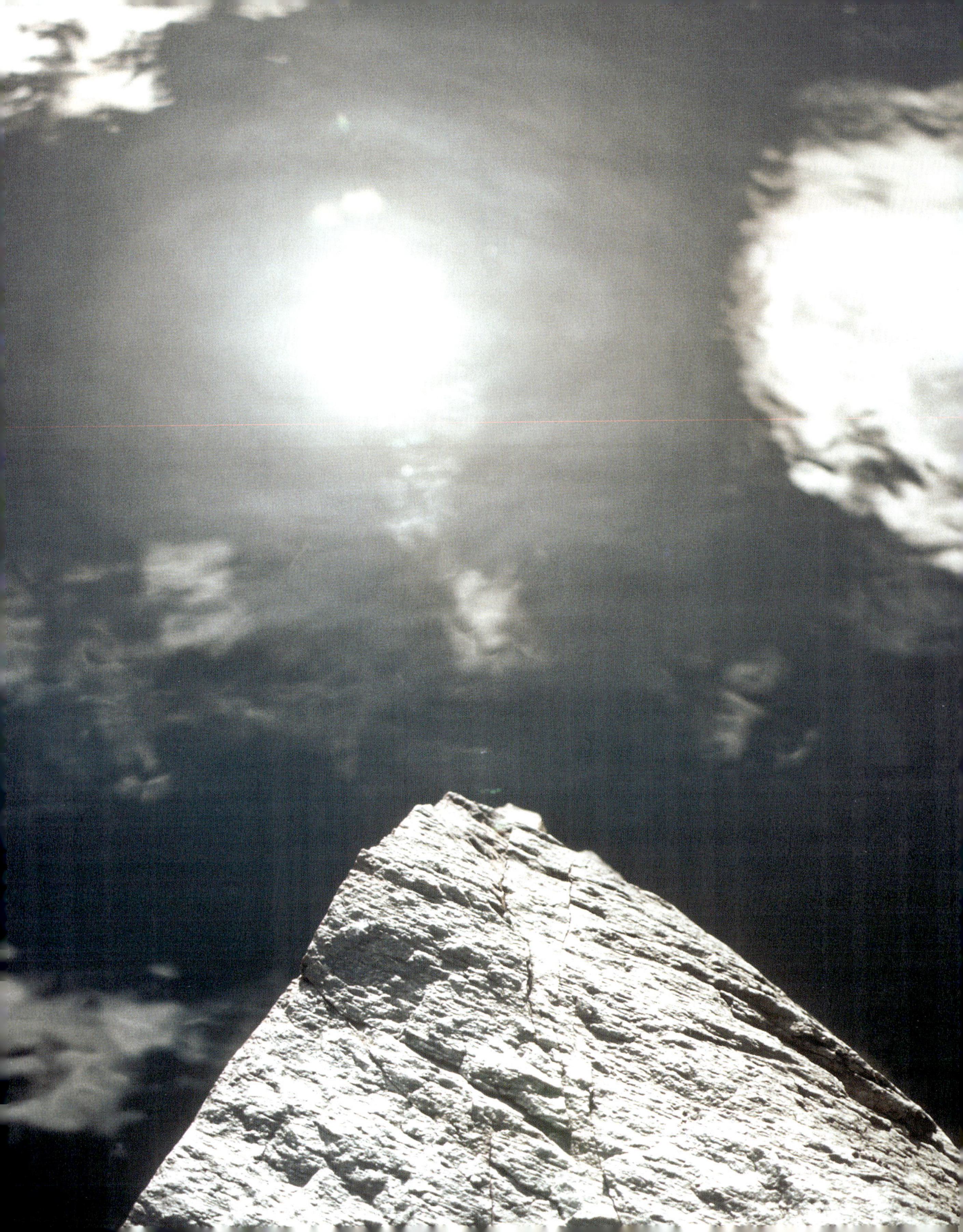

Natasha Elliot
Sofía Pomar

introducción
INTRODUCTION

Cada porteño tiene su propia imagen de la escapada perfecta. Algunos tocan el cielo con las manos frente a un amanecer sobre el río; otros encuentran el paraíso terrenal en una empanada jugosa y picante. Por más breve que sea, si incluye diversión, aventura o reflexión, bien vale como desenchufe de las urgencias urbanas.

Un fin de semana implica poco tiempo y mucho para elegir… Buenos Aires misma, antropófaga y astuta, encierra enclaves que, sin ticket ni aduana, transportan mentes y espíritus lejos, en tiempo o en espacio. Las otras propuestas de desenchufe incluyen rutas, timones, alas y hasta *free shop*. Pero ninguna nos va a alejar a más de tres horas del kilómetro 0, no vaya a ser que arremetan nostalgias porteñas, incomodidades o las fatigas propias del viajero.

Nuevas investigaciones y degustaciones, más kilómetros recorridos, y la vista hacia el cielo implorando buen tiempo, constituyen la esencia de **Buenos Aires Unplugged**. Los 6 capítulos presentan distintos paisajes, disponibles dentro o fuera -pero no tanto- de la ciudad. Historias, leyendas, *tips*, horizontes nuevos y personajes nos hacen recordar, siempre con estilo y a veces con una copita en la mano, qué bueno es imaginar, disfrutar, descansar y conocer.

As *porteños*, we have our own image of the perfect escape. Ones feel they have reached heaven by witnessing a river sunset. Others find paradise in a spicy *empanada*. If the experience has fun, adventure, or reflection it well counts as a rescue trip away from our busy-busy urban life.

A weekend implies little time and a broad menu of destinations… Buenos Aires itself, ferocious and wise, hides enclaves that —without the need of a ticket or customs— transport minds and spirits far in time and space. Other disconnection proposals include routes, rudders, wings, and even a Free Shop. But none will lead us farther than three hours away from this capital. We will prove that traveling can be easy!

New investigations and tastings, more and more kilometers, and implorations for good weather are the essence of **Buenos Aires Unplugged**. The six chapters present diverse landscapes, available inside and out of the city. Life anecdotes, legends, tips, and new horizons and characters make us remember —always with style or with a drink in hand— how good it feels to imagine, enjoy, relax, and discover.

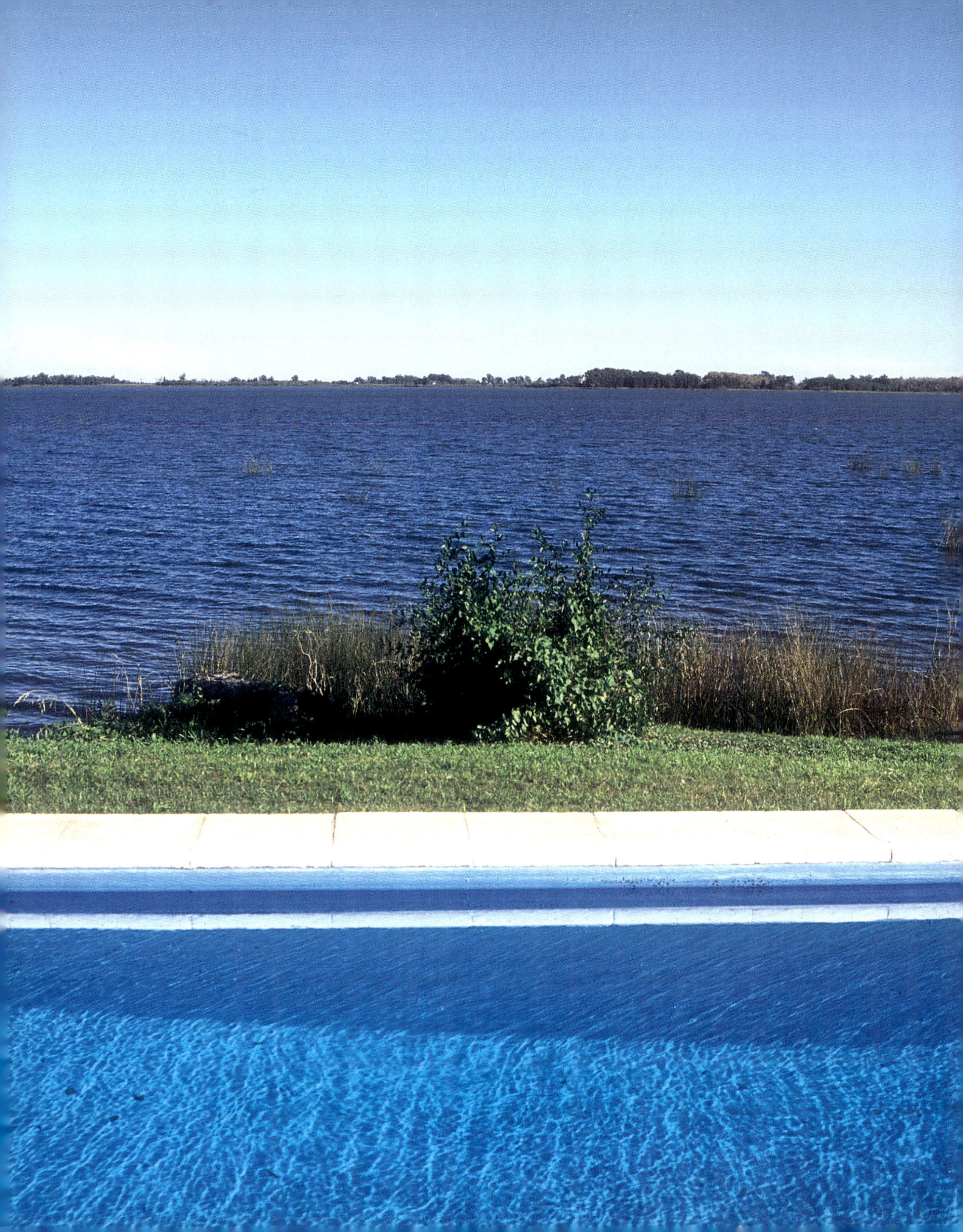

La Juanita
Ruta 2, Km. 127,5 y
Km. 7 por camino de tierra
Chascomús
15 52 26 91 58

la juanita
VIAJE

La conservación de la naturaleza no es sólo cuestión del Estado. Cada vez más propietarios de campos argentinos apuestan a ganar dinero preservando no sólo la flora y la fauna autóctonas, sino también el patrimonio arquitectónico y los paisajes naturales. Convirtiendo sus propiedades en lugares para quedarse, los salvan de potenciales riesgos. Varios proyectos apuntan, aún sin proponérselo, al turismo sustentable. La **Estancia La Juanita** fue fundada en la década de 1830 por el General don Prudencio Ortiz de Rozas en la ribera Norte de la laguna del Burro: tierra de frontera, en el límite de la civilización con la pampa de los malones. Fue construida con ladrillo cocido; recién en 1853, sus nuevos dueños escoceses instalaron los baños de loza inglesa; junto a objetos y muebles rescatados de galpones y cobertizos, comparten con los anfitriones la tarea de revivir el tiempo pasado y las tradiciones de los pagos de Chascomús.

Al privilegio de habitar una casa con historia se le suma el de disfrutar de una geografía excepcional. Hospitalidad criolla a la vieja usanza: una atmósfera simple y familiar, que permite al recién llegado adueñarse de los espacios. Sorprende agradablemente descubrir que un servicio esmerado y con estilo propio no implica necesariamente precios altísimos. La pensión completísima, la pileta, la cancha de pelota vasca, los caballos y los carruajes son respuestas simples que todo lo solucionan.

Cuando se aquietan las prisas, la laguna adquiere su real dimensión. A metros de la vieja casona el agua es promesa de placeres, actividades y diversión, inimaginables a sólo una hora de la Capital. Pejerrey en invierno, y en verano enormes tarariras. La laguna es un clásico para quienes disfrutan del desafío de la pesca. Spinning, fly cast o tradicional; el menú es variado. Para mantenerse a distancia de los anzuelos, las carnadas y los pescados, el bote a motor conduce hacia otro tipo de aventuras en el ecosistema de las Lagunas Encadenadas.

Al anochecer se arma la reunión, alrededor de un buen vino o un juego de cartas. Y cuando la luz de las velas brilla y el hogar calienta, mejor tener alguna historia buena para contar. Es entonces cuando, por el arte y la magia de quien tiene la palabra, el tamaño de la presa aumenta, la navegación fue más riesgosa y la naturaleza, más maravillosa.

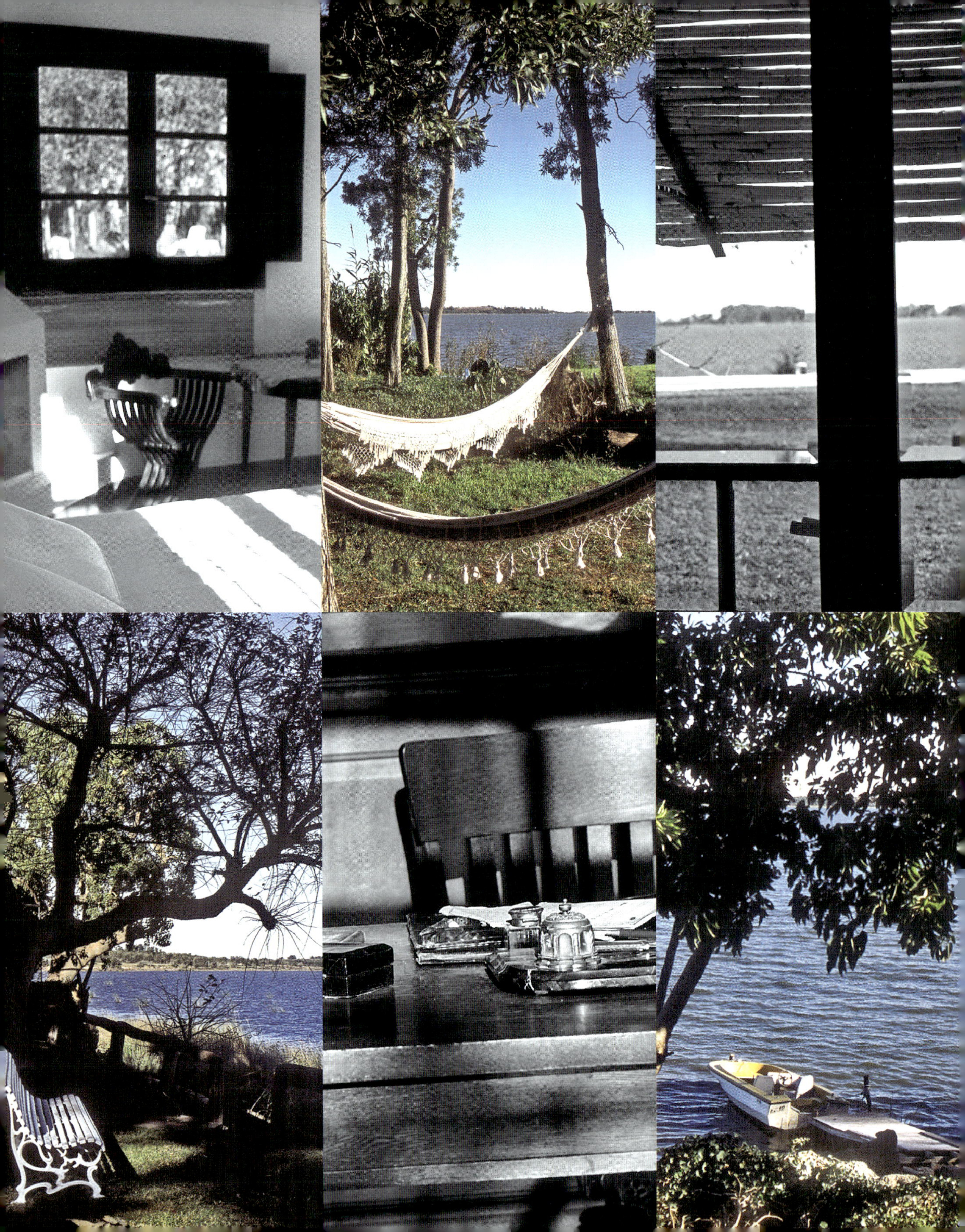

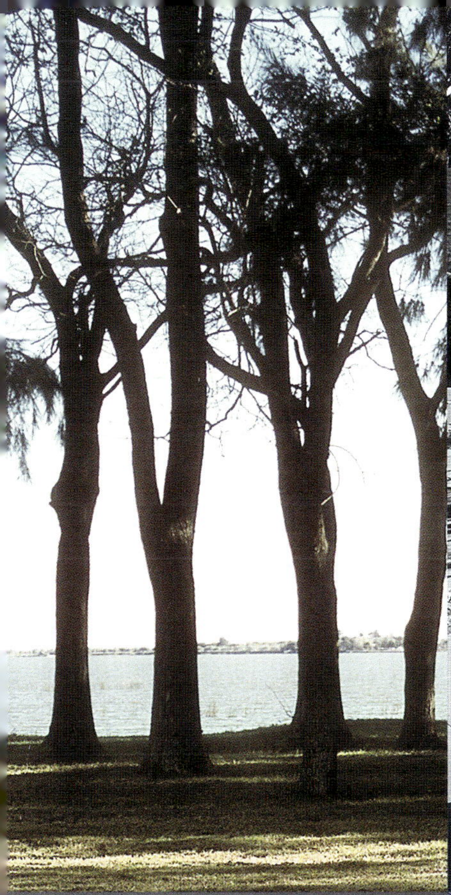
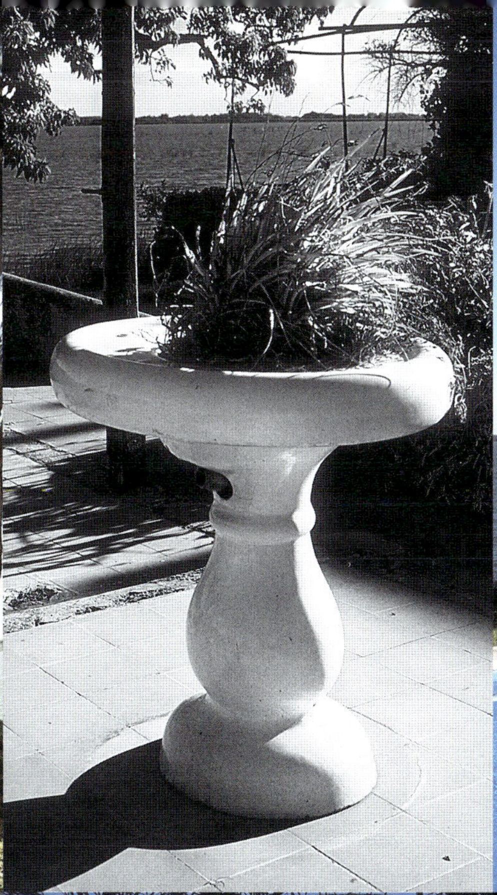
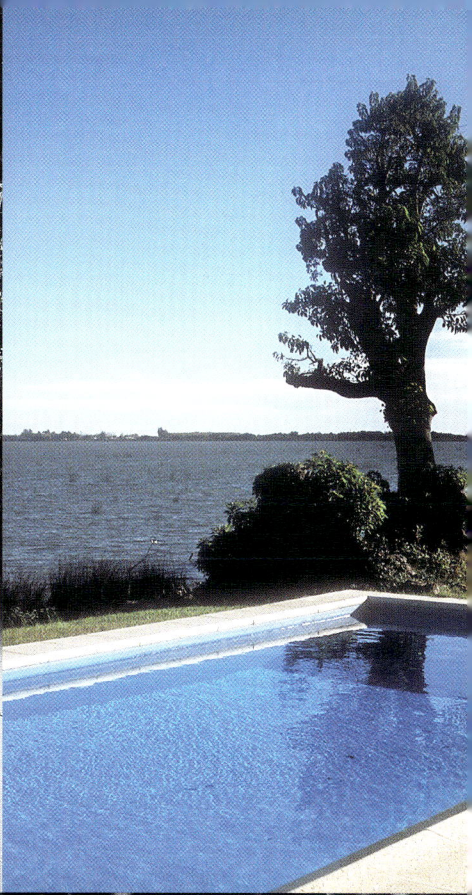
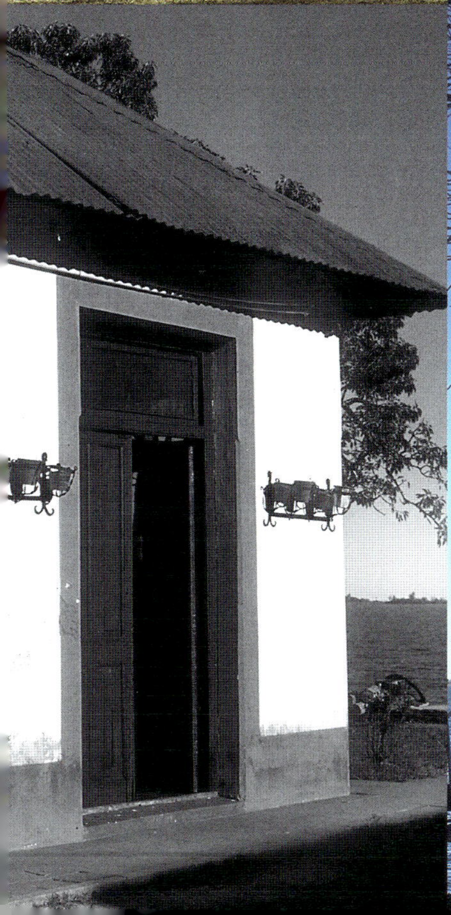
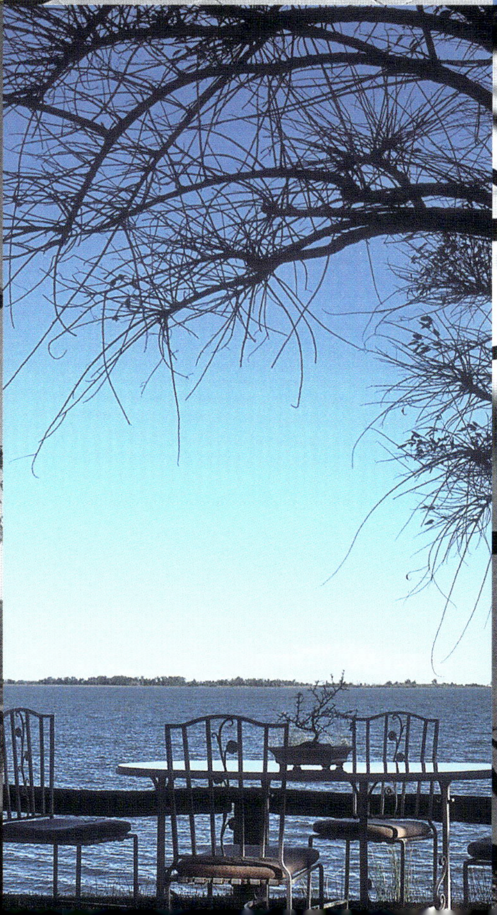
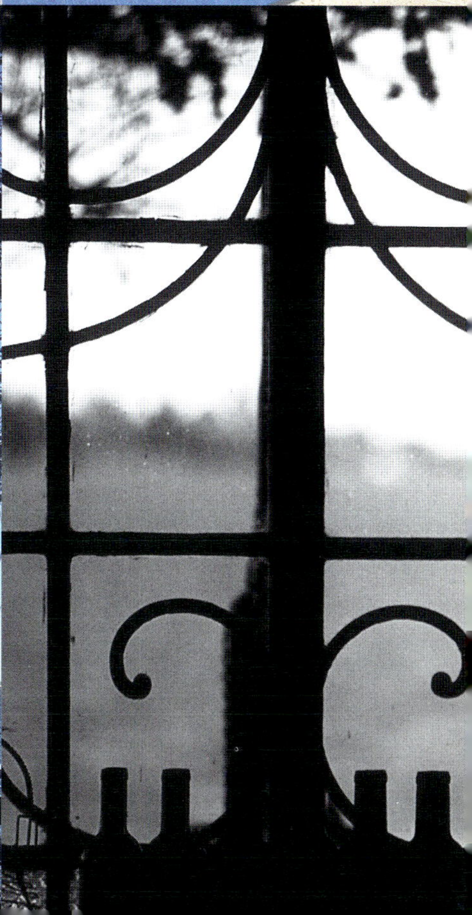

La Juanita
Ruta 2, Km. 127,5 y
Km. 7 por camino de tierra
Chascomús
15 52 26 91 58

la juanita

SHORT TRIP

Preserving nature is not solely a government issue. Everyday, more Argentine farm-owners try to make a profit by protecting, not only the autochthonous flora and fauna, but also the architectural patrimony and natural landscapes. Transforming their properties into tourist destinations prevents them from future destruction. Many of these projects become part of the sustainable, international-class tourism industry, without even trying. On the North side of the Burro lagoon, General Prudencio Ortiz de Rosas constructed **Estancia La Juanita** in 1830. This frontier farm that limits with the Pampa de los Malones was built out of baked bricks. In 1853 its Scottish owners first installed the porcelain bathrooms that still remain. Objects recovered from sheds and storages share with the current owner the task of revitalizing the history and tradition of Chascomús.

Impressive native scenery adds to the privilege of inhabiting a history-packed house. Old-fashioned hospitality, a family atmosphere, comfortable amenities and bedrooms make the just-arrived feel at home. Many could be surprised to find out that attentive-to-detail and personalized service is not as expensive as imagined. Room and board, pool, Basque ball court, horses and carriages are simple answers that solve just about everything. Spirits appeased, the lagoon, almost a sea, acquires its real dimension. A few meters away from the old manor, the glimpse of a water horizon –a promise of unimaginable pleasures and activities– is only a one-hour-drive from BA.

In winter, *pejerrey* and in summer, huge *tarariras*. This lagoon is a classic for those interested in the challenge of fishing. Spinning, fly cast or traditional; the menu is more than complete. Those who prefer to stay away from fishhooks and bait might seek fun at the Lagunas Encadenadas, rowing or on motorboat. Nightfall sets the stage for gatherings round a good wine and a card game. And when stories are told near the faint light of a bonfire, somehow the catch of the day grows larger and larger, the sailing becomes riskier, and nature more beautiful.

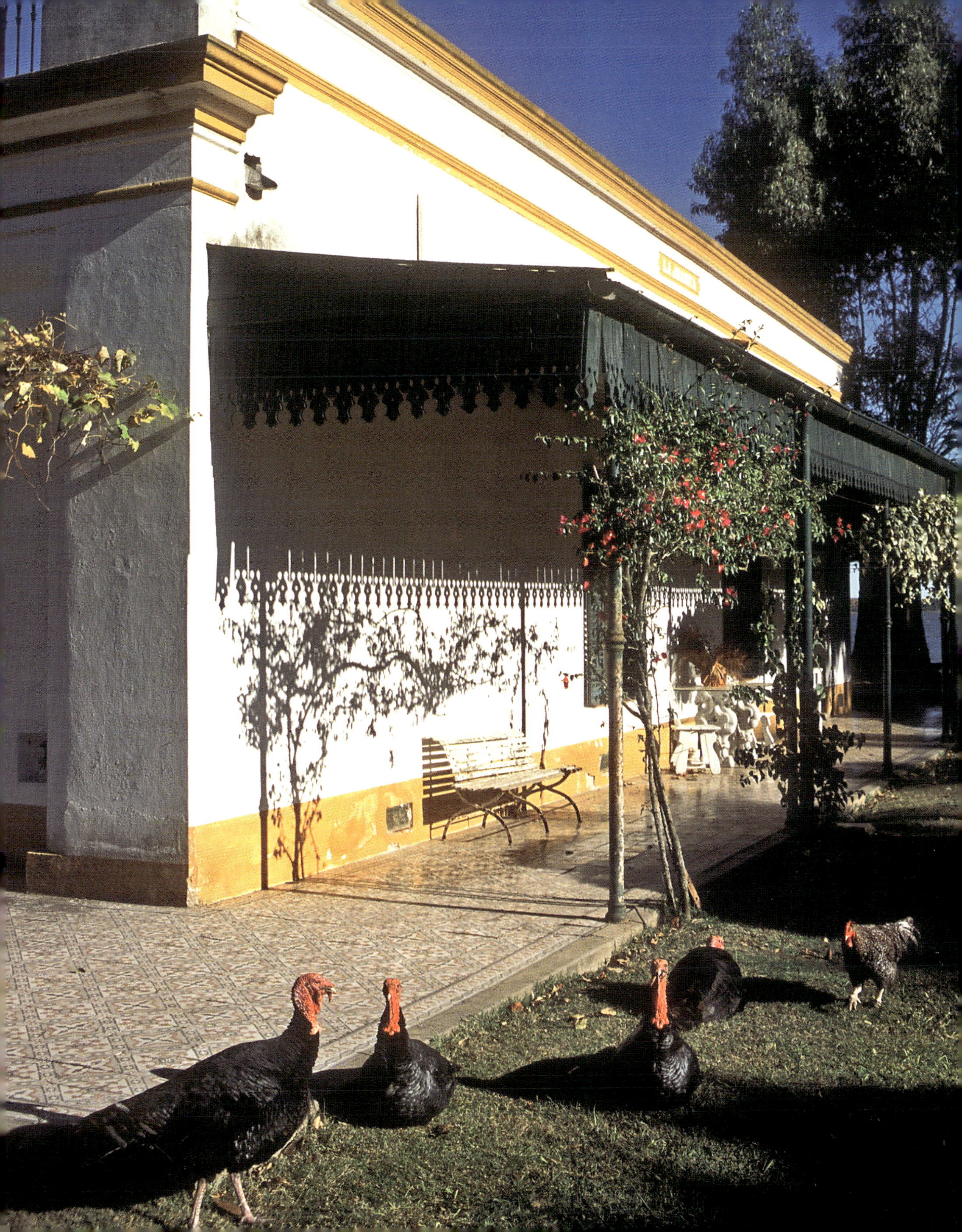

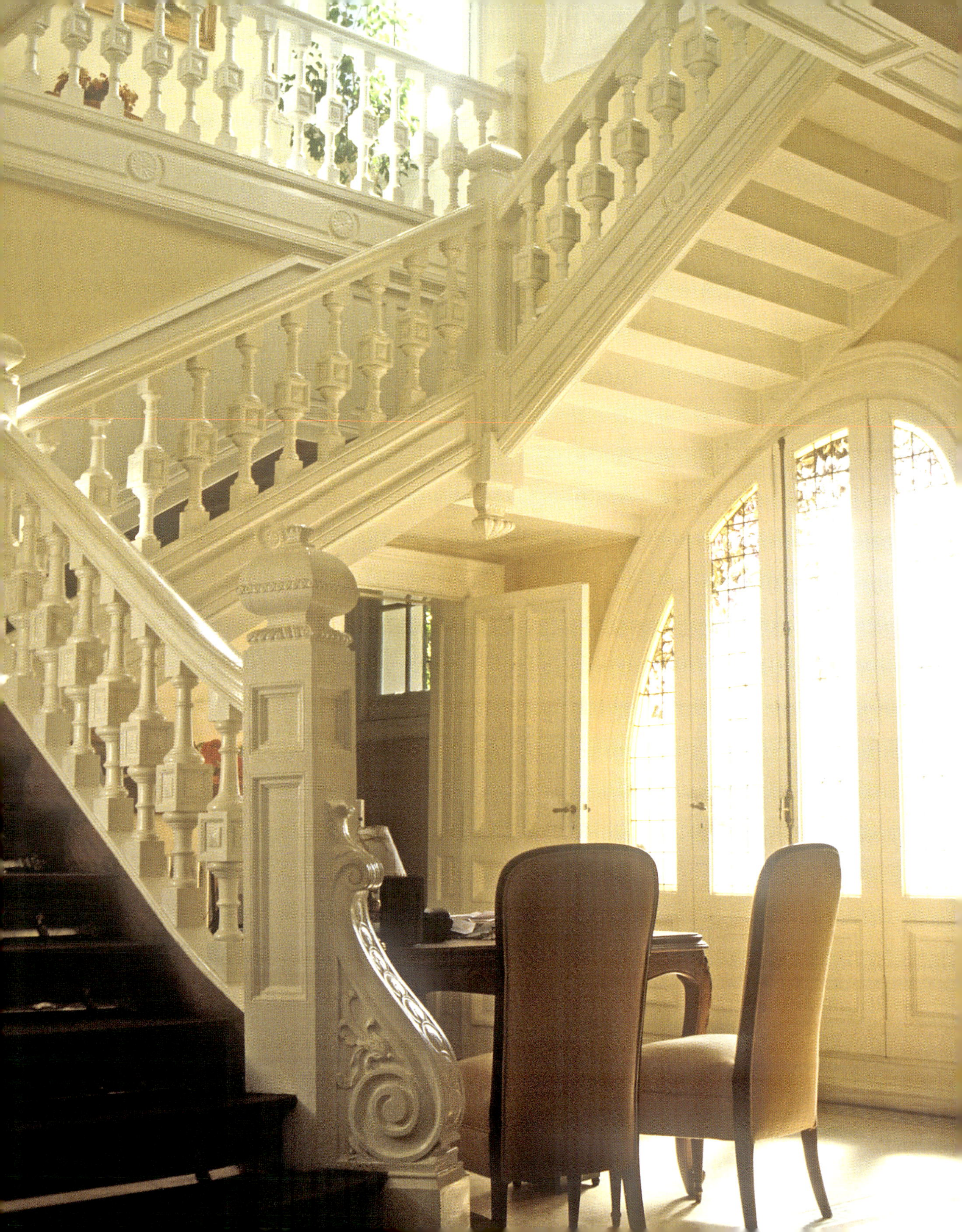

Villa Julia
Paseo Victorica 800
Tigre
47 49 06 42
www.villajulia.com.ar

villa julia
VIAJE

¿Damas de la alta sociedad con callosidades en las manos? Penoso resultado de una moda impuesta por residentes extranjeros -en su mayoría británicos-, hacia el final del siglo XIX: practicar remo en las costas de Buenos Aires. Aunque todo empezó en el Riachuelo, poco a poco las regatas y las sedes de los clubes se mudaron al Río Luján en Tigre. El interés por este deporte, los nuevos hábitos de veraneo en quintas suburbanas y la llegada del Ferrocarril del Norte, facilitaron el acceso a un mundo cercano, extraño y casi secreto: un archipiélago de islas verdes y un río lento, casi inmóvil. Como en un sueño que ya tuvo Sarmiento, a sólo una hora de la ciudad esperan aguas tranquilas, limitadas por enramadas de verdura, que dan ganas de tener un botecito para navegar en los canales y ser marino. Los antiguos clubes no contemplan a los remeros ocasionales; la solución para adquirir los rudimentos del deporte y disfrutar de una travesía para inexpertos es la Escuela de Remo Delta Rowing. Después de dos horas navegando por el pulmón de las islas, el cuerpo suplicará por otro tipo de satisfacciones.

Sobre el Paseo Victorica, que le hace borde al Río Luján, hay parrillas como Chapaleo y su barra de azulejos marrones, y restaurantes como María Luján, casi sobre el agua, donde reponer energías. Algo de arquitectura colonial, quintas de la *belle époque* y ejemplos del pintoresquismo característico de los lugares de esparcimiento, sobrevivieron al paso del tiempo y a operaciones inmobiliarias. Frente al Club de Regatas La Marina, de 1908, **Villa Julia** cuenta con la ubicación que cotizaba más alto cuando no existían ventiladores ni aires acondicionados: la costa del río con sus brisas suaves. Siete habitaciones cuyos baños con tuberías de bronce externas conservan azulejos y griferías originales. Fue construida por el Ingeniero Maschwitz en 1913, cuando sólo dos destinos hacían abandonar la ciudad a quienes visitaban Argentina: una estancia, o el Tigre. Un parque de 1800 metros rodea la construcción clásica, revestida de piedra París. Galerías, balcones y terrazas multiplican las posibilidades de disfrutar de la vista e imaginar que la vida se desliza tranquila. El encanto de la naturaleza, el silencio de ciertas horas, y "mirar el río hecho de tiempo y agua, y recordar que el tiempo es otro río…".

Villa Julia
Paseo Victorica 800
Tigre
47 49 06 42
www.villajulia.com.ar

villa julia

SHORT TRIP

High society ladies with callused hands? It may sound weird... The explanation lies in the nineteenth century fashion started by foreigners, mostly British: rowing on the coasts of Buenos Aires. It all began in the Riachuelo and slowly migrated to rivers farther away in Luján and Tigre. The new trend of spending summers in houses around the river increased the practice of this sport. The Ferrocarril del Norte gave access to a nearby yet strange, secret paradise: an archipelago of green islands and a slow, still river. Like a dream, one hour away from the city, the serene waters make one wish for a boat to sail far away. Beginners, who are not allowed at the traditional rowing clubs, might paddle away from the Escuela de Remo Delta Rowing. Two hours rowing around the islands are enough to wish for other pleasures!

Parrillas such as Chapaleo, with its brown tile bar, or María Luján restaurant, built almost over the water, become great options for regaining energy at the Paseo Victorica. The slow-flowing river and the beach-like manors suggest old splendors. Colonial architecture, belle époque houses and other examples of the classic picturesqueness of vacation retreats have survived the threats of time and real estate ventures. Across the Club de Regatas,

Villa Julia is situated on one of the sites that were most coveted when air conditioning and electric fans were not yet a reality: the coast with its comforting breeze. Only seven rooms, whose bathrooms still have the original tiles and faucets. Built by engineer Maschwitz in 1913, at which time, only two
destinations made tourists leave the capital: an *estancia* or Tigre. An 1800-meter park surrounds this construction. Galleries, balconies, and terraces multiply the possibilities of enjoying the view and imagining a tranquil pace of life. The charm of nature and the spotless silence at certain hours capture ones spirit. One more look through the window... one more glance at the river built of time and water, reminds us that time is another river...

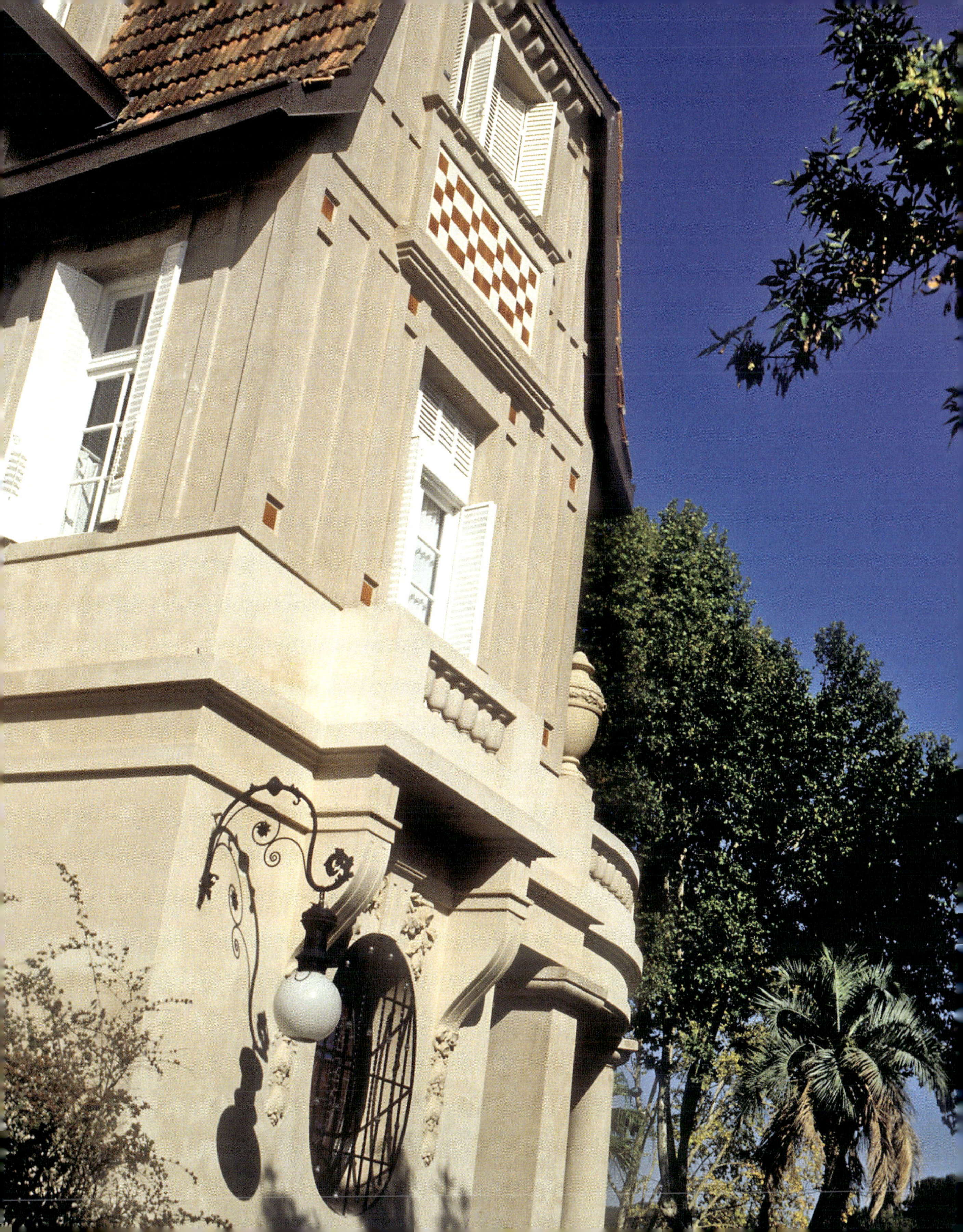

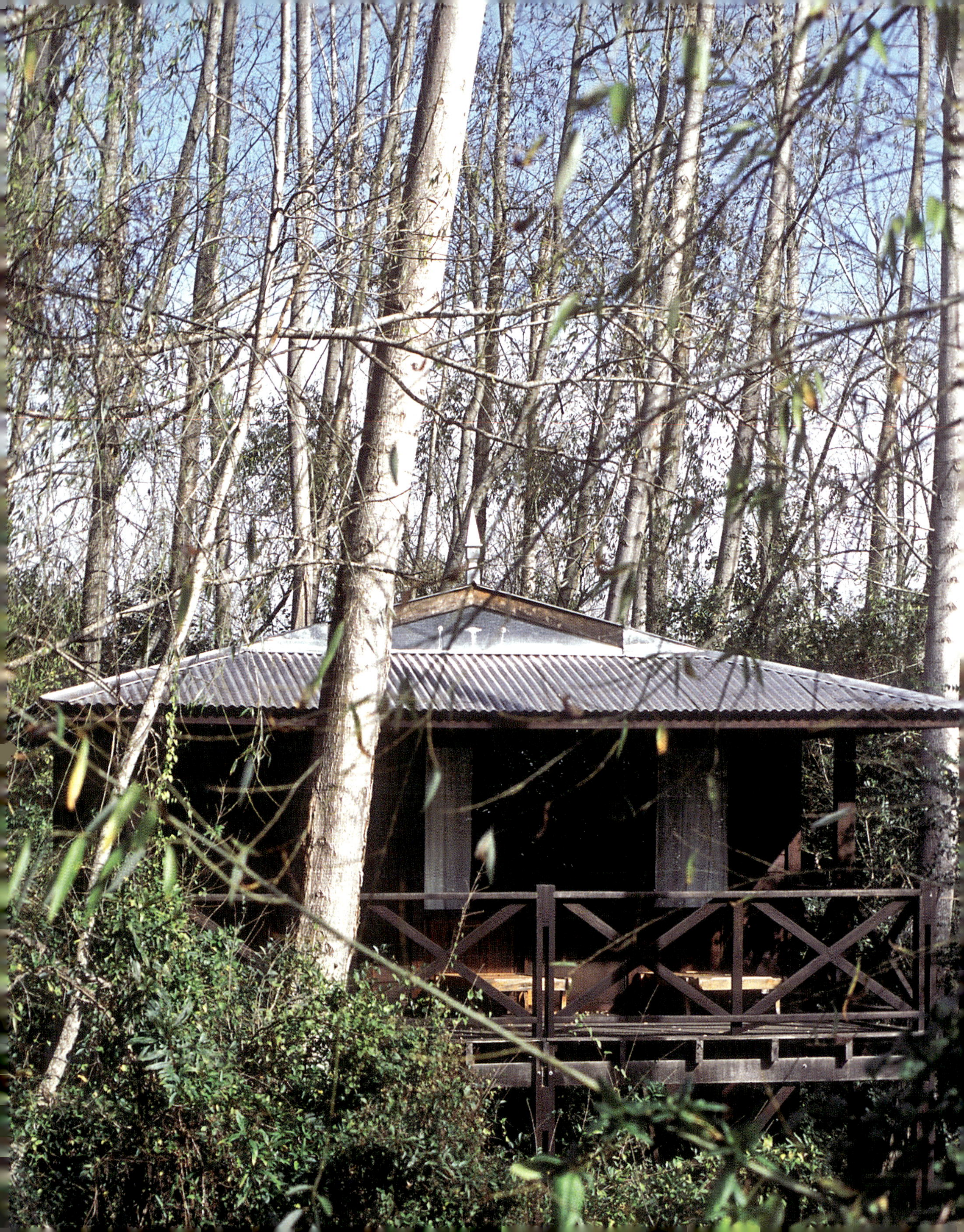

La Pascuala Delta Lodge
Arroyo Las Cañas
2da. Sección Delta del Río Paraná
San Fernando
47 28 12 53
www.lapasuala.com

la pascuala

VIAJE

Las crecidas del Río Paraná arrastran los sedimentos. Los juncos de la costa los retienen, formando albardones, y al rellenarse originan una nueva isla. Así, siempre cambiante y sorprendente, el paisaje mutante del único delta del mundo que desemboca en aguas dulces, forma un laberinto natural con un atractivo que cautiva. Al dirigirse hacia la Segunda Sección, se dejan atrás los canales y ríos más transitados y poblados. Recién cuando el Río Paraná de las Palmas golpea con su inmensidad, la población se hace más escasa que en la Primera Sección, y la vegetación y la fauna aún se conservan en estado semi-salvaje.

Sobre el Arroyo las Cañas, la propiedad de **La Pascuala Delta Lodge** comprende ambas márgenes: privacidad y tranquilidad aseguradas. Probablemente, sobre el muelle esté esperando el anfitrión, Robin Houston, vestido impecable para cada ocasión. Por medio de puentes y pasarelas se llega a cualquiera de los 15 bungalows-suites construidos en palafito, a 2,50 metros de altura, y ocultos entre la vegetación. Este tipo de edificación revaloriza lo propio y natural del delta. Inspiradas en este caso en las *bush homes* de países africanos como Tanzania y Kenia, permiten disfrutar del paisaje sin agredir el medio ambiente. Pavas de monte, lobitos de río y carpinchos siguen habitando el predio; el avistaje de aves exóticas es sencillo y frecuente.

El lujo y la fantasía trasladan a los huéspedes a las escenas de *"Out of Africa"*. *Decks* privados con reposeras y mosquiteros, vestidores y baños con luz natural, dejan que la jungla isleña se incorpore a la decoración. El confort cinco estrellas es definitivamente una novedad en estas geografías: no hay todavía nada con qué compararlo. El relax *in situ* es al borde de una pileta con dos jacuzzis, y un bar donde Robin despliega sus habilidades para el cóctel. Para adentrarse en la naturaleza, se abrieron senderos en la vegetación selvática del interior de la isla. La constante preocupación por el vestuario adecuado hizo que se previeran botas y capas de lluvia para los aventureros. Un chapuzón en el arroyo es posible, siempre y cuando se nade contra la corriente. Y la pesca desde el muelle techado suele deparar tarariras, bogas y carpas, con equipo facilitado por el *lodge*.

Instalarse en las islas más alejadas de tierra firme y respetar el ecosistema no complicó el proyecto turístico de lujo de La Pascuala. El paisaje acuático así conservado constituye su esencia, y es lo que maravilla.

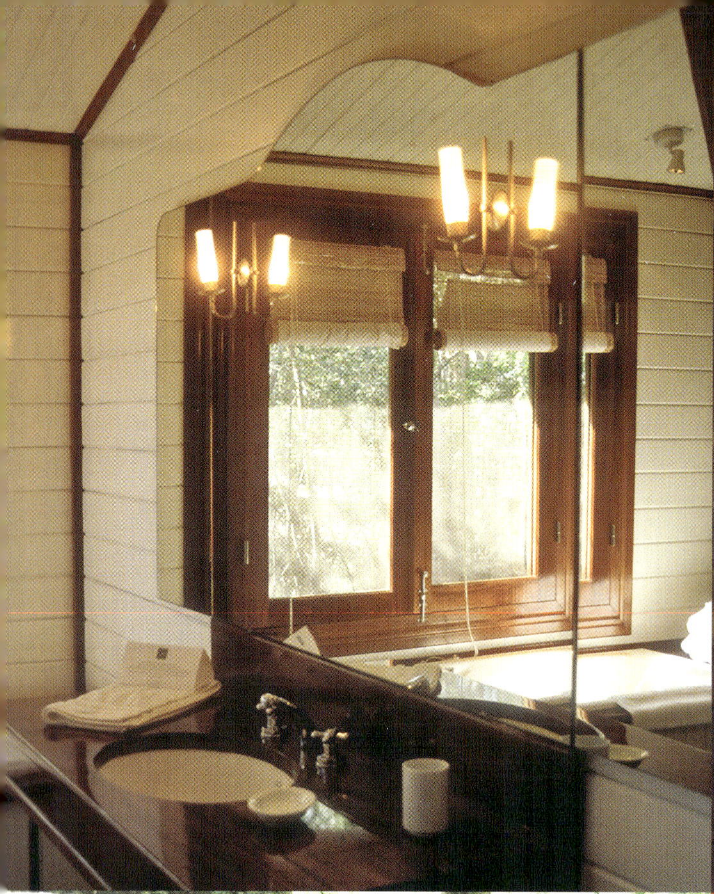
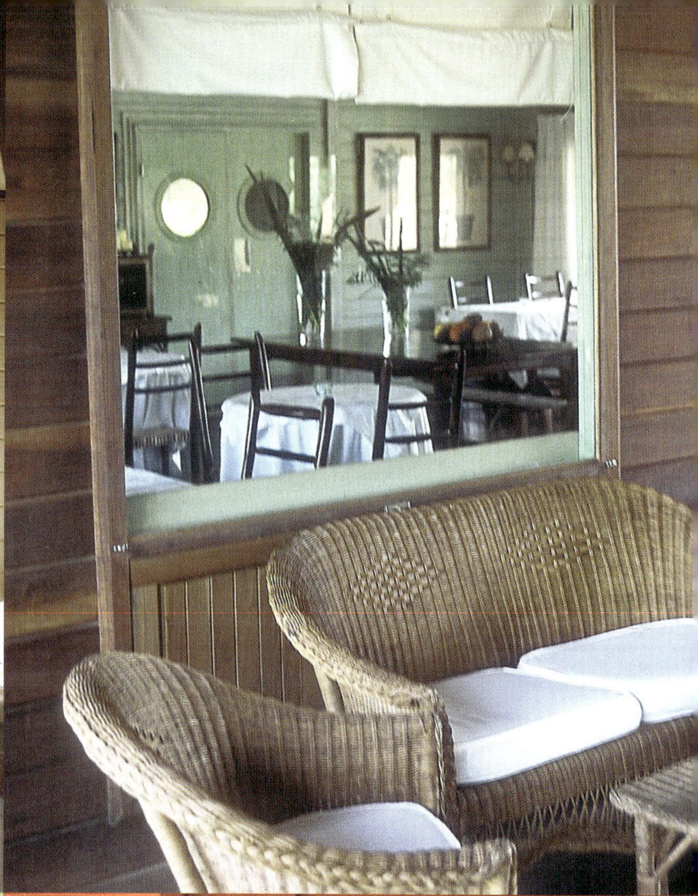
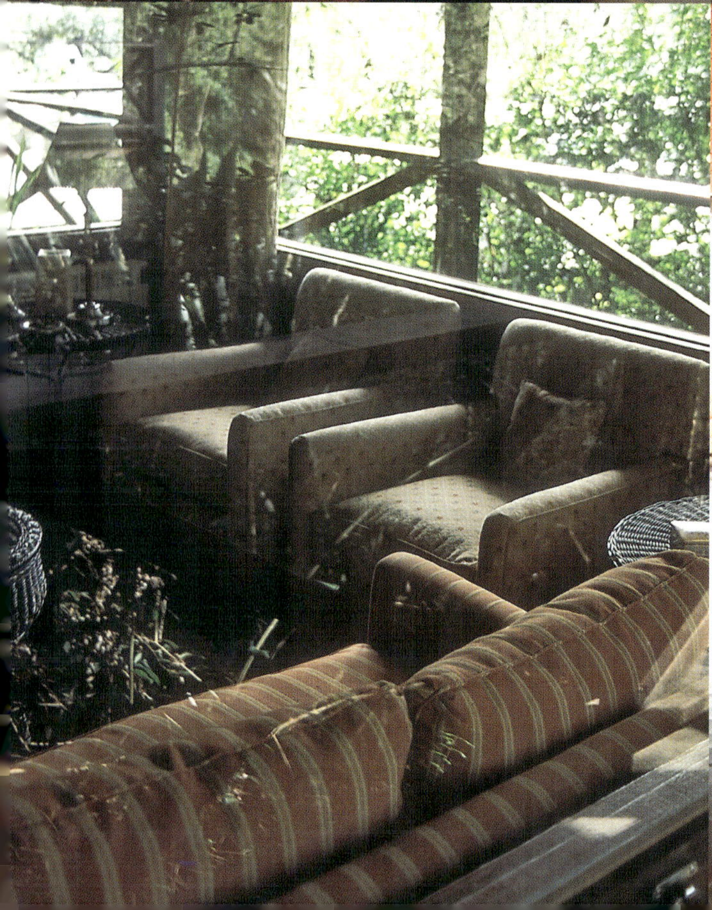
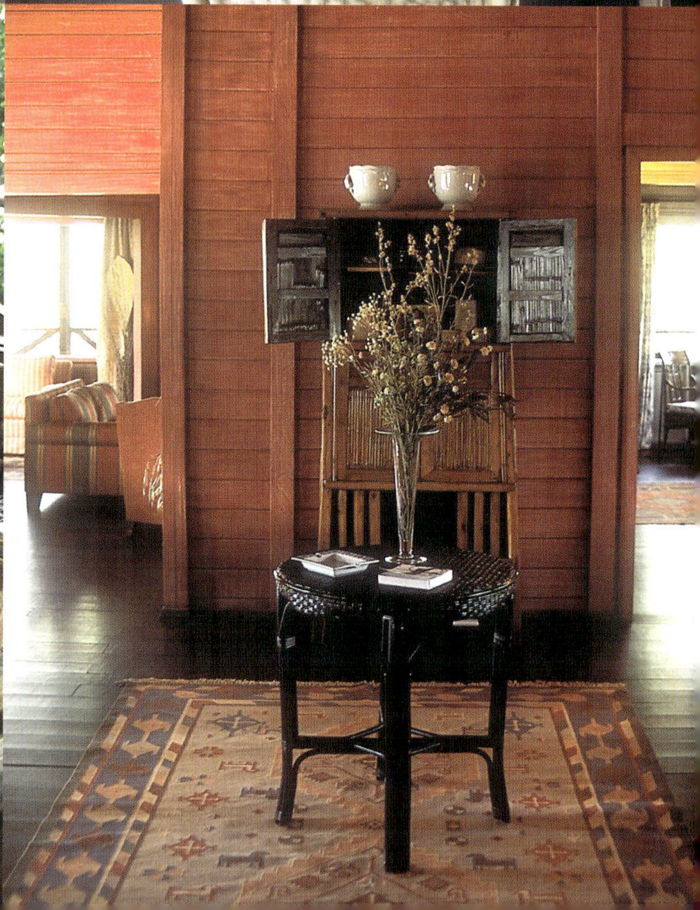

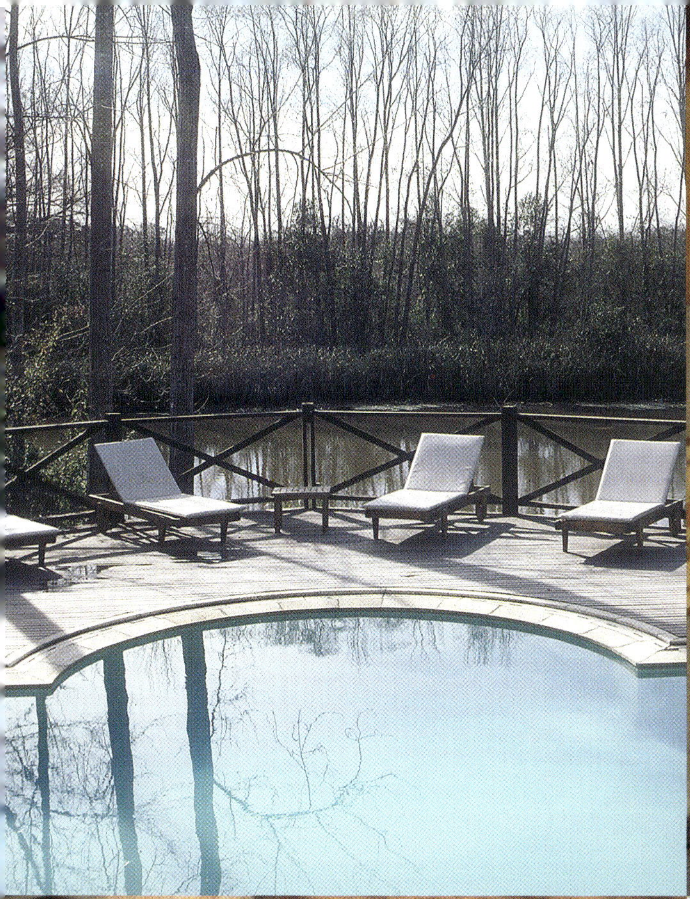
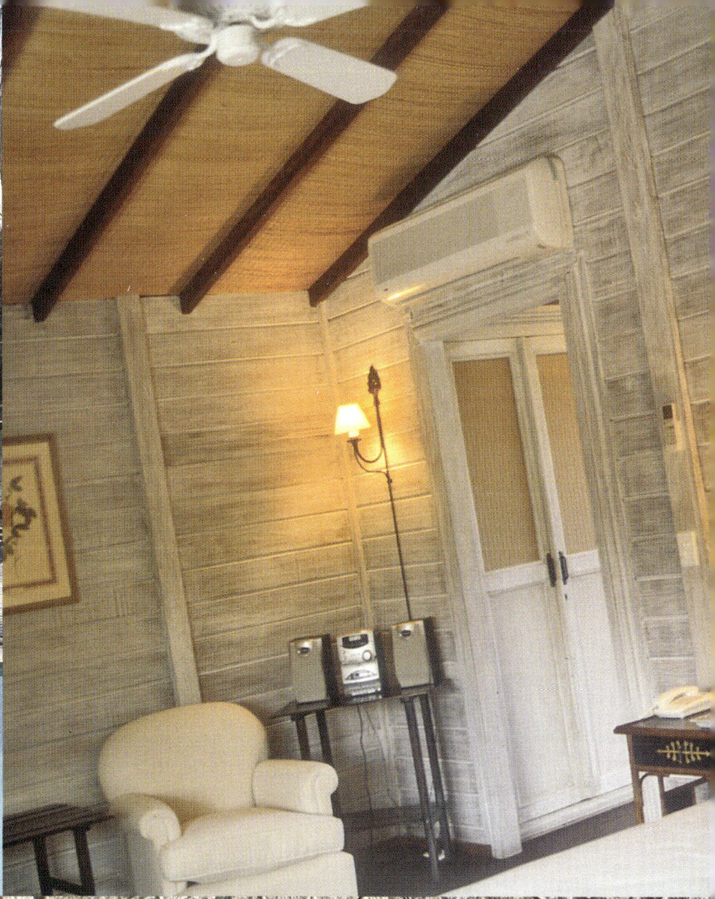
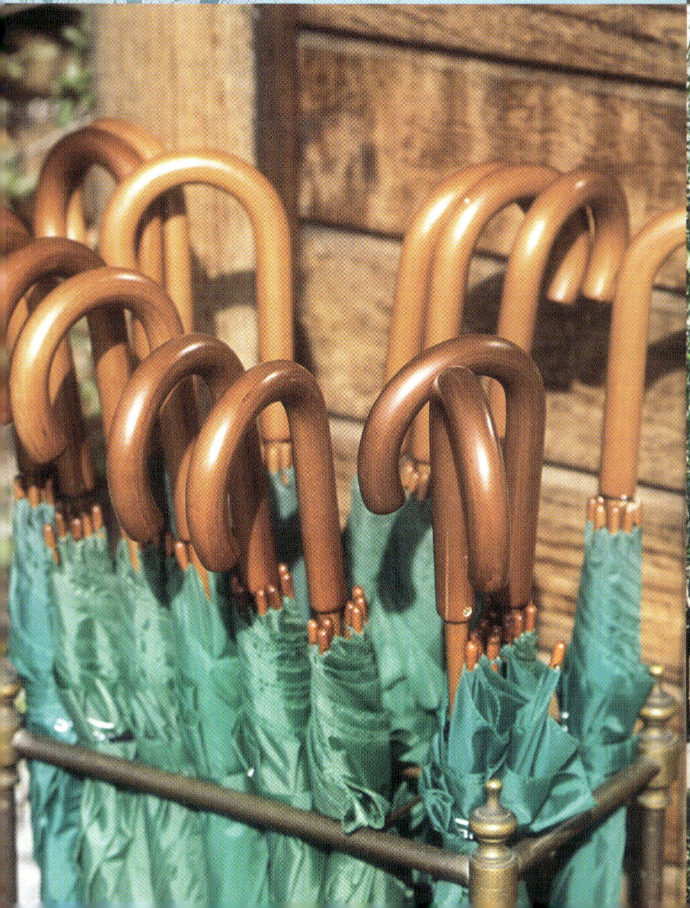
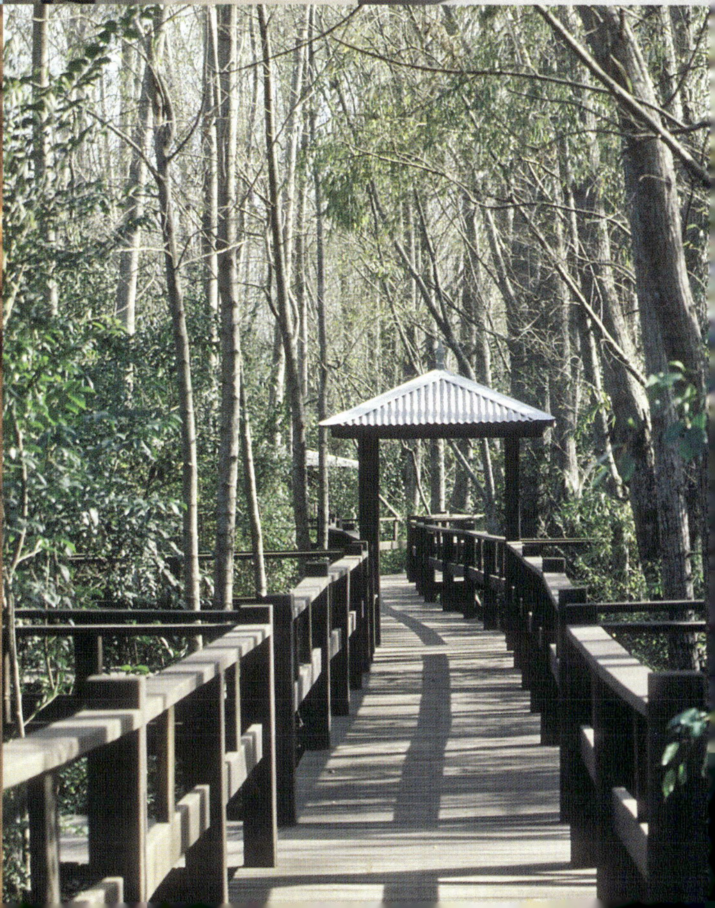

La Pascuala Delta Lodge
Arroyo Las Cañas
2da. Sección Delta del Río Paraná
San Fernando
47 28 12 53
www.lapasuala.com

la pascuala

SHORT TRIP

The Río Paraná level rises sharply, dragging sediments later retained by coastal reeds; panels are formed, eventually giving rise to a new island. This ever-changing landscape —of the only Delta in the world that flows into fresh waters— forms an appealing natural maze that enraptures. Leaving behind the more densely traveled canals and rivers one enters the Segunda Sección. When the Paraná de las Palmas river surprises with its vastness, the population becomes scarcer and nature recovers its almost wild state.

On the Arroyo de las Cañas, the property comprising the **Pascuala Delta Lodge** faces both margins and guarantees a comforting, isolated retreat. The owner, Robin Houston —impeccably dressed for the occasion— awaits guests at the dock. Bridges and passages lead the way to any of the 15 palafitte bungalow-suites built 2.5 meters above water and hidden amid the wilderness. This type of construction revitalizes what is distinctive and customary in the Delta. In this particular case, these are inspired in the *bush homes* of Tanzania and Kenya, making the most of nature without corrupting the inborn habitat. Turkeys, seals, and capybaras still live in this territory and exotic bird watching is simple and habitual.

Luxury and fantasy transport guests into scenes of *Out of Africa*. Private decks with sun beds and mosquito nets along with sunlit boudoirs and bathrooms let the island-jungle blend in with the décor. Definitely, five-star comfort is a novelty in this geography; there is still nothing to compare it to. For in situ relax, there is a pool with two hot tubs and a bar where Robin proudly demonstrates his cocktail expertise. Isle-paths were opened so that visitors could get in touch with nature. The constant concern for having the right apparel, makes the hotel provide raincoats and boots for adventurers. A bath in the stream is always a possibility, only if one can swim against the strong current. With the Lodge's gear, fishing under the ceiling of the wharf will probably assure *tarariras*, *bogas* and *carpas*.

Settling into this island, far away from the mainland, with due respect for its ecosystem did not in any way hinder La Pascuala´s luxury tourist project. Moreover, its enchantment is based on the preservation of the natural surroundings.

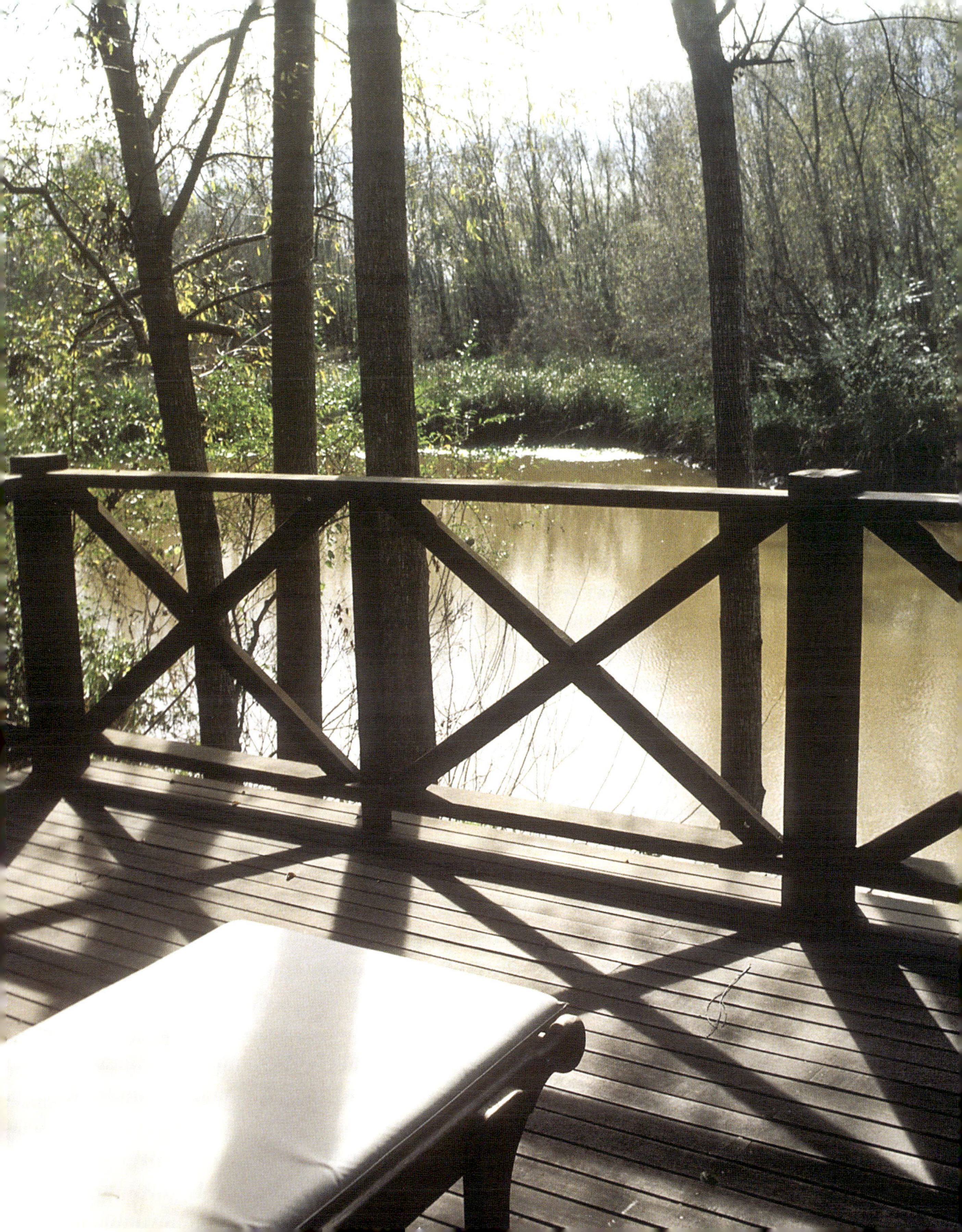

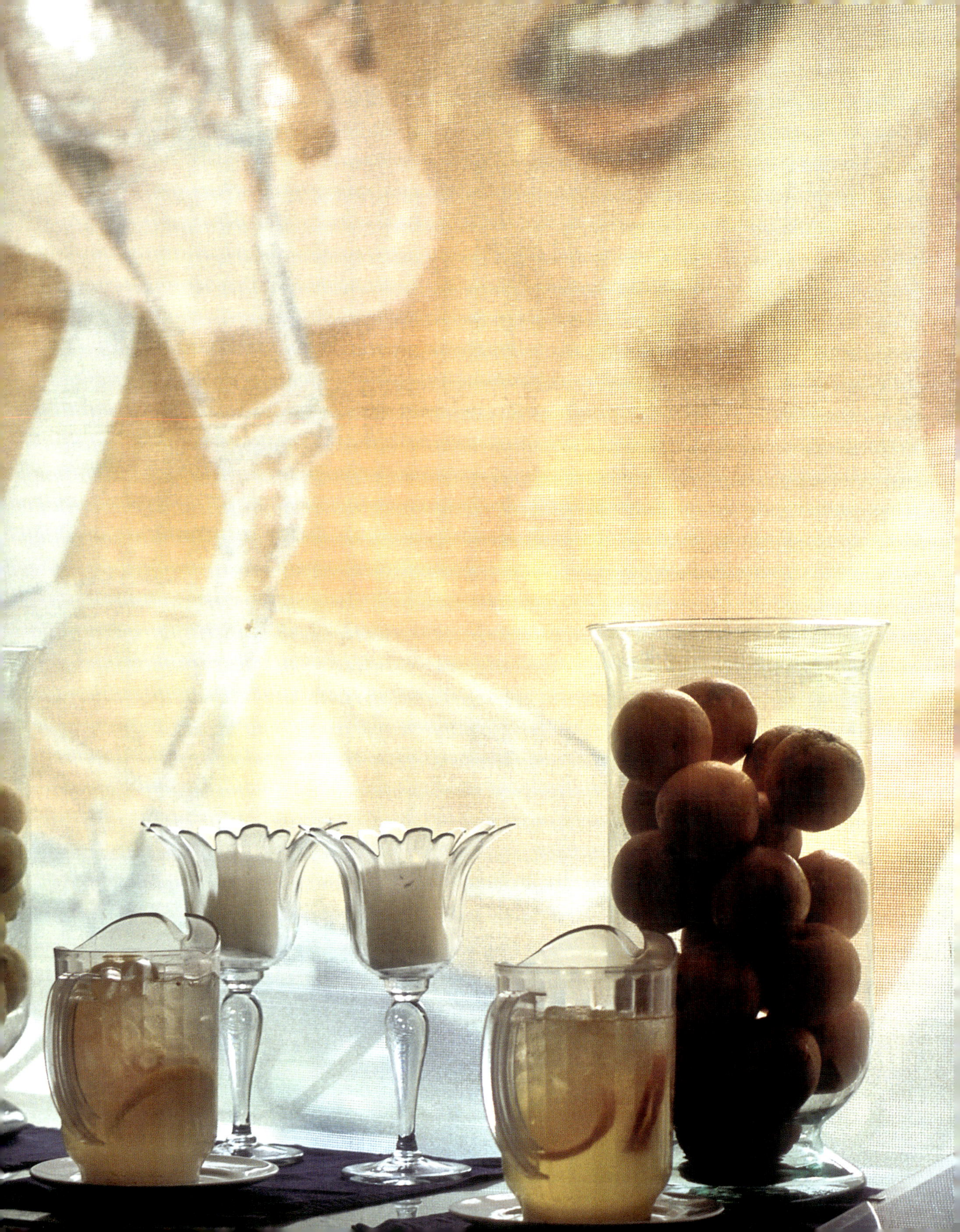

Evian Agua Club y Spa
Cerviño 3626
Palermo
48 07 46 88
www.aguaclubspa.com

evian
CAPRICHO

Aunque en el siglo XVIII se consideraba que el baño fomentaba la ociosidad y la sensualidad, el agua siempre encerró una misteriosa potencia curativa. Las divinidades que actúan por medio del líquido elemento y alivian cuerpos y almas, pueden empezar a buscarse en el barrio de Palermo, en el coqueto *petit hotel* que ocupa el **Spa Evian**. Grandes jarras de aguas saborizadas con cítricos reciben al cliente, y un especialista conduce por pasillos y escaleras hacia los milagros de la relajación y la purificación. Aplicarse fangos, envolverse en papel *foil*, pulirse con arenas y, entre una y otra actividad, sumergirse en el *jacuzzi*. Como ser bello es complicado aún con ayuda, es válido investigar distintas alternativas a las cirugías estéticas. Nada mejor que buscarlas en estas islas mágicas, en medio de la ciudad que es responsable de la mayoría de los inexorables procesos de agotamiento, contracturas y cansancio.

Antes de aventurarse a un día en un spa urbano, es bueno estar al tanto de las promociones y tener las nociones básicas para seleccionar los tratamientos a infligirse. Se requiere un gran poder de concentración para desvestirse en el elegante vestuario, evitando mirar de reojo al vecino, que siempre es más flaco o más joven. Y los que no lo son, tienen más *expertise* en este tipo de ámbito. Surgirán los peores fantasmas, todos en bata blanca y con las mismas pantuflas que uno. Una vez el cuerpo envuelto en toallas impecables, con una revista de chimentos en la tibia sala de relajación, no se puede imaginar mejor lugar para reponerse de la fiesta de la noche del viernes, o prepararse para la de la noche del sábado. Un paraíso de somnolencia y agua fresca, donde desperezarse a conciencia no sólo no está mal visto, sino que es parte esencial del programa. Las salas de masajes -cuyos nombres presuponen una amplia cultura oriental y cosmetológica-, reciben el peso de cuerpos que buscan revivir bajo manos expertas. Entre velas, aromas envolventes y a media luz, el masaje a cuatro manos desafía todas las leyes de la lógica, e impide cualquier predicción; un pulpo terapéutico.

Volver a nacer, literalmente, es la sensación que mejor describe esta experiencia casi intrauterina. Y por un buen rato, todos los estados permanecen deliciosamente alterados.

Evian Agua Club y Spa
Cerviño 3626
Palermo
48 07 46 88
www.aguaclubspa.com

evian

DELIGHT

Though during the eighteenth century baths were considered promoters of idleness and sensuality, water has always had a healing potential. The deities that act through H2O relieving bodies and souls can be found at the lovely *petit hotel* that houses the **Evian Spa** in Palermo district. Large jugs of pure water flavored with citrus fruits welcome the guests, who are guided through the halls and staircases into the miracles of relaxation and purification. Mud baths, foil wrappings, sand polishing, and hot tub immersions. Beautifiying is not easy; the search for alternative options to cosmetic surgery becomes valid. And what could be better than finding these solutions in the magical islands located right next to our homes... In the middle of the city, which is the cause for: stress, contractures, and physical devastation.

Before adventuring into an urban spa day, it is recommendable to be attentive to special offers and to have the basic notions when selecting the treatment that best suits one's needs. Great concentration skills are required when undressing in the cozy restroom. Taking a look at the neighbor's body, which is probably younger and thinner, is almost inevitable. Those who are truly comfortable with their looks, show a greater expertise in this matter. All in white robes and wearing the same slippers, it is hard to imagine a better place to recover from Friday's party or to prepare for Saturday night. A paradise of tranquility and fresh water, where stretching and yawning is not only not rude, but part of the encounter. The oriental named massage rooms receive the weight of bodies that wish to resurrect under expert hands. Among candles, lingering fragrances and dim lighting, the four-hand massage defies all the laws of logic and tears down any preconceived notion; it's almost a therapeutic octopus.

Born again is literally the sensation that best describes this nearly intrauterine experience. For a while, one remains in a deliciously distorted state.

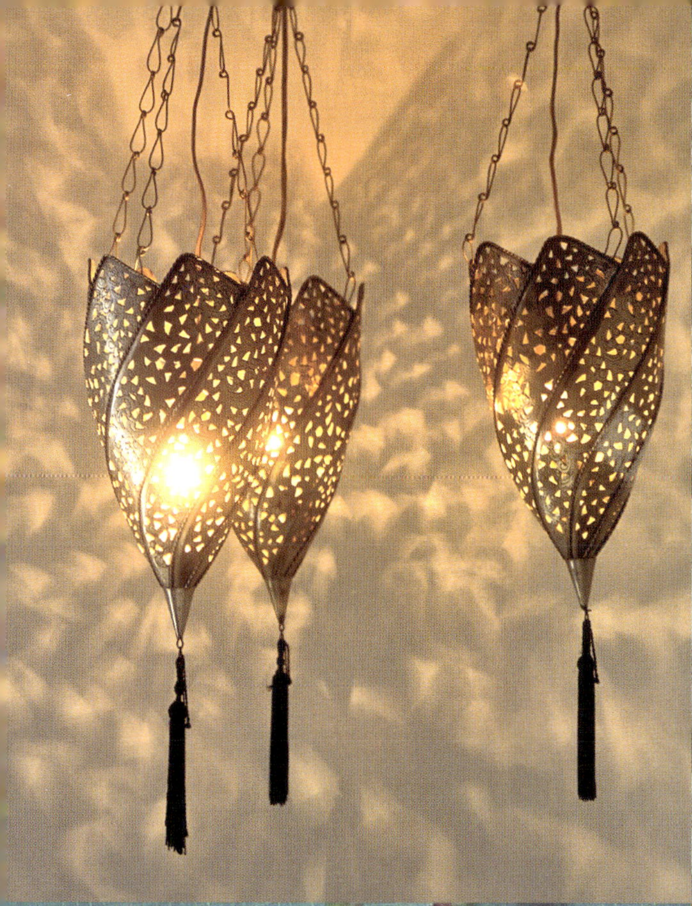
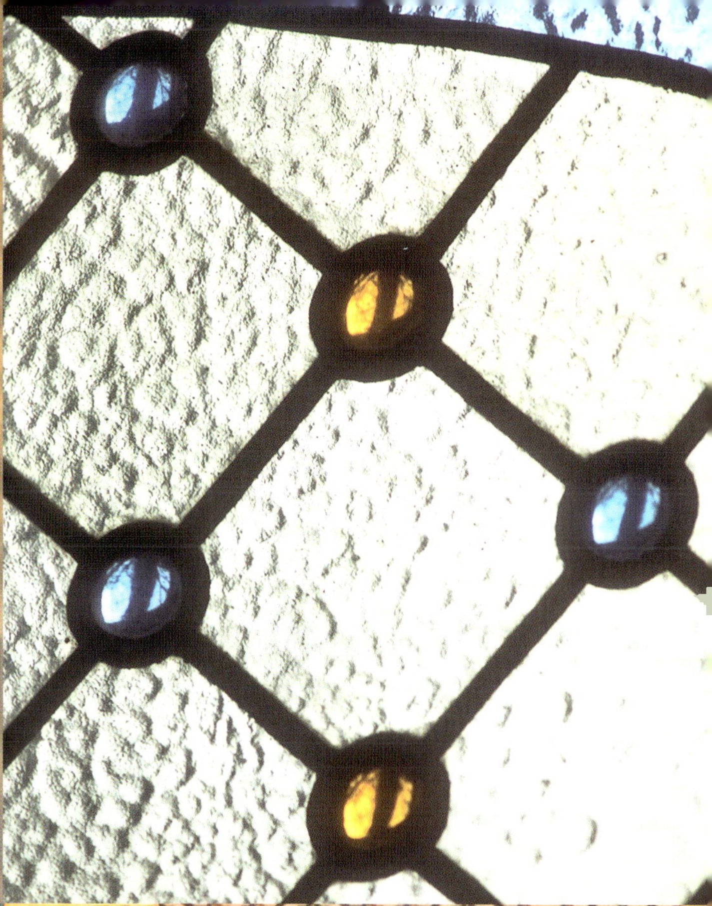
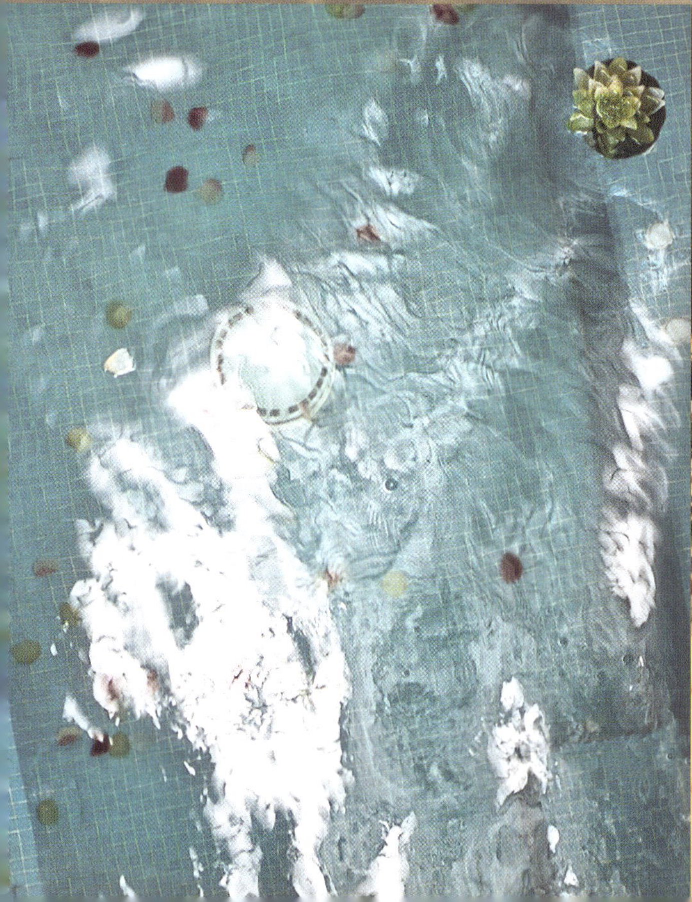
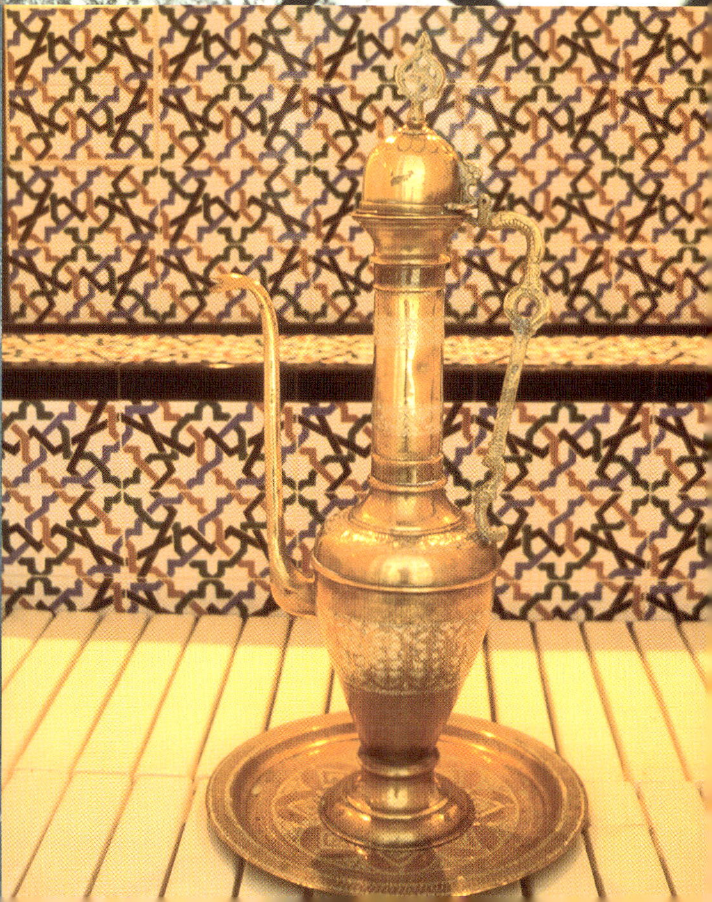

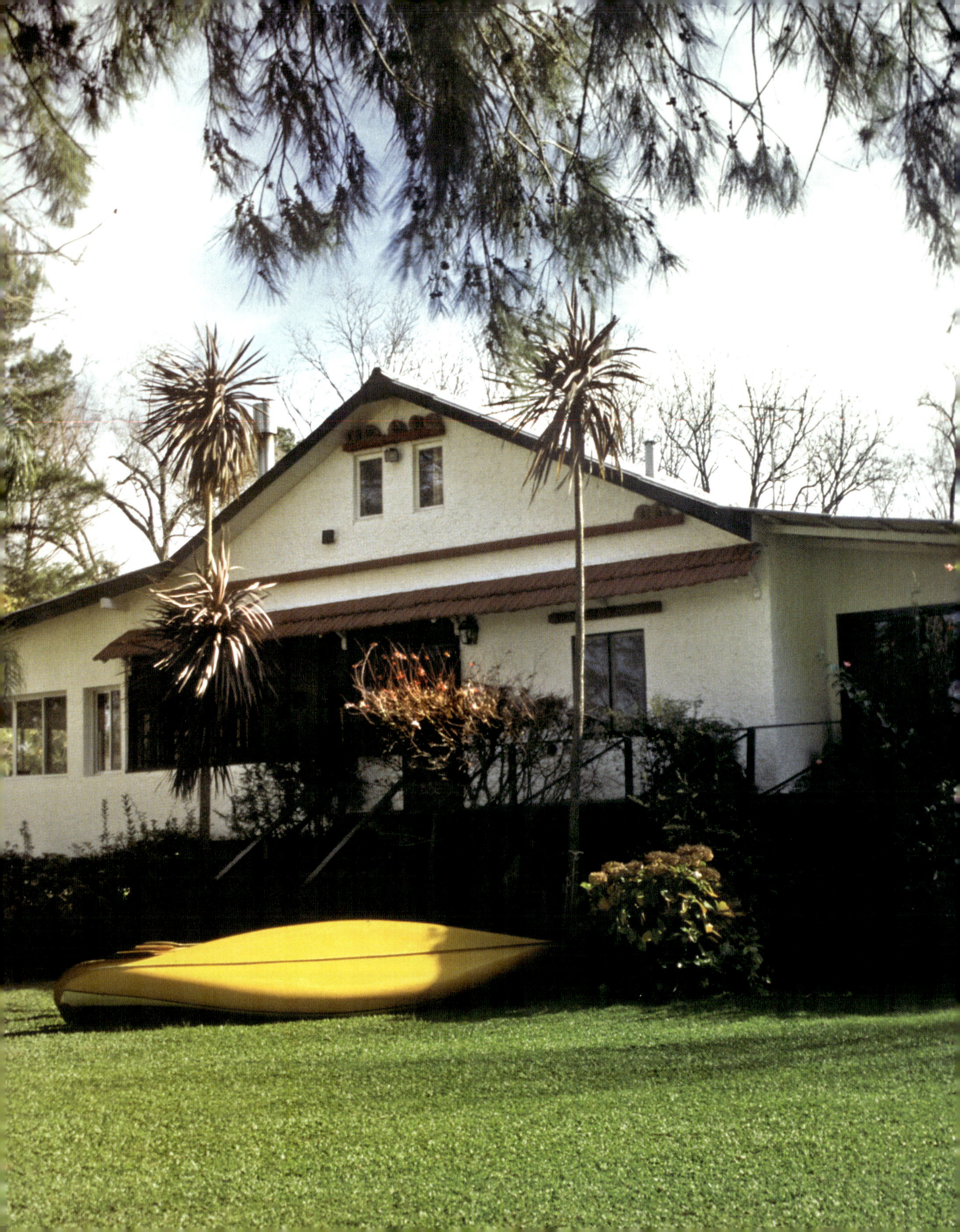

Los Pecanes
Arroyo Felicaria, 2da. Sección
San Fernando
47 28 19 32

los pecanes
PASEO

Donde los días siguen encontrando su ritmo en el paso de las lanchas colectivas, perdura algo del delta de otras épocas: cuando de las islas salía la fruta que se consumía en la ciudad, y los clubes de pesca vivían su apogeo. Todavía hoy, a estos rincones la vida llega flotando: almacén, pan, plantas, parientes y escolares…Todo esto hace suponer que al delta sólo se puede navegarlo; sin embargo, bajar a tierra firme invita a caminar los senderos isleños e ingresar a otros mundos, más escondidos y bien poblados por pájaros, helechos y hortensias, castores y colibríes, lagunas y riachos. Monte adentro en **Los Pecanes**, una caminata adquiere ribetes instructivos, y cada metro del camino abierto a machete descubre maravillas y curiosidades de la naturaleza.

Con la conciencia ecológica bien despierta, Ana y Richard crearon un refugio tranquilo y muy simple, alejado de clubes y restaurantes populares. Sin rastros del intenso tráfico de lanchas, barcos y *jet skis*, en esta propiedad hacer fiaca y sentirse cómodo son las leyes fundamentales. La capacidad hotelera es mínima; se trata de una casa, ni más ni menos. Pero el corazón es grande y a la hora de comer -siempre mejor con reserva previa- se las ingenian para acomodar a navegantes, pescadores y expedicionarios. Quienes se aventuran hasta este rincón de la Segunda Sección son cultores del perfil bajo y del ser *cool*. Conocedores de las buenas y viejas costumbres del río, visten lo más rasca y reo posible: como verdaderos *insiders* del delta. Ropas rescatadas de arcones y baúles llegan desde otras décadas. Nada de *look* safari, ¡y por favor, ni hablar de atuendos marineros! *Nonchalance* casi existencial, y mucho relax: sobre esto, en Los Pecanes dan cátedra. El muelle de madera es amplio y recibe la sombra generosa de cipreses y casuarinas. Con simplicidad, ahí mismo sobre el agua, se instalan las largas mesas para el asado; otras soportan una superpoblación de las mejores ensaladas. La materia prima se cultiva en la huerta propia, y con sólo mirar una lechuga, se entiende que en Los Pecanes la naturaleza dicta el estilo de vida. Sin que nada lo perturbe, el almuerzo fluye deliciosamente; y a la hora de los postres, las recetas que Ana guarda bajo llave, justifican su categoría de leyenda gastronómica de las islas.

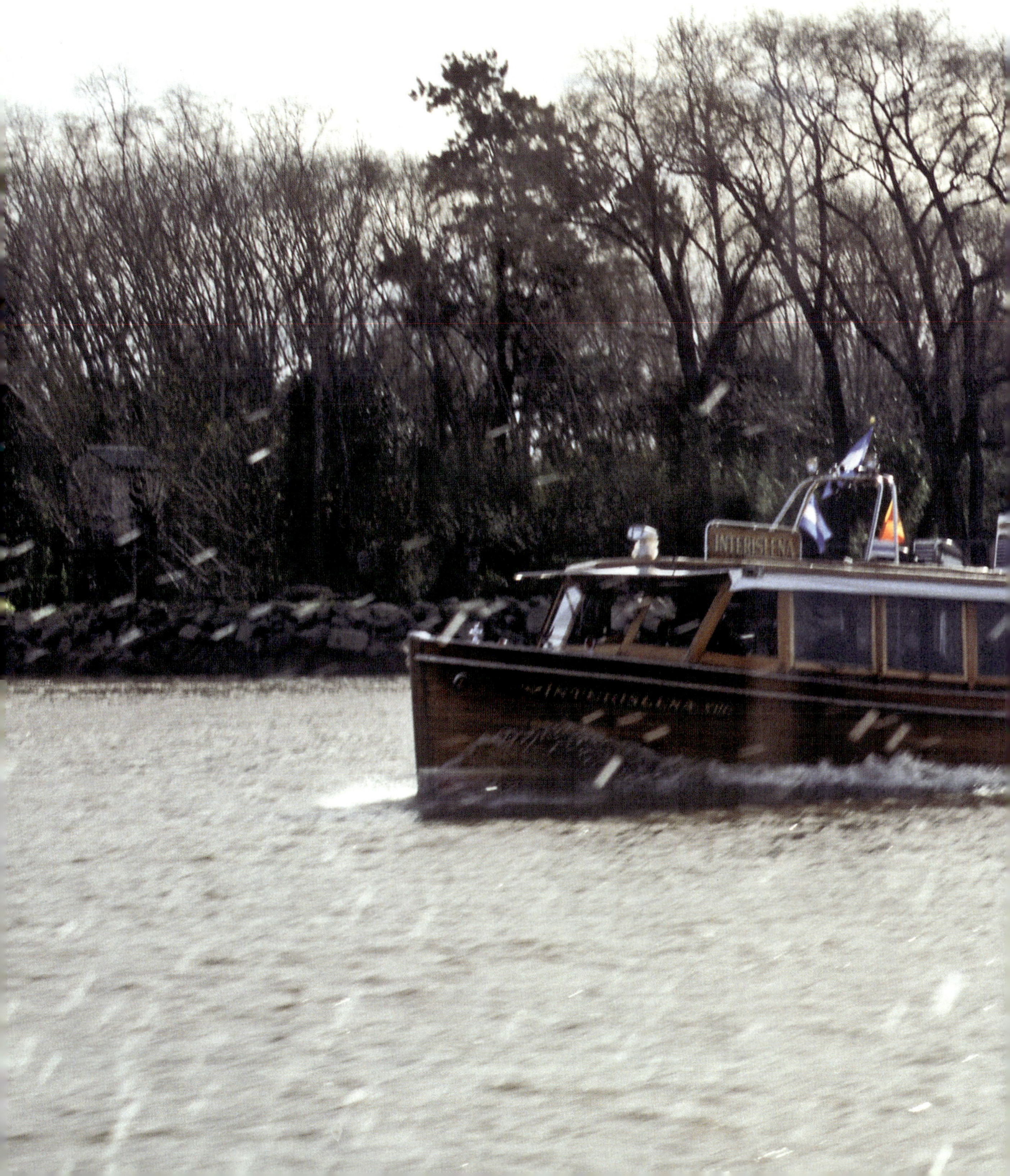

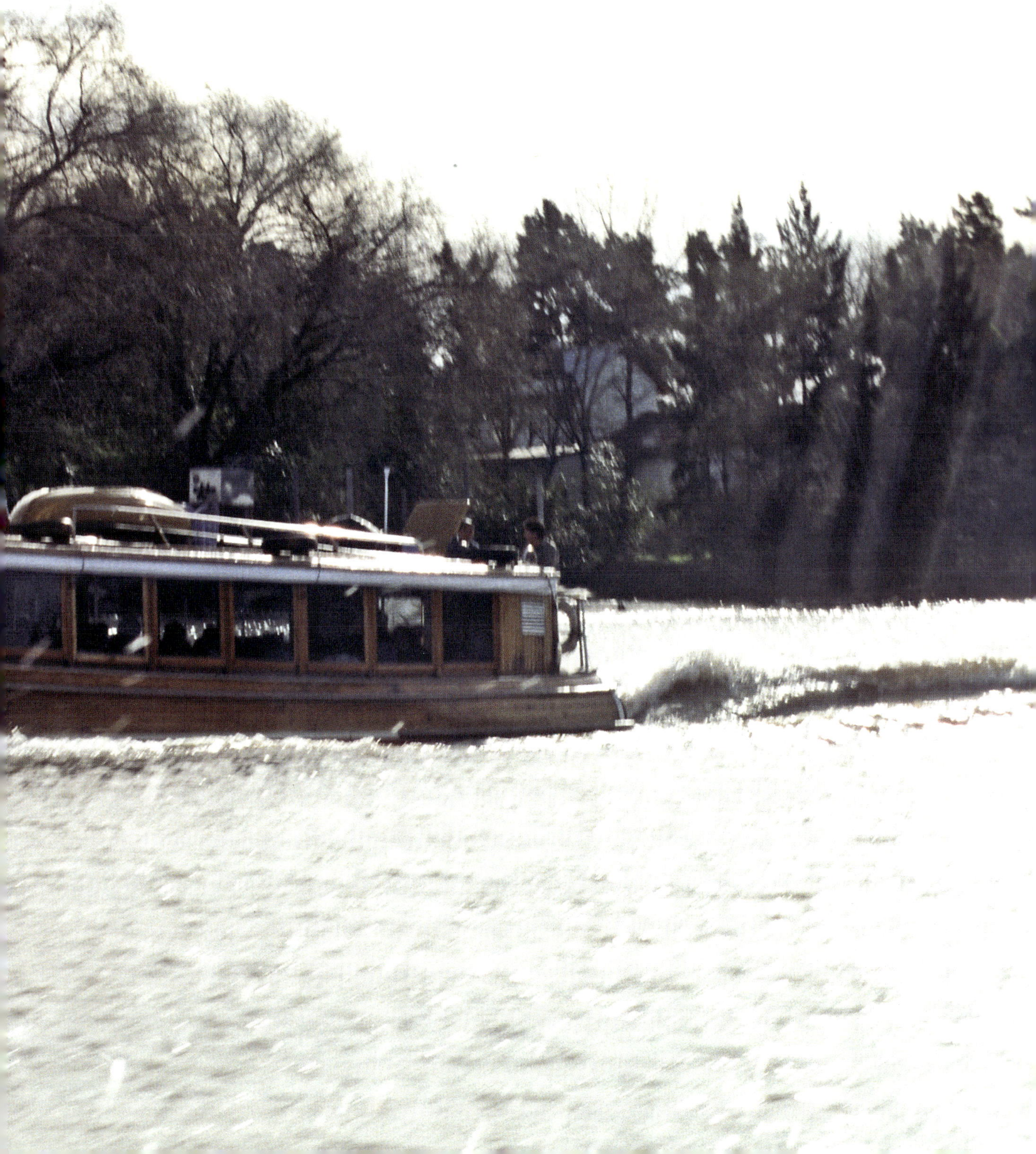

Los Pecanes
Arroyo Felicaria, 2da. Sección
San Fernando
47 28 19 32

los pecanes
OUTING

Where days still beat to the pace of boat buses sailing by, a certain feel of past epochs of the Delta lingers on. Times when these islands supplied all the fresh fruit for the capital and fishing clubs were at their height. Still today, life sails to these corners: groceries, bread, plants, relatives, and school students. One might guess that the Delta can only be discovered on a boat. But coming down on firm land is an invitation to walk island paths and explore other worlds... hidden, inhabited by numerous bird species, ferns and hydrangeas, beavers and hummingbirds, lagoons and small rivers. In the woods of **Los Pecanes**, a stroll like this takes on an educational facet, every meter of trail —opened up amid the wilderness— reveals marvelous curiosities of nature.

With a deep sense of environmental awareness, Ana and Richard created a tranquil, trouble-free retreat, far away from clubs and popular eateries. Distant from the noise of dense motorboat traffic and jet skis, this property has made resting and feeling comfortable its basic laws. The hotel capacity is minimum; this is just a house. But the heart is big and when eating time comes —previous reservation required— they manage to fit in sailors, fishermen, and island rangers. Those who venture into the Segunda Sección are cool and keep a low profile. Knowledgeable of old river traditions, they don worn-out clothes; the laid-back look that is a must for true Delta insiders. Out-of-date apparel recovered from an old trunk is a perfect choice for the occasion. Old black, blue, or brown flip-flops are the required footwear. No safari style! And please keep away from the typical sailor's look.
In Los Pecanes: existential apathy and tons of relaxation. The grand wooden dock is shaded by cypresses and river oaks. With great simplicity, right there almost over the water, large tables are set up to serve *asado* while others hold a huge variety of the best salads ever imagined. The different kinds of vegetables are grown in their own garden, and just a glance at the lettuce reveals the natural lifestyle that reigns in this place. Without distractions, lunch flows deliciously, and for dessert, recipes which are Ana's proud kept secrets; this venue has justifiably attained the category of culinary island legend.

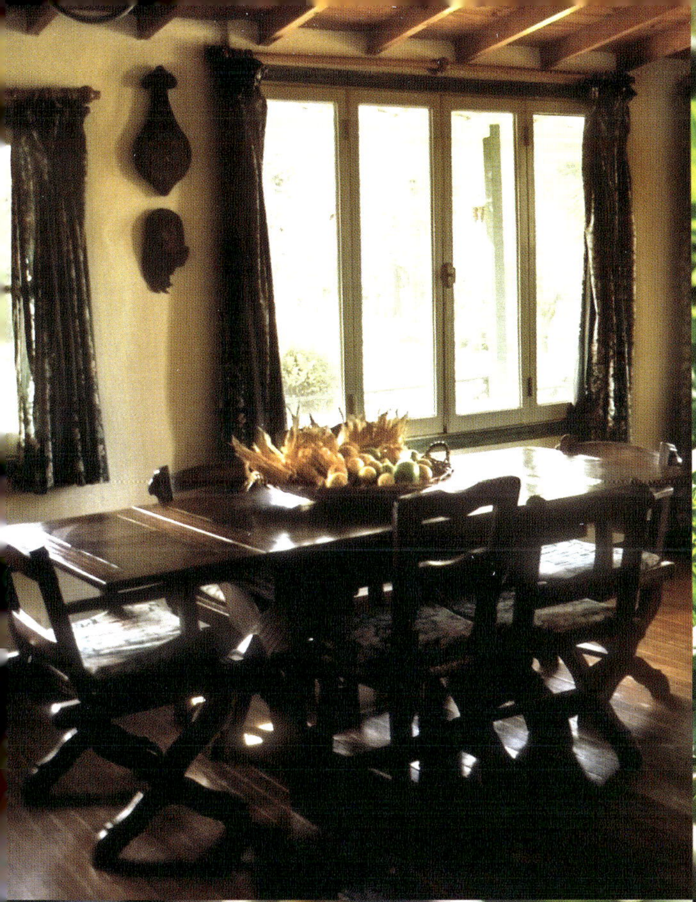
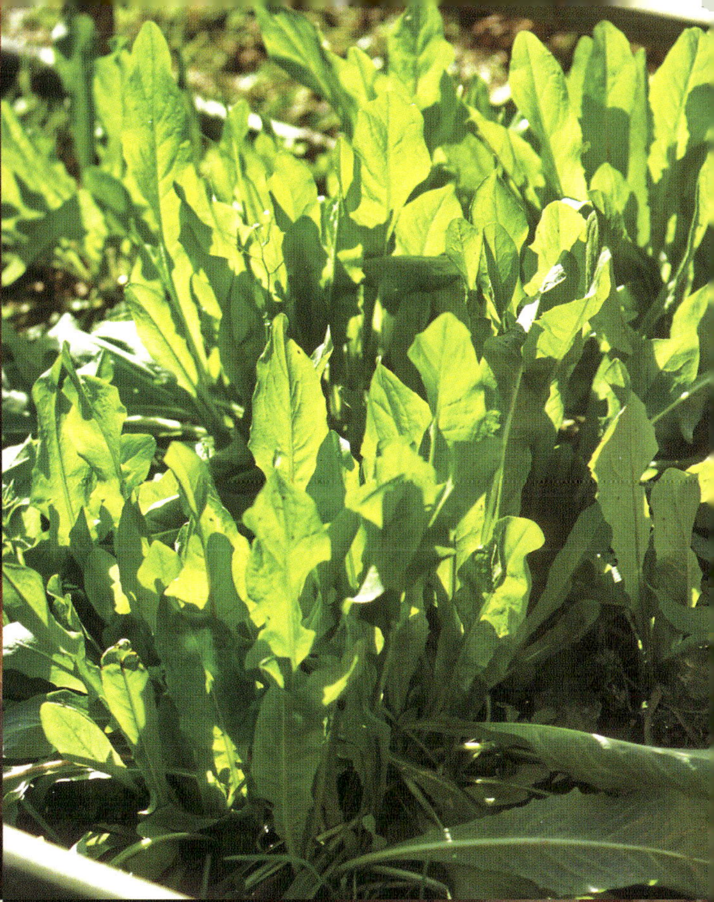
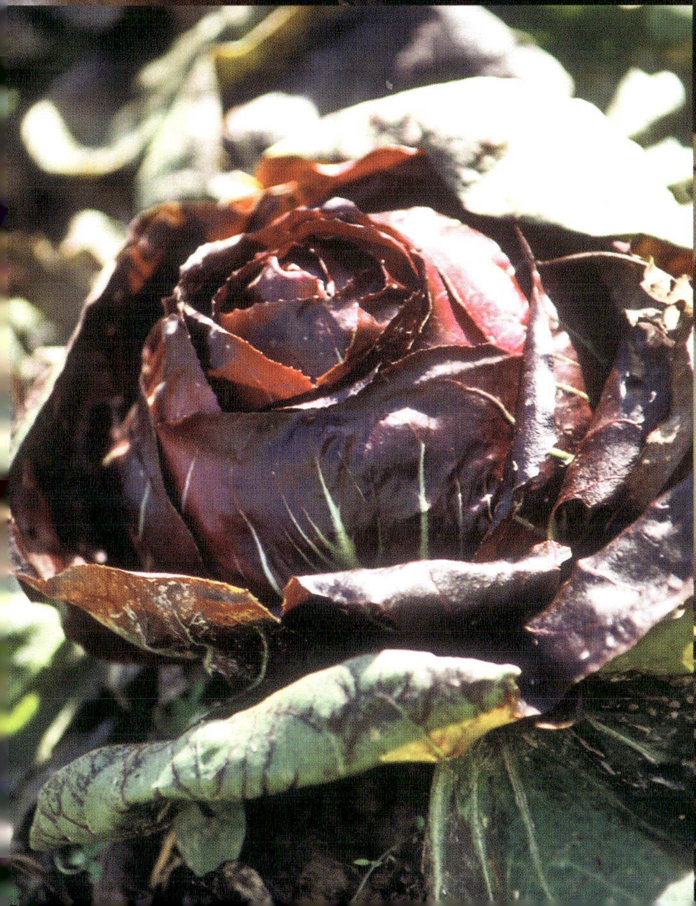
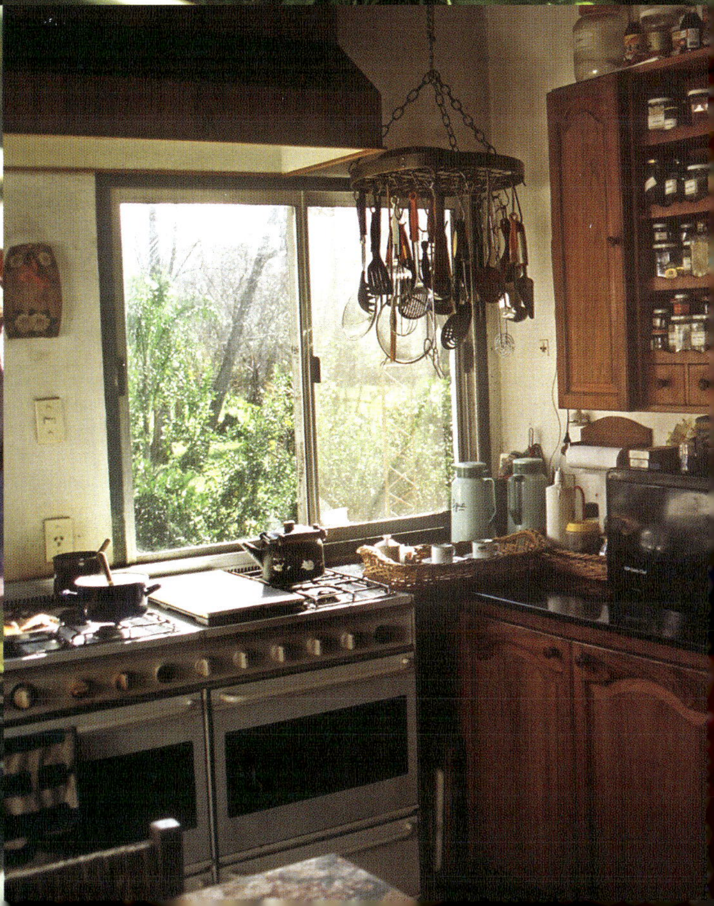

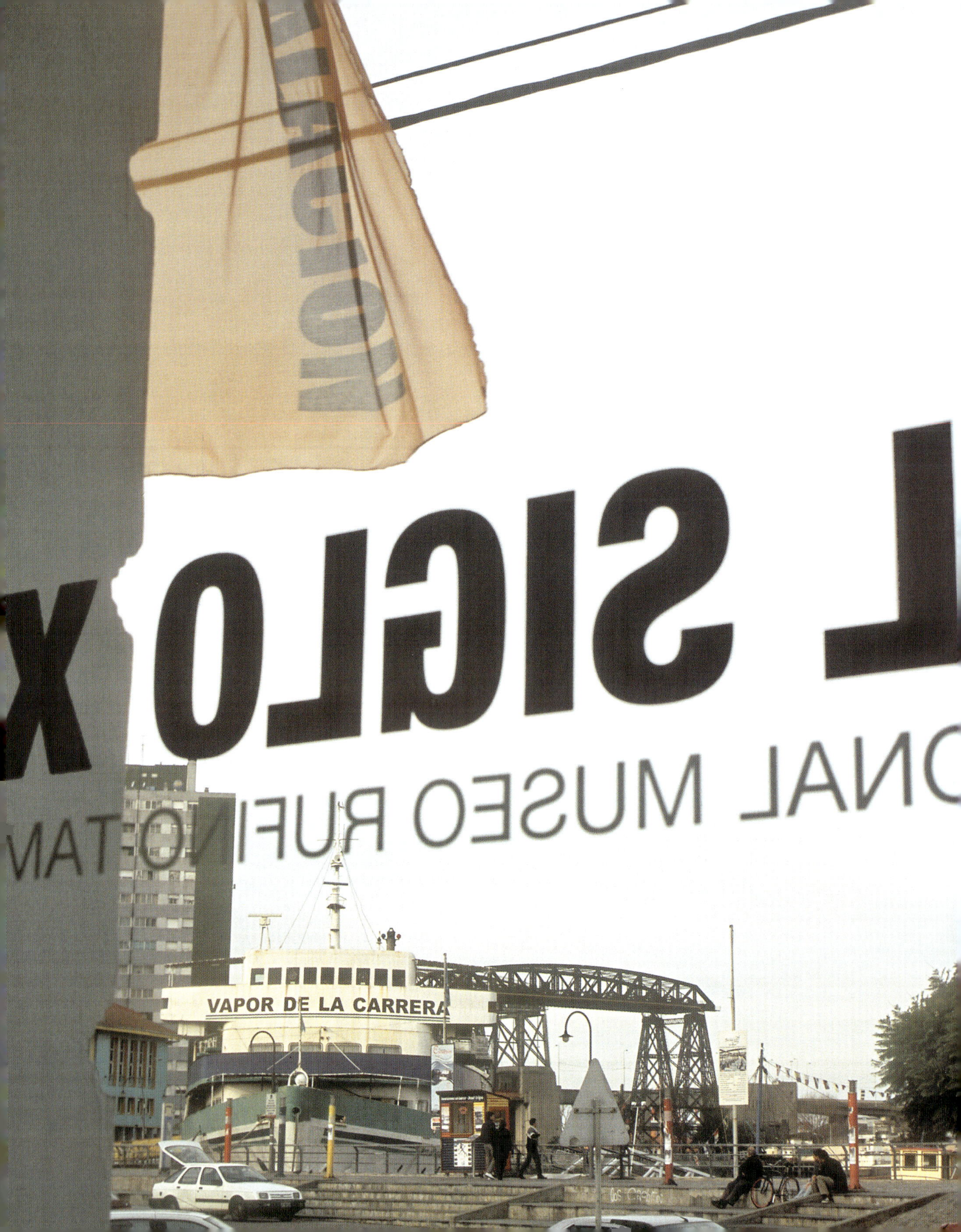
VAPOR DE LA CARRERA

Fundación Proa
Av. Pedro de Mendoza 1929
43 03 09 09
www.proa.org

Patagonia Sur
Rocha 801
43 03 59 17

fundación proa
PASEO

La calle Caminito difícilmente resulte tentadora para los seres modernos que escapan de las escenas urbanas preparadas para el turismo masivo. Sin embargo, una mirada adecuada descubre en La Boca varios placeres estéticos, que se suman a lo pintoresco y tradicional de este barrio de inmigrantes italianos. Para empezar basta con incorporar al recorrido la **Fundación Proa**, centro de arte contemporáneo que ocupa un típico almacén de más de cien años. En la casa reciclada por el estudio milanés Carusso-Torricella, desde 1996, circula la crème de la crème del mundillo cultural. En el recodo del Riachuelo, visitantes espontáneos y turistas desprevenidos encuentran sobre las veredas *souvenirs* y artesanías; y quienes se aventuran por las puertas de Proa, una oportunidad ideal para poner en duda los prejuicios que despierta el arte contemporáneo.

La utilización de la luz natural, la vieja estructura arquitectónica develada y la cafetería con los diarios del día hacen que el espacio sea acogedor, y permiten un acercamiento a las obras bien directo y sin formalidades. El ritmo de muestras es de seis a siete por año, más seminarios, debates y conciertos. La terraza deslumbra con otras visiones del Río de la Plata; el viejo Vapor de la Carrera, que unía a Montevideo con Buenos Aires, es una tienda que ya no navega. Puentes, barcos oxidados, veredas elevadas para resguardarse de las inundaciones, y una tradición asociacionista muy arraigada... Durante las primeras décadas del siglo XX, los críticos casi no miraban a los pintores de La Boca; y cuando lo hacían, era con indiferencia. A través de agrupaciones de artes y letras -como El Bermellón, Impulso, y Ateneo Cultural- y de reuniones bien bohemias con espíritu contestatario, fueron formando una Escuela. Tenían distintas tendencias pictóricas, pero estaban hermanados por una misma elección: La Boca.

La entrada del Riachuelo tiene un circuito propio con algunos imperdibles, como el grupo Los Macocos en el Teatro de la Ribera. También sobre Rocha, el restaurante **Patagonia Sur** de Francis Mallmann ocupa una vieja casa de inmigrantes. Entre antigüedades y cortinas de terciopelo rojo, sirven los cortes argentinos más clásicos: tira de asado, ojo de bife y cuadril. Ahí nomás pasan las vías del ferrocarril; asomándose, la silueta de la Bombonera, la cancha de Boca Juniors, invita a soñar con tardes de fútbol, gritos y Maradona.

Fundación Proa
Av. Pedro de Mendoza 1929
43 03 09 09
www.proa.org

Patagonia Sur
Rocha 801
43 03 59 17

fundación proa
OUTING

Caminito Street won't, probably, be tempting for in-the-know inhabitants who usually escape from massive touristy areas. However a more thorough look into La Boca might discover several aesthetic pleasures that add interest to this picturesque immigrant neighborhood. First off, one should add to this outing **Fundación Proa**, a contemporary art centre that occupies a one hundred year old market. The cultural *crème de la crème* circulates around this house that was remodeled in 1996 by Italian architects Carusso-Torricella. Among street souvenirs and handcrafts, Proa becomes an excellent opportunity to defy contemporary art prejudices.

The use of natural light, the old architectonic structure, and the newspaper-packed cafeteria make the space comfortable and friendly in order to get a close, informal look at works of art. There are about six or seven exhibits per year, plus a number of seminars, debates, and concerts. The terrace awaits with other visions of the Río de la Plata; the old *Vapor de la Carrera*, that linked BA with Montevideo is today a store that doesn't sail. Bridges, rusty boats, elevated sidewalks that prevent houses from flooding, and a well kept cultural association tradition... During the first decades of the twentieth century, critics ignored painters from this district. Through artistic and literary societies –like El Bermellón, Impulso, and Ateneo Cultural– and revolutionary, bohemian meetings they formed a School. They had different pictorial tendencies but they were united by a same passion: La Boca.

The entrance to the Riachuelo has its own circuit with some musts, like the Macocos presentations in the Teatro La Rivera. Also, on Rocha Street, Fracis Mallmann´s restaurant **Patagonia Sur** occupies an old immigrant house. Among antiques and red velvet curtains they serve some Argentine classic meat cuts: *tira de asado, ojo de bife* and *cuadril*. Very close to the railroads the silhouette of La Bombonera, Boca Juniors's stadium, invites one to dream about afternoons of football, euphoric cries, and Maradona.

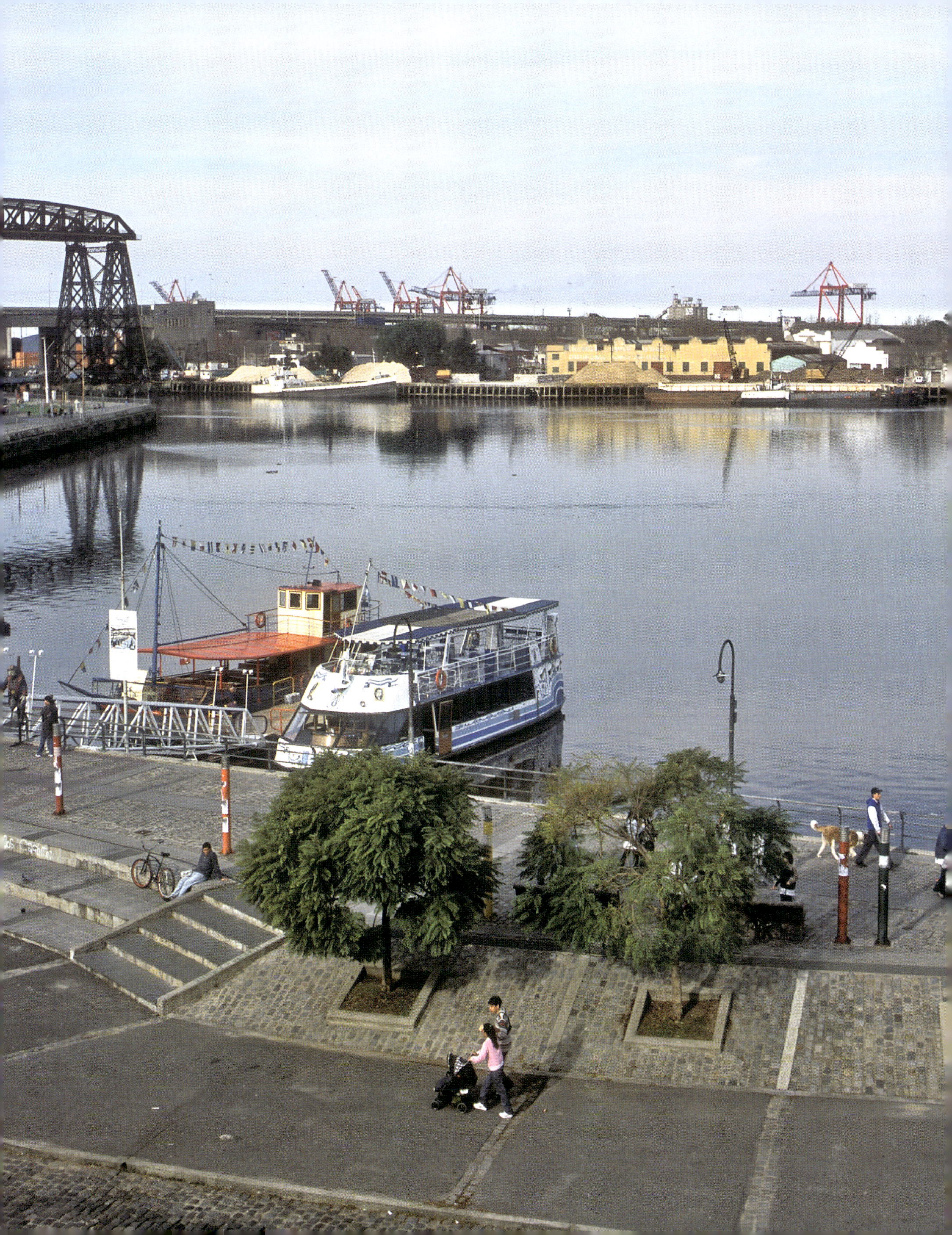

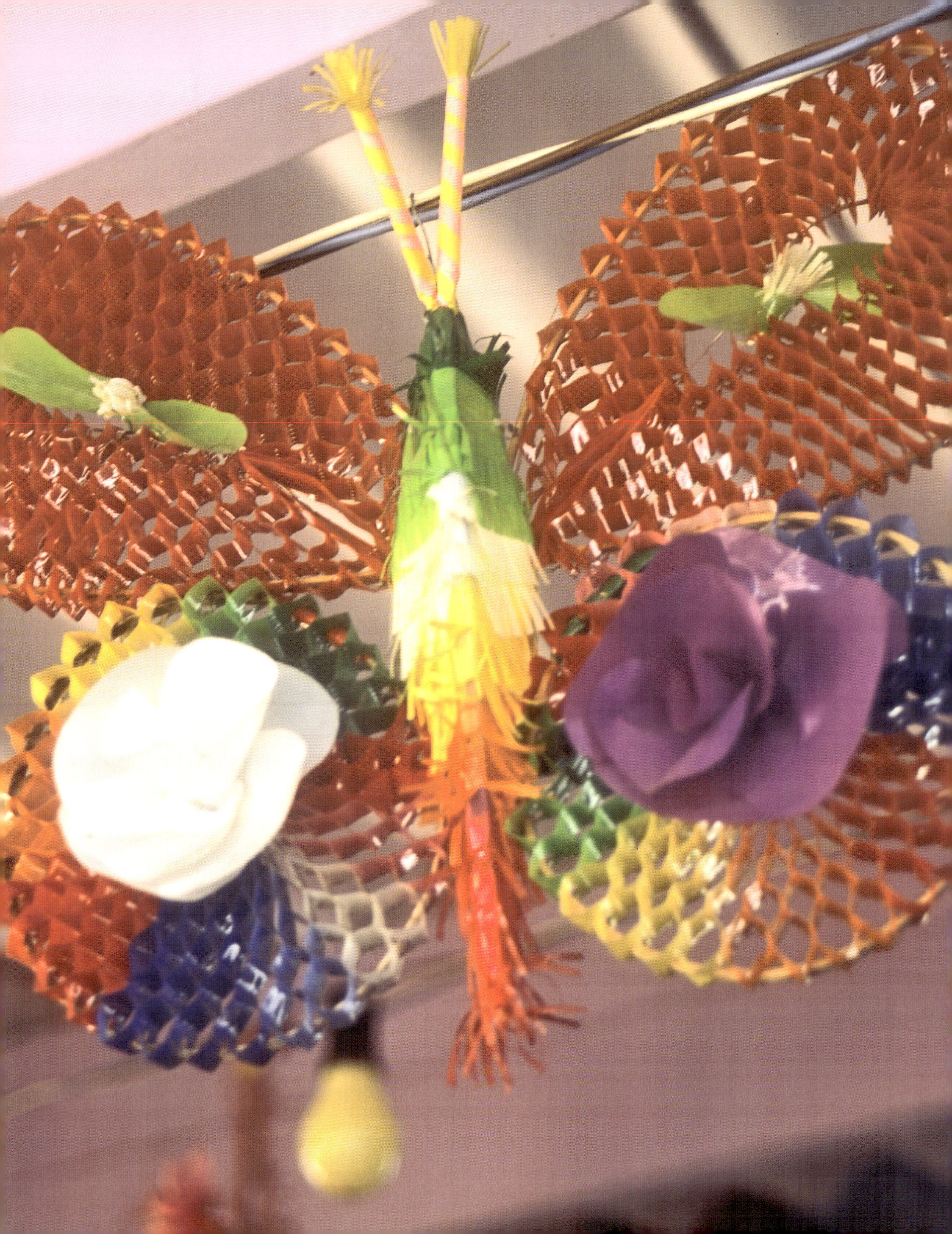

El Diamante
Malabia 1688
Palermo Viejo
48 31 57 35

el diamante
GUSTO

Por un lado, un chef distinguido y profesional; por el otro, un sentimental sin remedio, hábil para exponer teorías infinitas, como el Elogio de la guirnalda de papel *crêpe*. Fernando Trocca parece haber impuesto su estilo en el primer piso -más sobrio que la terraza- del restaurante **El Diamante**. Pero basta afinar la percepción para detectar, entre las mesas blancas y los muebles de madera, destellos que son, a esta altura de la vida con más sutileza que en sus años mozos, el sello de Sergio de Loof, el que no tiene remedio. Inspirado en la imagen que de la elegancia paraguaya él mismo se forjó, y en su experiencia boliviana, decidió que brillen detalles desconcertantes y objetos de culto. Esta visión irreverente y llena de humor, abre un camino más que interesante para escapar de los estereotipos adosados a toda propuesta latinoamericana. Este acercamiento diluye solemnidades históricas, políticas y estéticas; el continente adquiere para los porteños otro interés. Suena música en castellano: Chabuca, Portuondo, Martirio, Calcagnota, Los Panchos.

Mientras el *staff* fantasea con jinetes pistoleros que pasarán por la puerta, de la cocina salen ensaladas de palta, palmitos y rúcula, tortillas mexicanas, ceviche, ojo de bife con chimichurri o queso con miel de caña. Exquisiteces que reflejan, de Loof *dixit*, el poder de toda Latinoamérica unida. El Diamante logra, a través del menú, la estética y la filosofía, embellecer tradiciones y componer el poema que le faltaba al barrio de Palermo Viejo.

A los mediodías y las noches -y trasnoches-, se le suma la posibilidad de tomar el té. Desde ciertos puntos de vista sugeridos por de Loof, es un lugar bien romántico. En los desengaños amorosos musicalizados que son su *sound track*, en las velitas que lo iluminan humildemente, y en los terciopelos y cristales, parece habitar una pena de amor que todo lo impregna. Que porque el barman Pedro seduce con tragos con pétalos de rosas a las chicas, y con Fernet a los muchachos. Que porque los martes el bello Ulises toca el piano. Que porque se vibra una buena energía, y la terraza a la vez pop y espiritual es ideal para la charla con vermucitos, desplegar encantos y buscar amores. Que porque cocina Trocca… El Diamante brilla con modestia; una buena lección para *fashion victims* sobre cómo ser bien *snob* con clase, y divertirse en el intento.

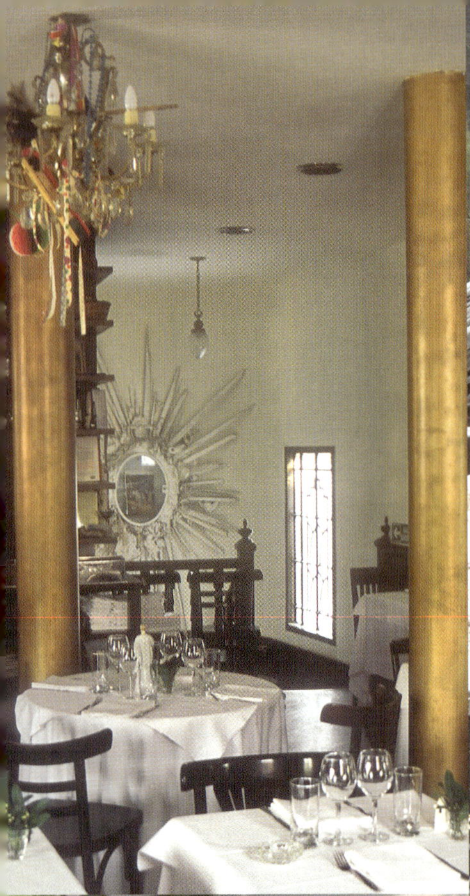
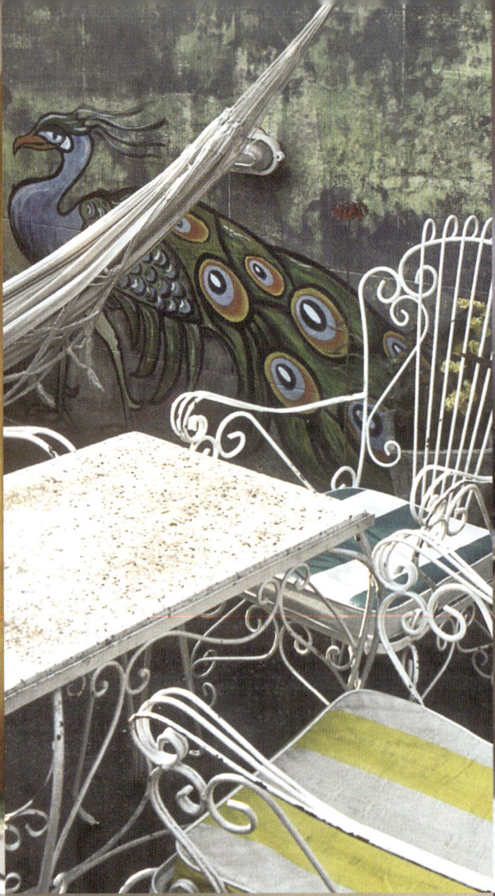
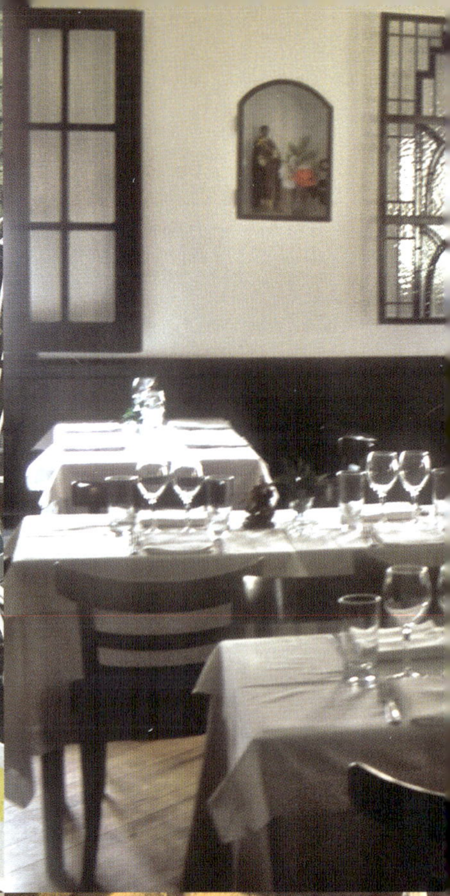
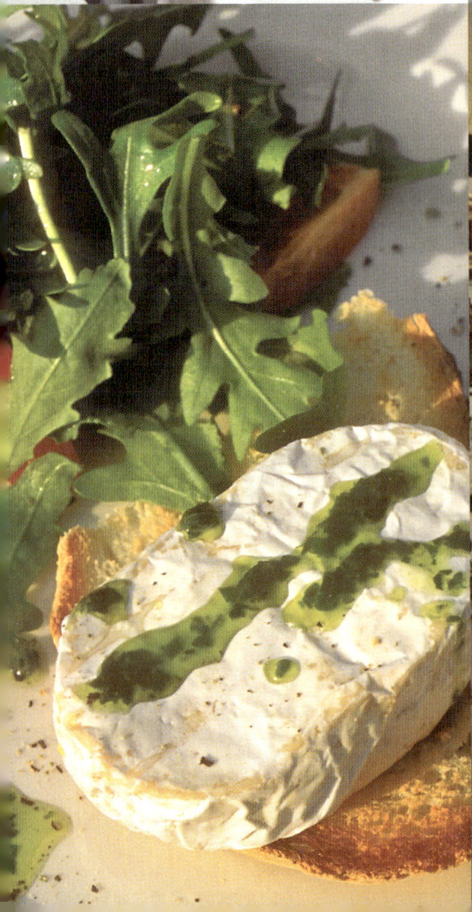
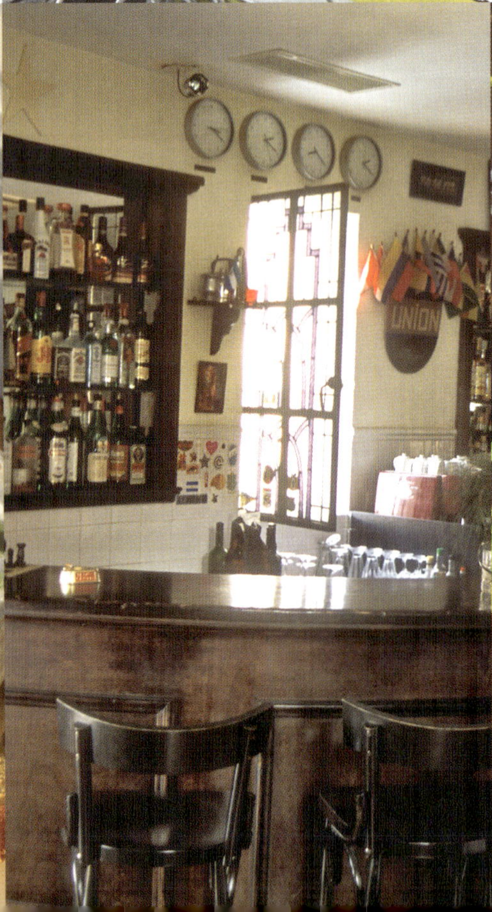
UNION
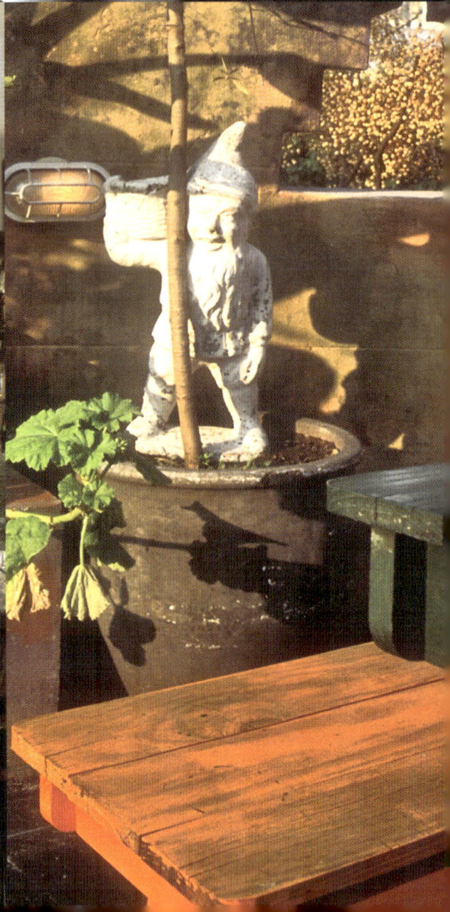

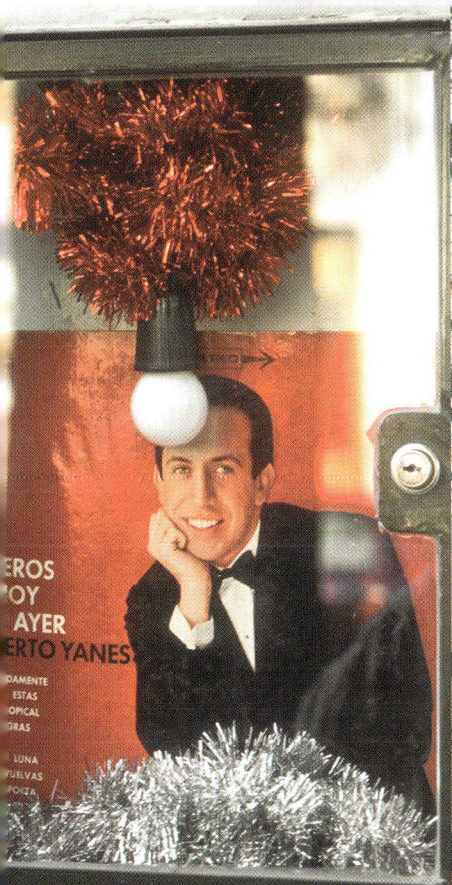
AYER
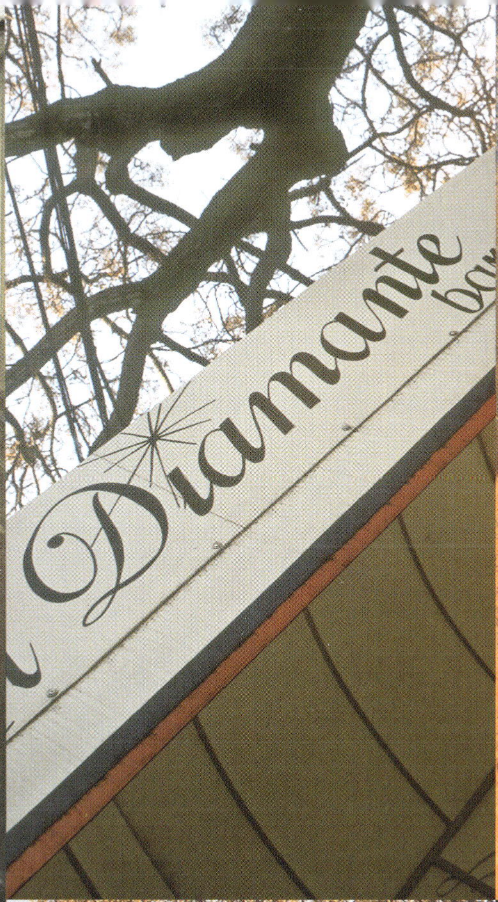
Diamante
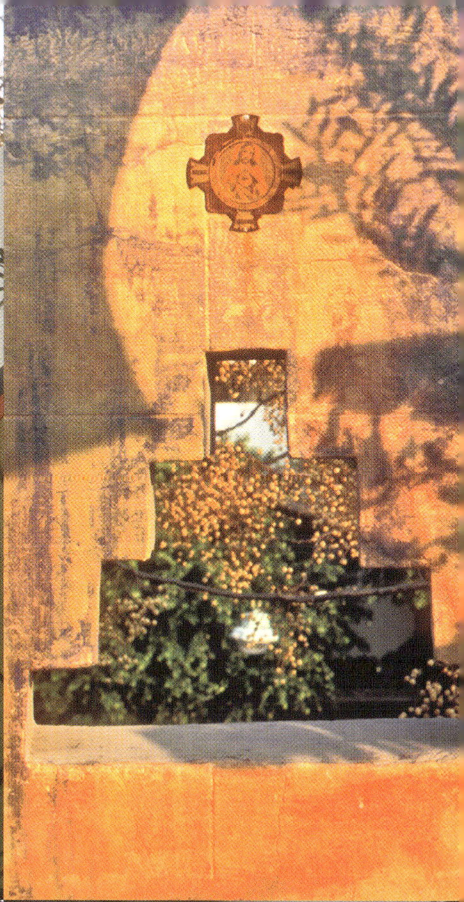
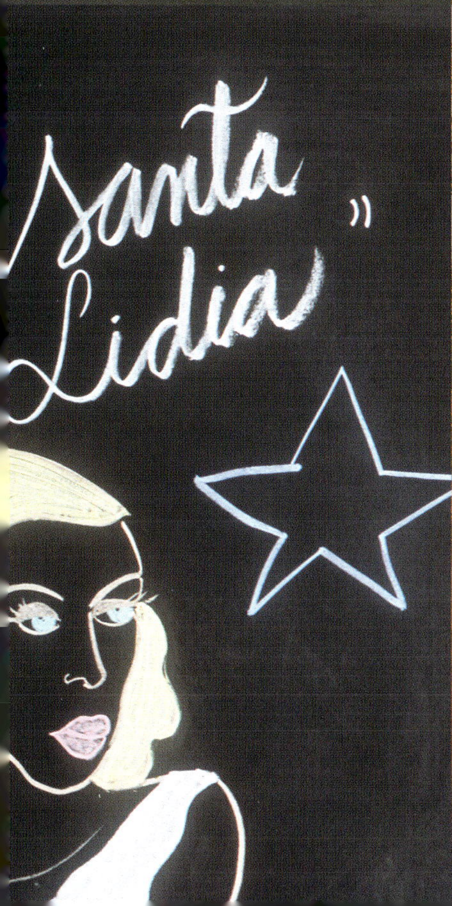
Santa
Lidia"
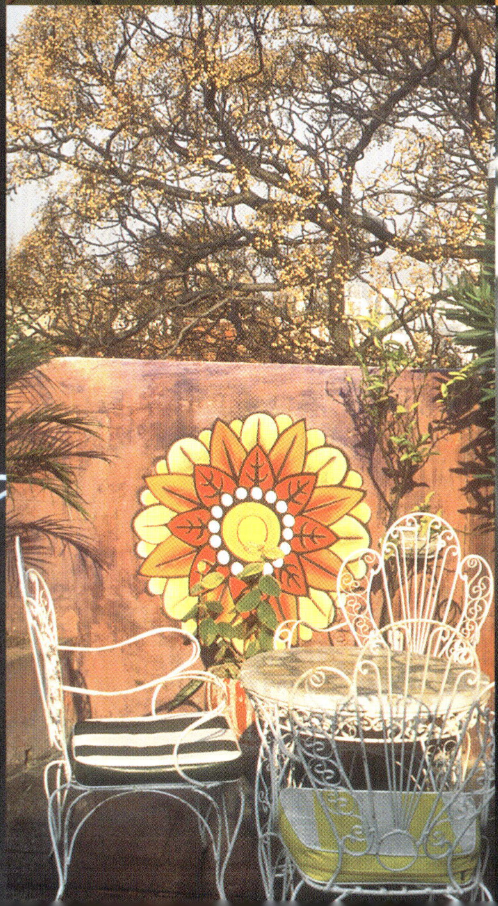
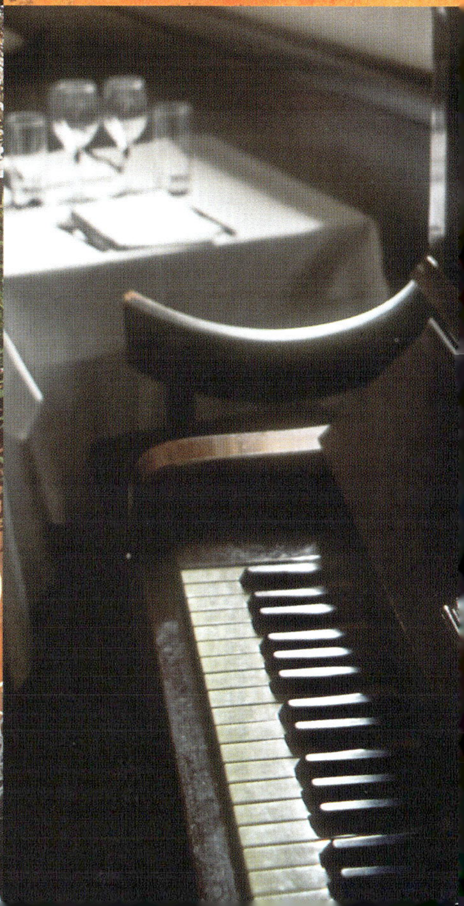

El Diamante
Malabia 1688
Palermo Viejo
48 31 57 35

el diamante

TASTING

Two styles convey in this restaurant: the pro cooking of chef Fernando Trocca and the, always surprising, ability of artist Sergio de Loof to expose his infinite theories. Although the look of the first floor of the **Diamante** is more sober than the terrace, with great attention to detail one will perceive the kitsch objects on top of the pristine white tablecloths. The decision of making little cult items shine on the main salon, respond to the self-created image de Loof has of Paraguayan elegance and to his own experience in Bolivia. This personal, irreverent, and full of humor vision escapes from the stereotypes of any other Latin American proposal. Leaving behind historical, political, and aesthetical solemnities this venue makes *porteños* acquire a brand new interest in their continent. Music in Spanish perfumes the air: Portuondo, Martirio, Chabuca, and Calcagnota.

While the staff fantasies with cowboys, avocado, palmitos, and arugula salads; Mexican tortillas; a steak with *chimichurri*; or cane honeyed cheese exit from the kitchen. These delicacies reflect the power of a united Latin America, explains the artist. Far away from being hard lined, through its menu, its philosophy, and its décor Diamante composes a poem that lacked in Palermo Viejo.

To midday, nights, and after hours they recently added the possibility of having tea. From some points of view, suggested by De Loof, this is a romantic urban spot. In the love disappointments of the sound tracks, the candles that humbly lighten the space, and in the velvets and crystals seems to inhabit a heart grief that impregnates the atmosphere. Maybe the responsible is Pedro, the barman, who seduces girls with petals on the drinks or conquers boys with *fernet*. Or perhaps, because on Tuesdays beautiful Ulises plays the piano. Or probably, due to the great energy that vibrates and the pop-spiritual terrace that is ideal for vermouth chats, perfect for love encounters, or to display enchantments. Or simply because Trocca is the chef... The Diamante shines with modesty; a good lesson for fashion victims of how to be classy-snob and have fun in the attempt.

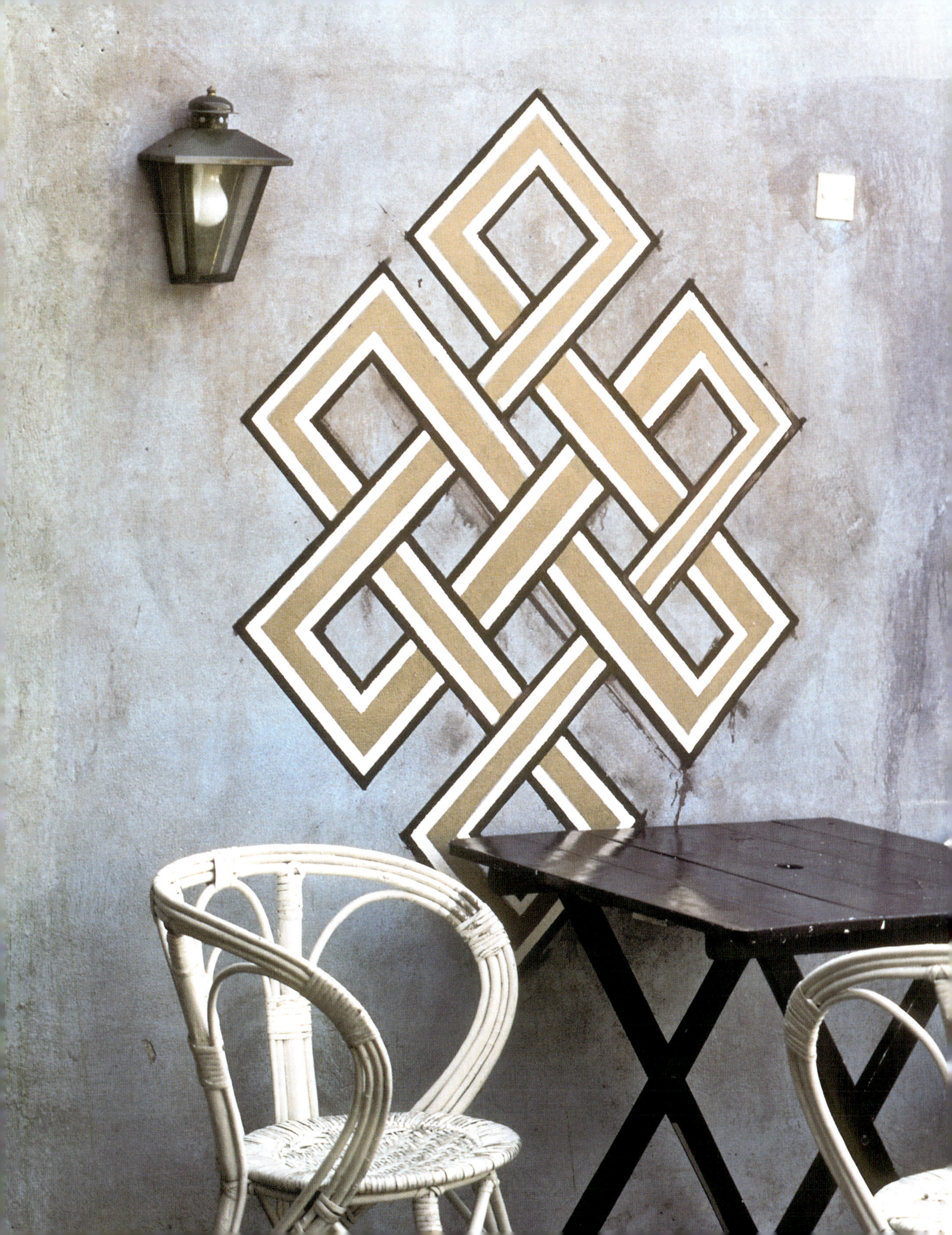

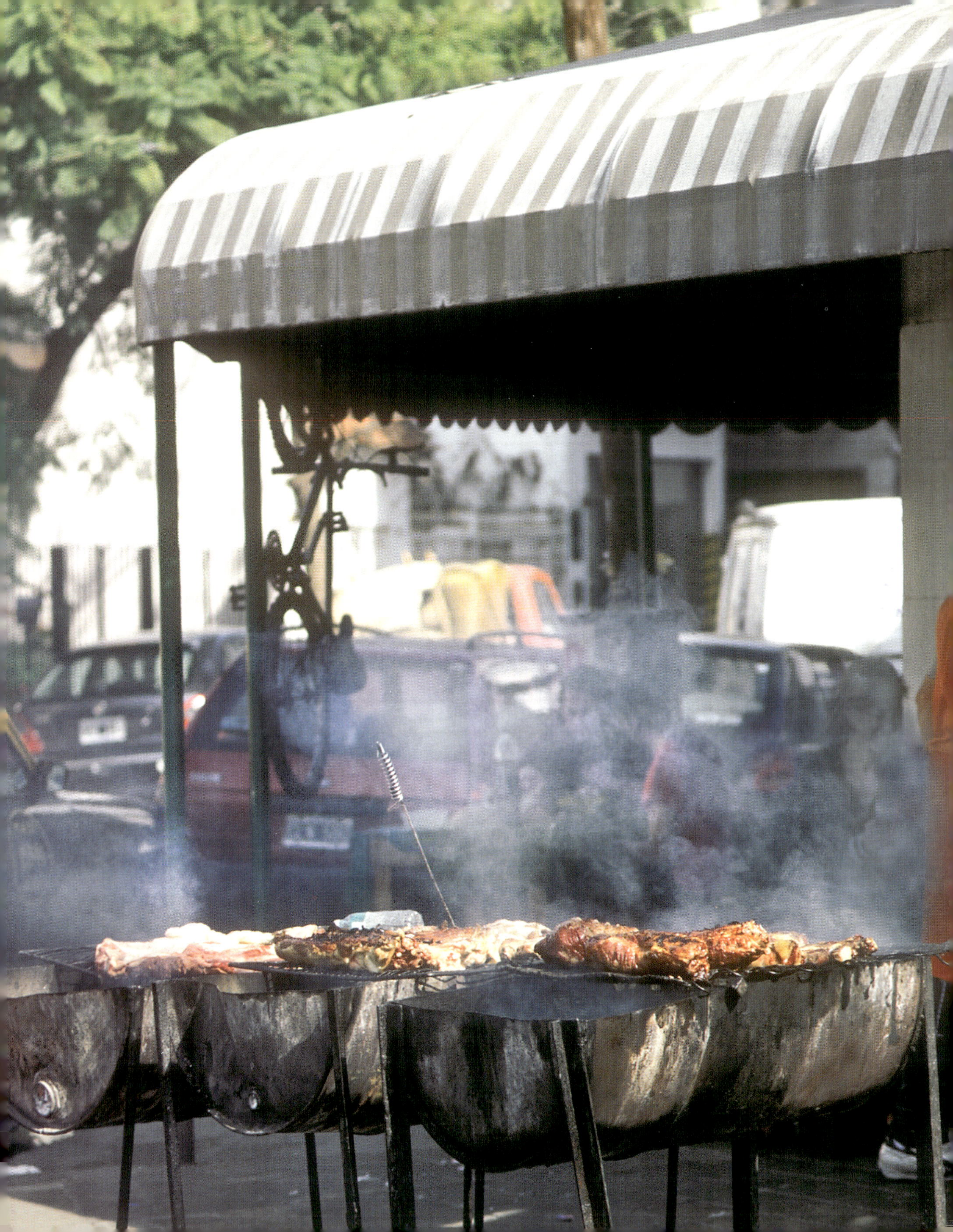

Parrilla La Esquina
Miñones 1902 y esquina Sucre
Bajo Belgrano
47 88 06 99

parrilla la esquina

GUSTO

Con un asadito espontáneo organizado entre amigos, empezó la lenta pero inexorable transformación de la carnicería y verdulería de Sucre y Miñones. Paladares ansiosos por un choripán, *sánguches* de vacío o bondiola fueron ocupando cada vez más el espacio. Hoy la **Parrilla La Esquina** ya es un clásico del barrio del Bajo Belgrano. Varios vecinos -falsos parrilleros- se llevan el mérito sólo por encender unas cuantas brasas, y servir a sus invitados desprevenidos el asado comprado a la vuelta de su casa. Los que no viven tan cerca y los que trabajan o estudian en la zona ya saben: las filas de autos y taxis indican que llegó la hora de deleitarse. Hay que pedirle a Lili el corte elegido, que viene en pan o en tablita. La ensalada es mixta y el postre es flan casero. No hay cabida para indecisiones.

La actividad alcanza su apogeo los sábados de fútbol. Es que a sólo dos cuadras empieza la excursión hacia un espectáculo que derrumba todas las fronteras: el fútbol del ascenso. Zapatillas y jeans rotos, remera negra, y un buzo verde y blanco: la identificación con el Club Atlético Excursionistas necesaria. El santuario que recibe la devoción de los "villeros" ocupó un descampado del Bajo Belgrano en 1912, rodeado por un *stud* y una villa miseria. Desde entonces, convoca a quienes tuvieron, tienen o tendrán relación con el barrio. Tres bandas componen la hinchada: la vieja, la del nevado y la del bajo. Junto al que reparte globos, al que indica el repertorio, a los que tocan el bombo, y los que llevan sombrillas y banderas, ponen en escena pasión, desborde y aguante.

El chimichurri y la salsa criolla condimentan esta parada. En un barrio que cambió tanto y tan rápido, que ya son pocos los portones viejos que solían identificarlo. Los criollos tiran la bronca desde la letra de algún tango, y sólo el caminante atento logra rastrear ese pasado de burros y timba en alguno de los *studs* todavía no reciclados. Nuevos restaurantes y casas cada vez más espléndidas se mezclan con resabios de la villa del Bajo, los cuentos de su crack de fútbol -el Loco Houseman- y los talleres de autos. Pero se sigue respirando un aire bien de barrio, que se refugia en las casas bajas, la gomería de la cuadra, el bicicletero y las charlas de algunos vecinos en pantuflas.

Parrilla La Esquina
Miñones 1902 y esquina Sucre
Bajo Belgrano
47 88 06 99

parrilla la esquina
TASTING

Eight years ago, while the employees of a butcher shop were preparing an *asado* on the sidewalk, the tempting odor attracted sojourners and hungry drivers. That is how the transformation begun. Selling *choripanes* or *vacío sánguches* gained more and more space and importance within this store. Today, the **Parrilla La Esquina** is a classic of the Bajo Belgrano area. More than a few neighbors —fake *asadores*— usually light a fire and, without anyone knowing, serve their guests meat that was barbecued a block away from their houses! Lined up cabs are a sign —for those who don't live right next to this pseudo street restaurant or who work or study in this side of town— that lunch is ready. Lili is in charge of receiving orders and cash; the different cuts come with bread or over a wooden plate. There is also tomato + lettuce salad and homemade *flan* for dessert.

The activity of this derelict, laid-back *parrilla* peaks on football Saturdays. Only two blocks away from this corner, there is a show that knocks down frontiers: *fútbol del ascenso*. The Club Atlético Excursionistas, identified with worn-out jeans, black T-shirts and green-and-white sweaters, fights to get a chance to play in the National Second Division. This sanctuary that has the devotion of *villeros*, occupies —since 1912— an open lot in Bajo Belgrano, which was formerly surrounded by a stud and a *villa miseria*. Since then, Excursionistas convokes people who had, have or will have something to do with this district. The fans are divided into three groups: the Vieja, the Nevado and the Del Bajo. The man that hands out the balloons, the guy who indicates the repertoire, the group that plays the *bombo*, and the holders of banners and flags add passion, fanaticism, and adrenaline to the game.

Chimichurri and *salsa criolla* are trad condiments of these constantly changing vicinity lunches. The old doors that once described it are growing smaller in number by the day. In tango songs, natives express their anger at change. Only with great attention to detail in some of the studs that haven't been remodeled, one might find some signs of a past of horses and betting. Eclectic restaurants and imposing houses are mixed with the old look of the Villa del Bajo, the stories of a local football star —el Loco Houseman— and the antique car workshops. But in the old houses, at the bicycle shop, and seeing the residents in bedroom slippers chitchatting, one can still breathe that small-neighborhood air.

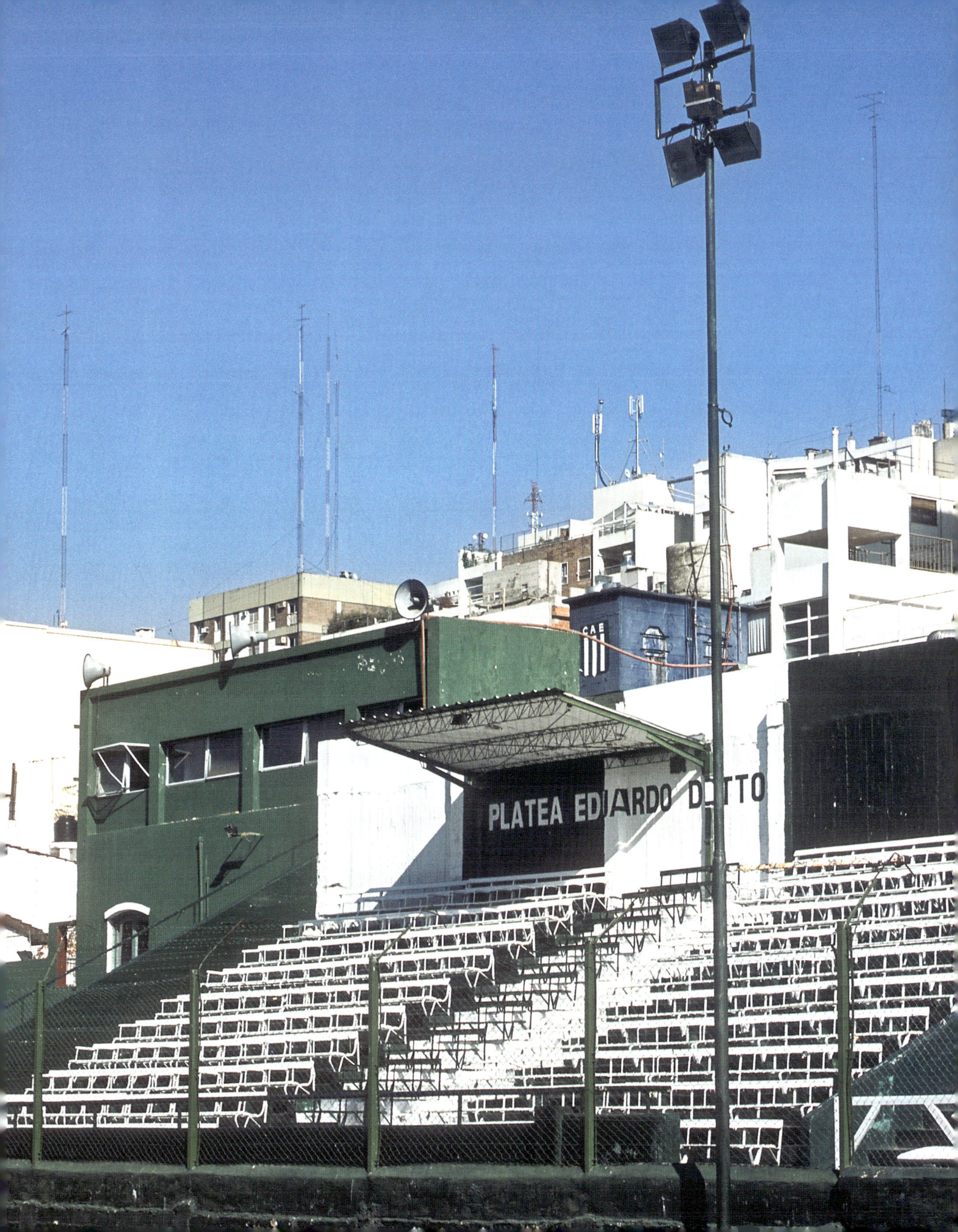
CAE
PLATEA EDIARDO

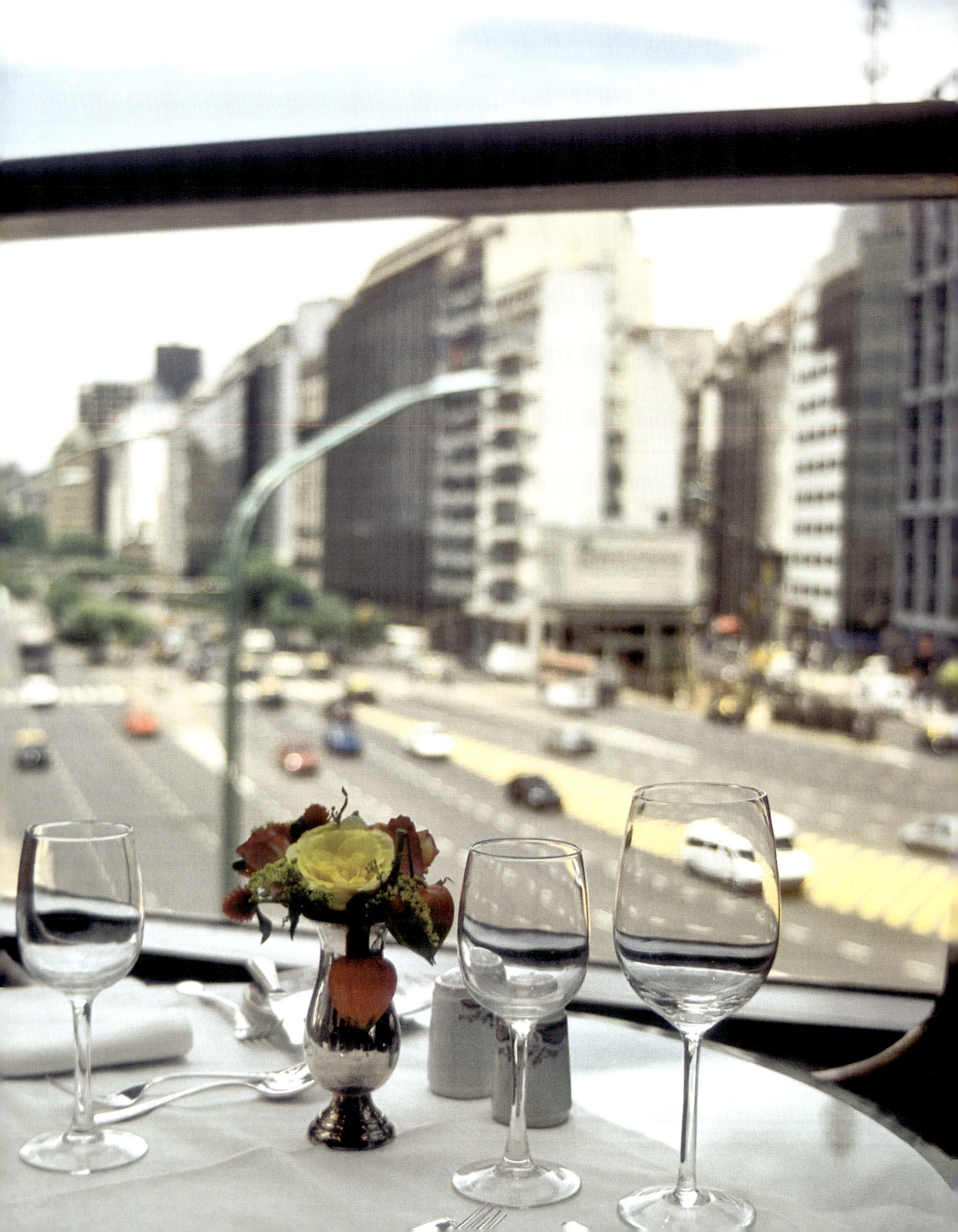

Park Tower
Av. Leandro Alem 1193
Retiro
43 18 91 00
www.starwoodhotels.com

park tower

VIAJE

Quienes pueden dejarse invadir por dulces perezas y disfrutan de la vida lejos de insectos e inclemencias climáticas, saben que dos días entre sábanas de algodón egipcio, controles remotos, pedidos al *room service*, tardíos despertares y ocasos de cóctel, componen una aventura digna de contarse con la frente bien alta. El **Park Tower Hotel** fue inaugurado en 1996: 181 habitaciones con tradición hotelera sin siquiera tener que viajar. Desde el *lobby* se desencadena la fantasía de estar en otras latitudes. Las voces extranjeras crean un espacio indeterminado y confiable, y los pensamientos abandonan sus mecanismos habituales. Una sensación de liberación se suma al diminuto equipaje que acompaña al viajero imaginario. Motivos para escapar nunca faltan; una o dos noches, bálsamo cuyos efectos benéficos son retroactivos. En las suites reina el estilo Biedermeier. Las super suites Luis XV y Luis XVI cuentan con piezas rastreadas en anticuarios de San Telmo: hay alabastros, biombos Coromandel y tapicerías del siglo XVII. Y lo que todo viajero busca al entrar en un cuarto de hotel de lujo: sensaciones deliciosas, con la posibilidad, aún para los nativos, de ser turista en Buenos Aires.

Las cortinas descubren vistas deslumbrantes del Río de la Plata y Puerto Madero. La Avenida del Libertador y Paseo Colón se extienden todo lo que el horizonte urbano permite. Y la barranca de la Plaza San Martín conduce por sus caminos ondulantes hacia glorias de la arquitectura local: el Palacio Paz, actual Círculo Militar, el Kavanagh, primer rascacielos de Sudamérica, y mansiones, monumentos y árboles que conservan el espíritu de otros tiempos. Domingos de invierno al mediodía, puchero en el Plaza Hotel. Una vez afuera, la altura de la balaustrada permite trazar otro itinerario, esta vez por El Bajo, hasta no hace mucho tiempo iluminado por pecaminosas luces rojas. Subtes, colectivos, trenes, autos y barcos pintan un paisaje en movimiento permanente. Las torres espejadas de Catalinas reflejan los cielos, mientras la gente camina por la vieja y oscura recova. Cita ineludible en el Dorá con ostras, pulpo, langostinos o cigalas a la plancha, merluza negra o besugo a la vasca. España en la comida, la Estación Retiro, la Torre de los Ingleses, el río, los barcos y el puerto sostienen con eficiencia la impostura de viaje y lejanía.

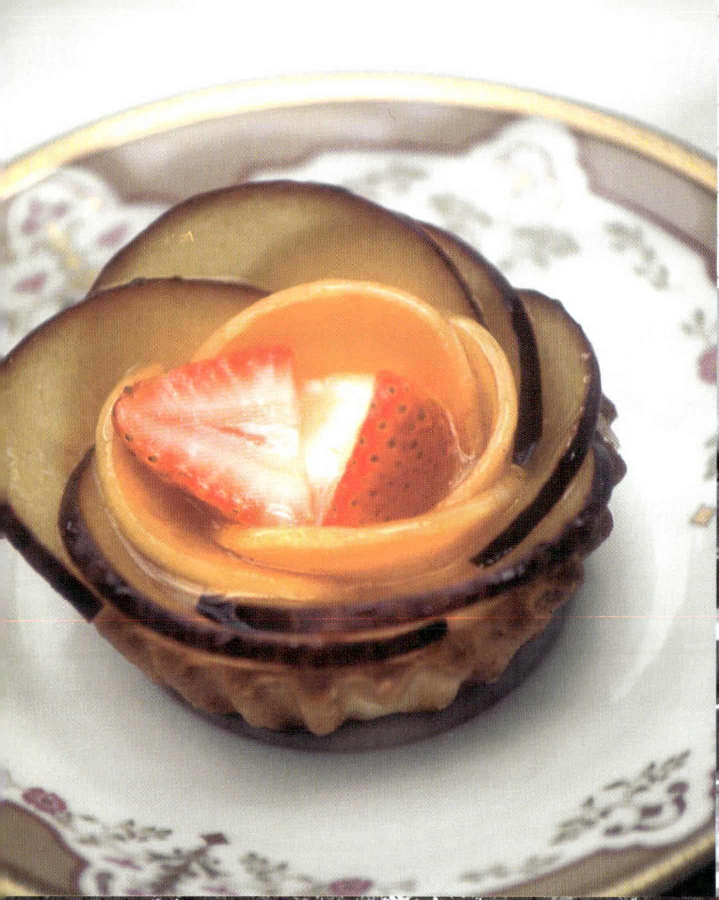
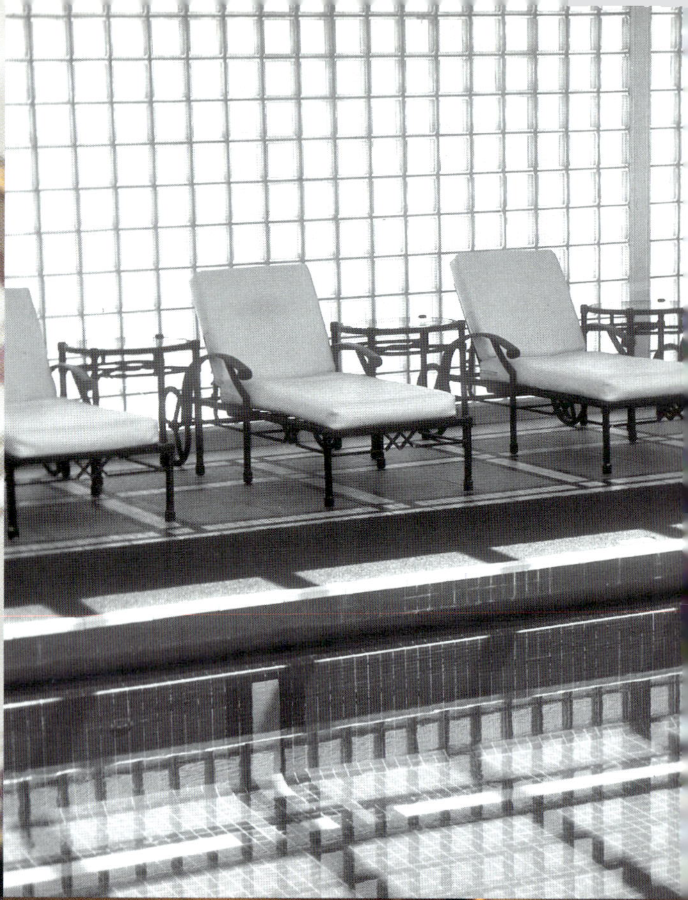
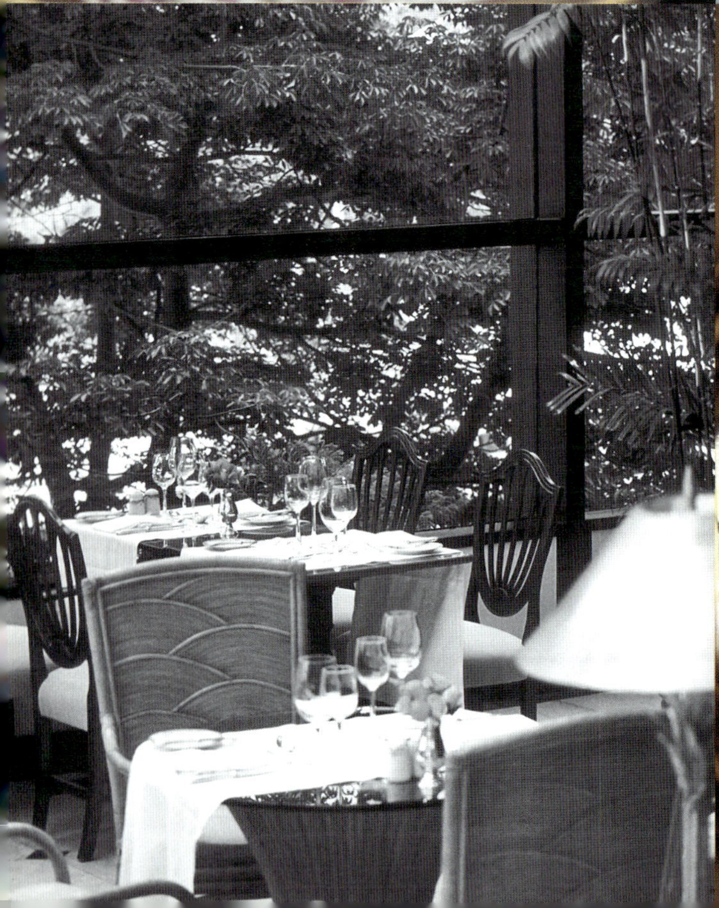
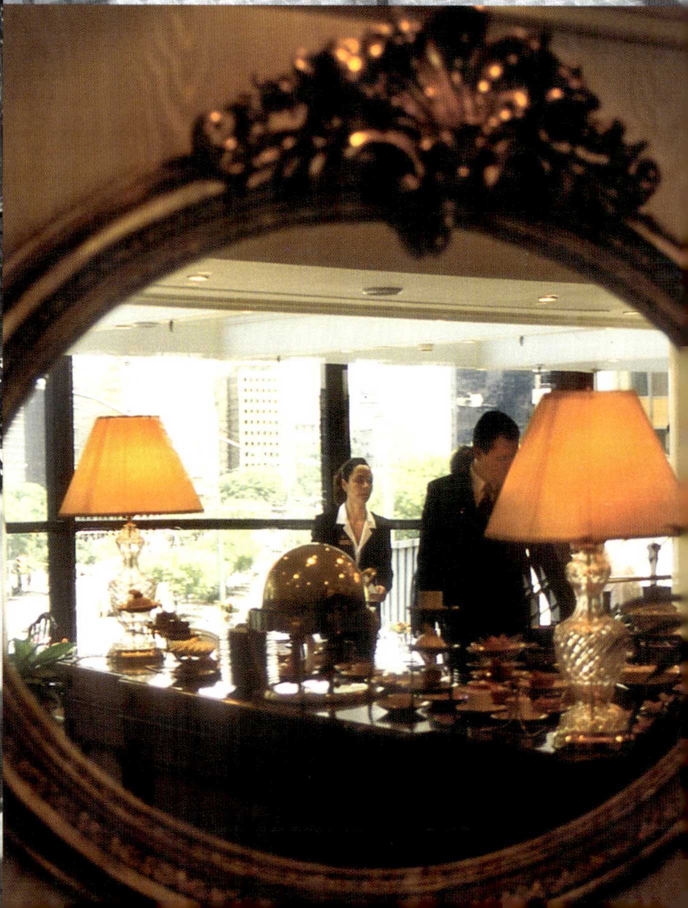

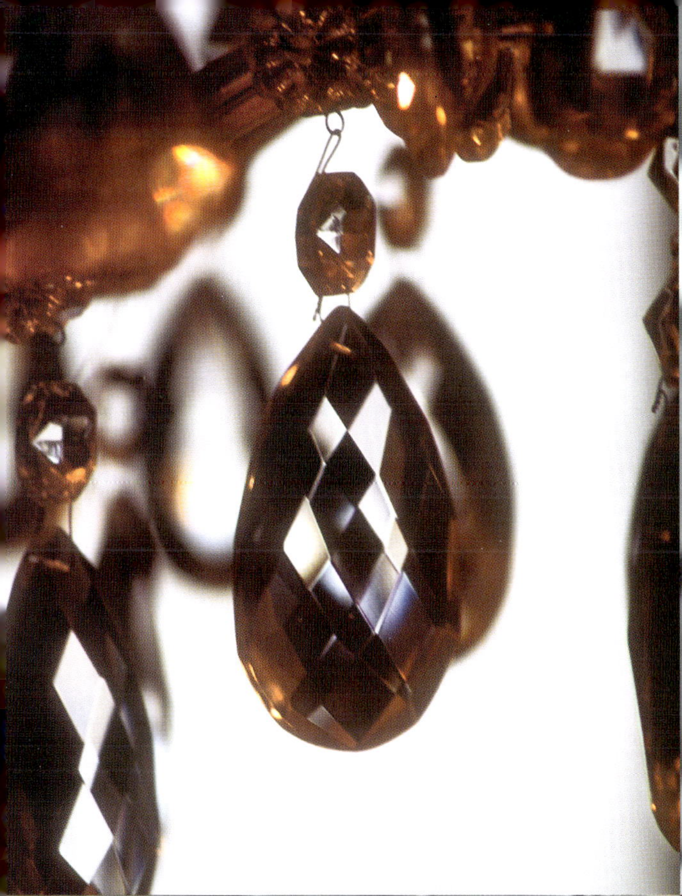

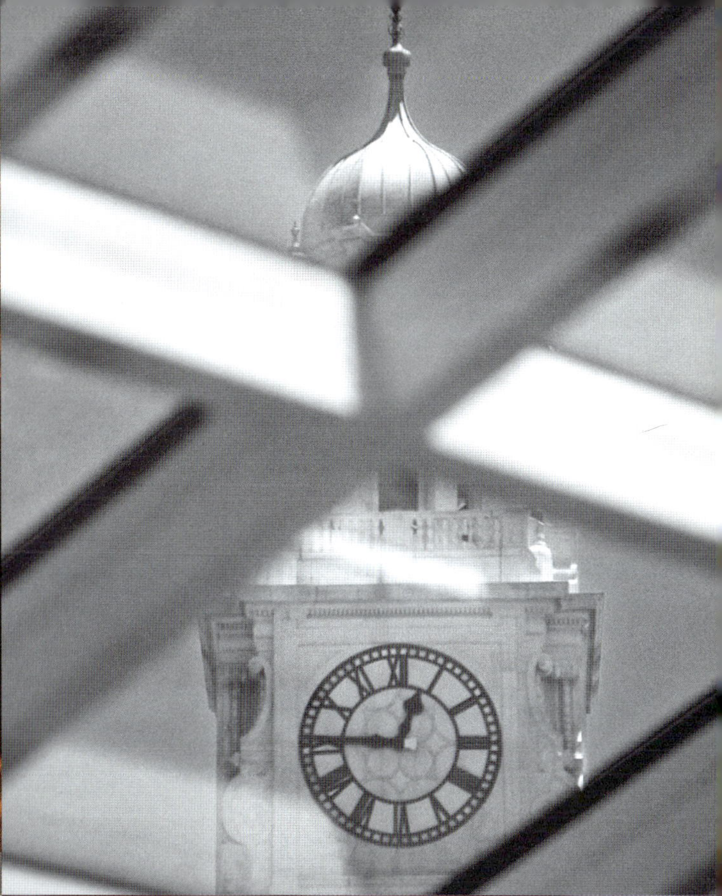

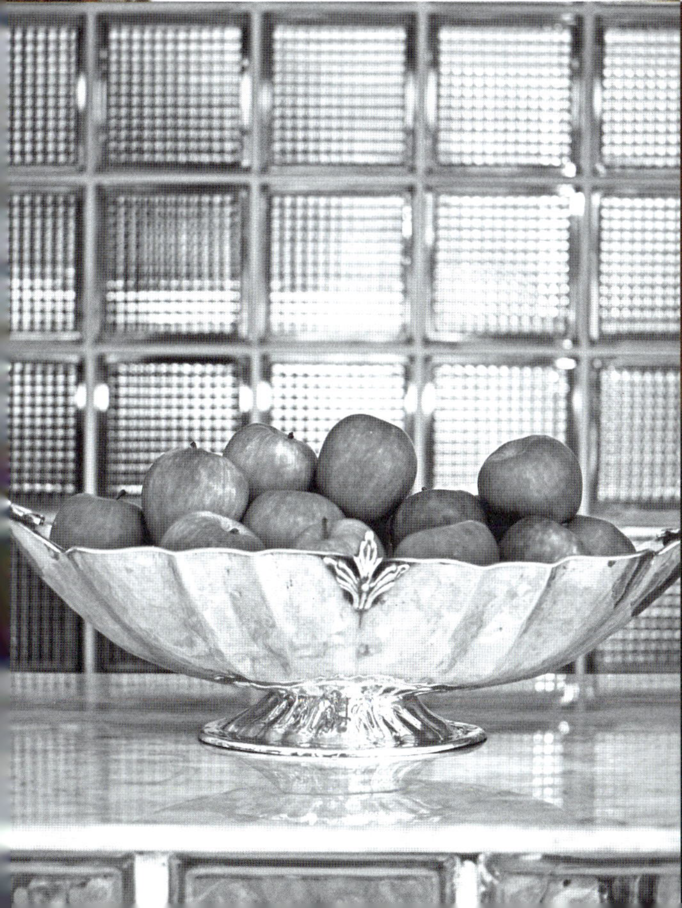

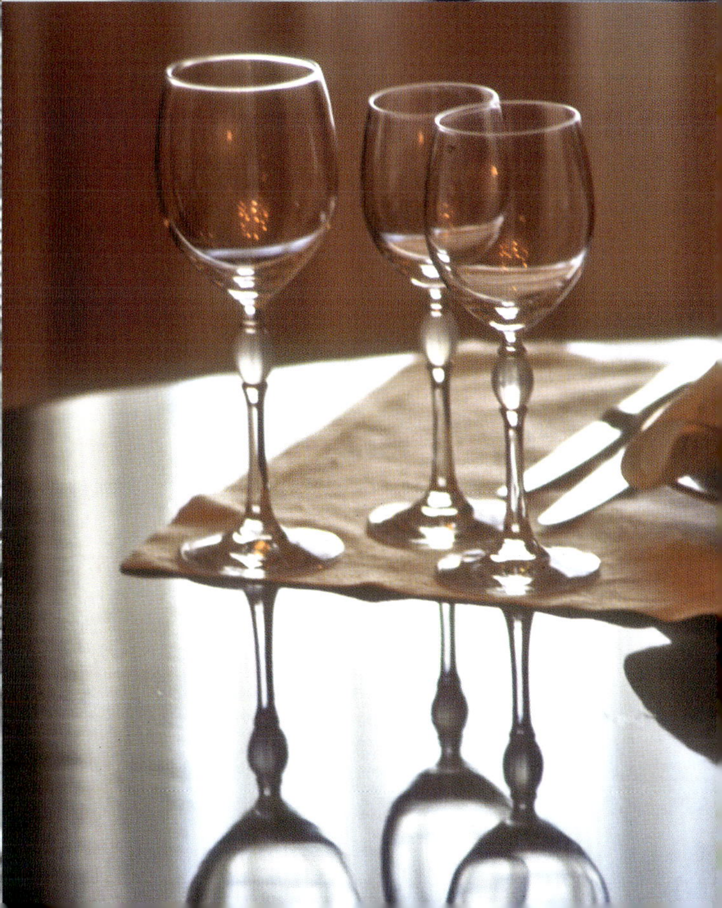

Park Tower
Av. Leandro Alem 1193
Retiro
43 18 91 00
www.starwoodhotels.com

park tower

SHORT TRIP

Those who indulge in relaxing and enjoying life away from insects or bad weather know that two days of Egyptian cotton sheets, remote controls, room service, late wake-ups, and cocktail-filled sunsets comprise an adventure worth telling with the head held high. The **Park Tower Hotel** opened in 1996: 181 high-end rooms with no need of traveling. The fantasy of being somewhere else emerges in the lobby. Foreign accents create an indeterminate yet trusting space; thoughts abandon their usual mechanisms. A feeling of freedom is added to the minute luggage of the imaginary traveler. There are always reasons for escaping; one or two nights away, a balsam with retroactive soothing benefits. Suites decorated in the Bidermeier style; Louis XV and XVI super suites show deco objects found in San Telmo antique shops. Alabasters, Coromandel screens, seventeenth century tapestries... and everything the discerning vacationer expects upon entering a luxury hotel room: delicious sensations! Above all, the possibility for locals to become tourists in BA.

Curtains reveal breathtaking views of the Río de la Plata and Puerto Madero. Libertador Avenue and Paseo Colón Street are as long as the urban horizon. The hills of Plaza San Martín guide the view to glories of vernacular architecture: the Palacio Paz, today known as the Círculo Militar, the first South American skyscraper —the Kavannagh— and mansions, monuments, and trees that keep the spirit of yore. On winter Sundays enjoy a *puchero* at the Plaza Hotel. Once outside, the view from the height of the balustrade creates new itineraries, this time along El Bajo —that was lit by sinful red lights—. Undergrounds, buses, trains, cars, and boats sketch an ever-moving landscape. The sky is reflected in the mirrored towers of Catalinas while people walk through the old, dark *recova*. Oysters, octopus, prawns, or grilled lobster; as well as black hake or Basque sea bream from the Dorá are essentials. Spain in the food, Retiro train station, the English Tower, the river, and the boats and docks effectively sustain the sense of being far away.

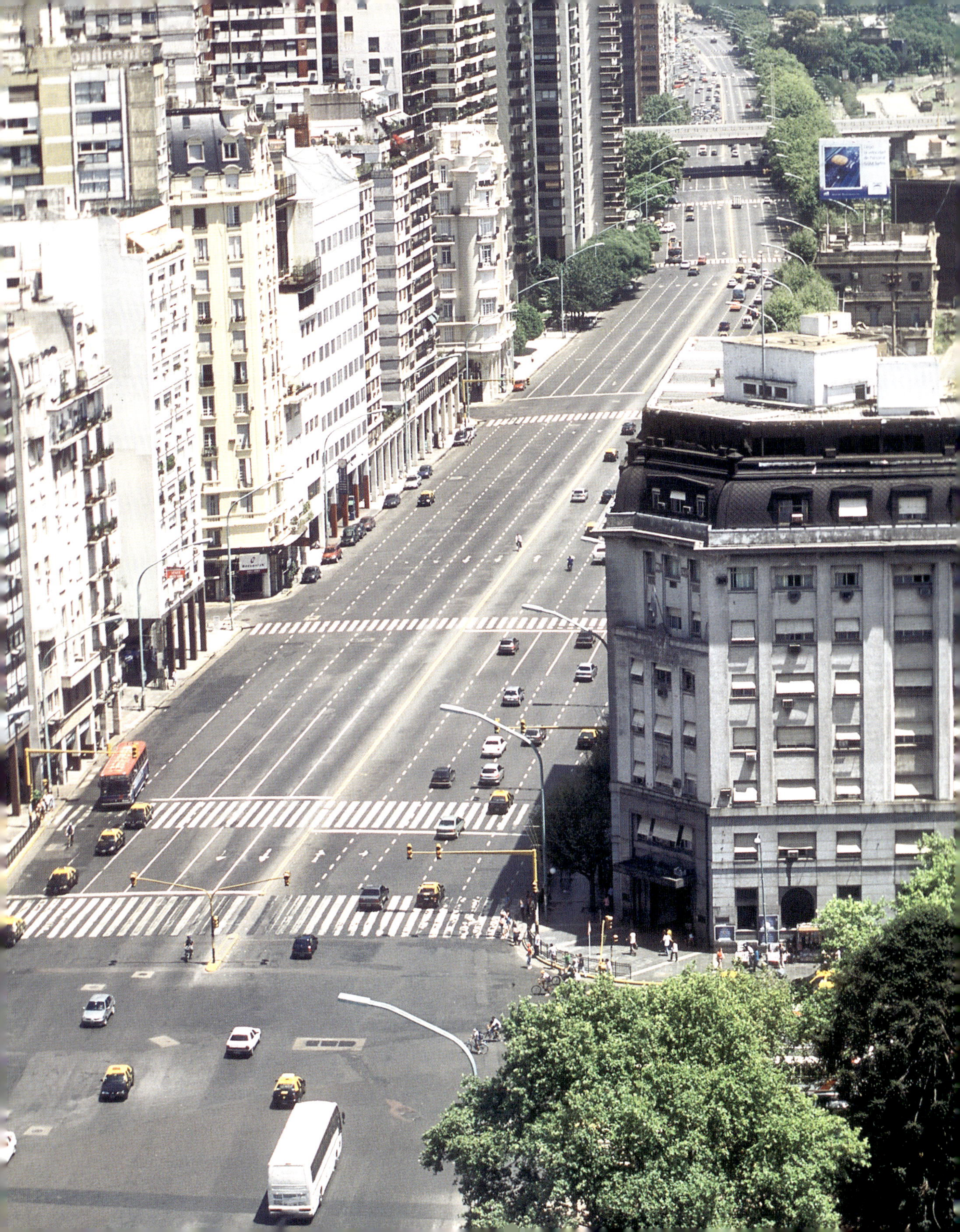
Continente

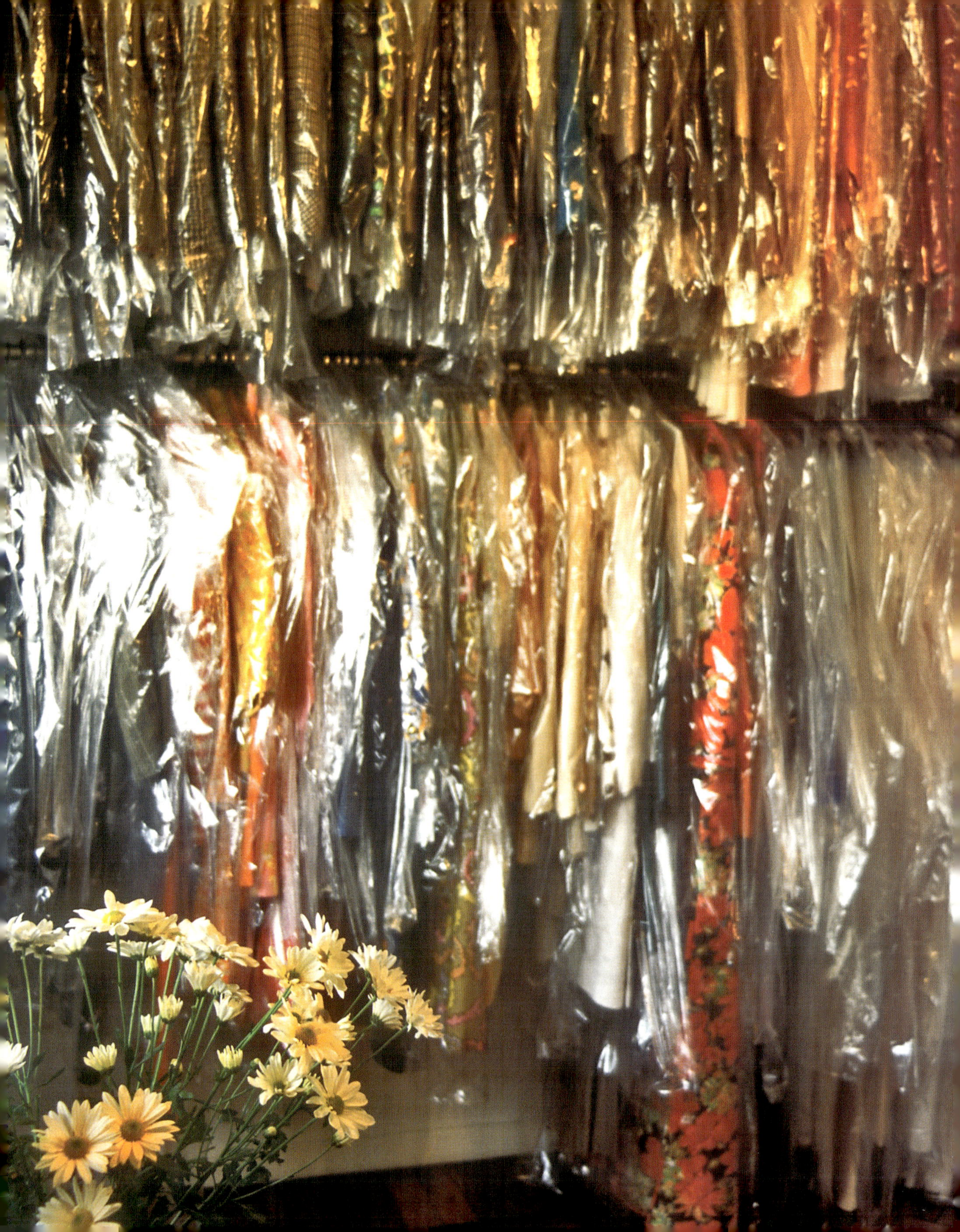

Salón Muaré
Uriarte 1345 1ºF
Palermo Viejo
47 76 58 39
www.salonmuare.com.ar

salón muaré

CAPRICHO

Encontrar al príncipe que cumpla todas las fantasías es una tarea que no se puede delegar. Pero de vestirse como una reina o un rey para acudir al baile, pueden ocuparse sin varita mágica en **Salón Muaré**. Cubre, con un stock de prendas y accesorios de distintos estilos para rentar, todo el siglo XX, y lo que va del XXI. Dos pisos, bien contemporáneos y prolijos, completamente tomados por perchas, cajas y cajoneras que guardan todo lo necesario para que atraer más miradas que Cenicienta tras la intervención del hada, dependa sólo de la elección… El salón espera, al final del largo pasillo, en un edificio de Palermo Viejo sin ascensor. Lo despojado del recibidor y las ventanas amplias al corazón de manzana verde no hacen presentir lo que vendrá: la Boutique de Papas, tiendita para amigos, con profusión de "objetos seleccionados con humor y amor", pequeños hallazgos ideales para el regalador compulsivo. En el piso superior, los percheros repletos de prendas ordenadas por rubro parecen tapizar las paredes y los techos. Estéticamente, el conjunto tiene algunas rarezas decorativas, reminiscencias de clásica tintorería porteña y un no sé qué de galería de arte contemporáneo.

Madre Tierra y Carolina decidieron plasmar en un proyecto común sus respectivas formaciones académicas, y sus experiencias como productoras y realizadoras de vestuario. El servicio está dirigido a profesionales del cine, el teatro, la publicidad y la televisión. Pero casi en secreto fue convirtiéndose en una solución creativa, divertida, y sobre todo menos costosa, cuando se trata de vestirse de manera muy especial. La clientela valora el *vintage* y es perfeccionista. A falta del poder mágico que convierte en belleza los harapos, el Salón cuenta con un taller de reciclado que se ocupa de los arreglos, las tinturas y las reformas; el estado de las prendas es impecable, y pueden hacerse pequeños retoques para lograr el talle perfecto. Las expertas asesoran, y entre los zapatos maravillosamente expuestos y los accesorios -*bijouterie*, anteojos, sombreros y guantes- componen atuendos de película.

Cenicienta está creciendo, y ahora puede experimentar. Tal vez prefiera pantalones, minifalda, un modelo de los años veinte o vestirse como Gloria Gaynor en plena *disco fever*. Lo bueno de Salón Muaré es que las hadas madrinas atienden de lunes a viernes, y también los sábados a la mañana. Así, la magia nunca desaparece.

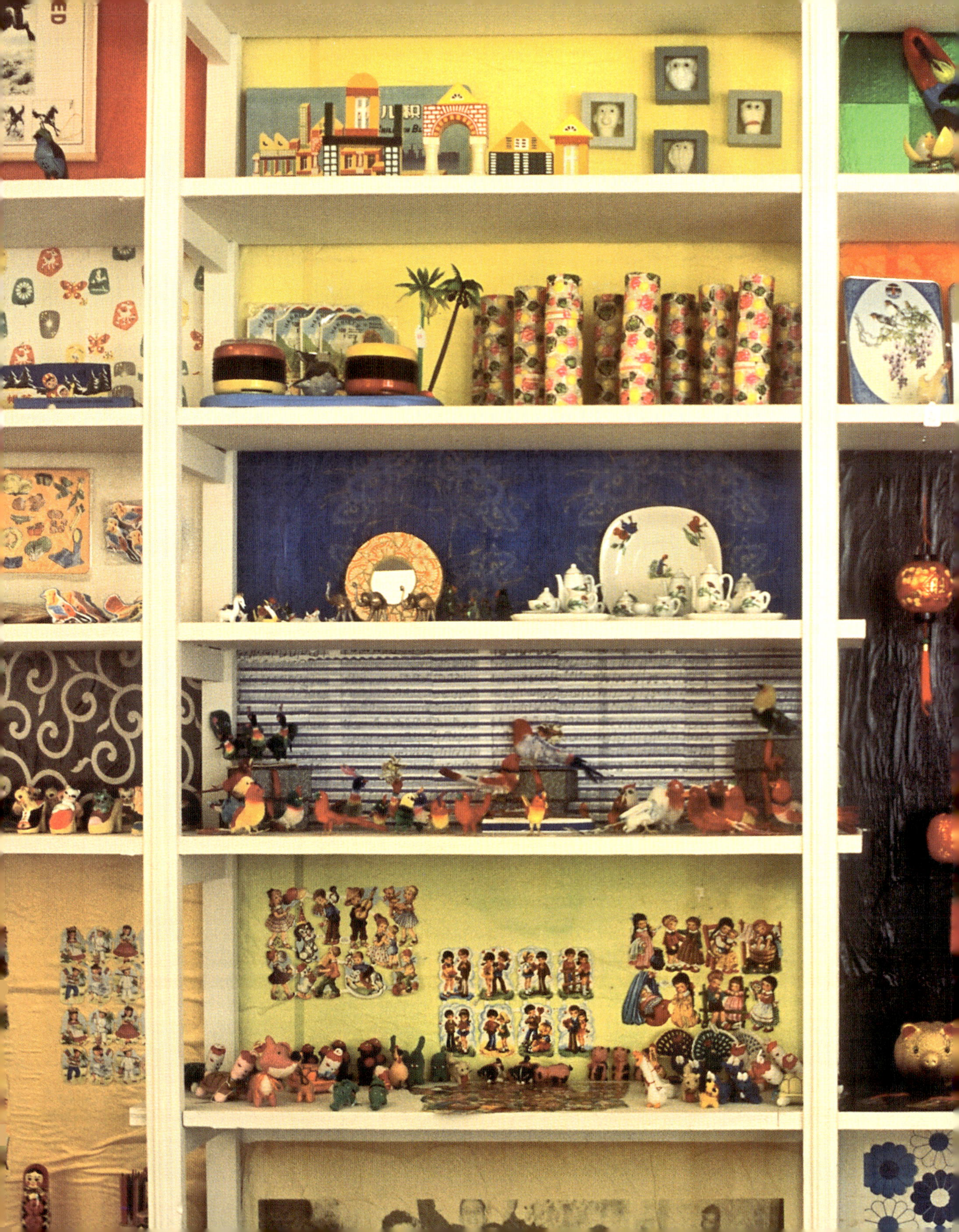

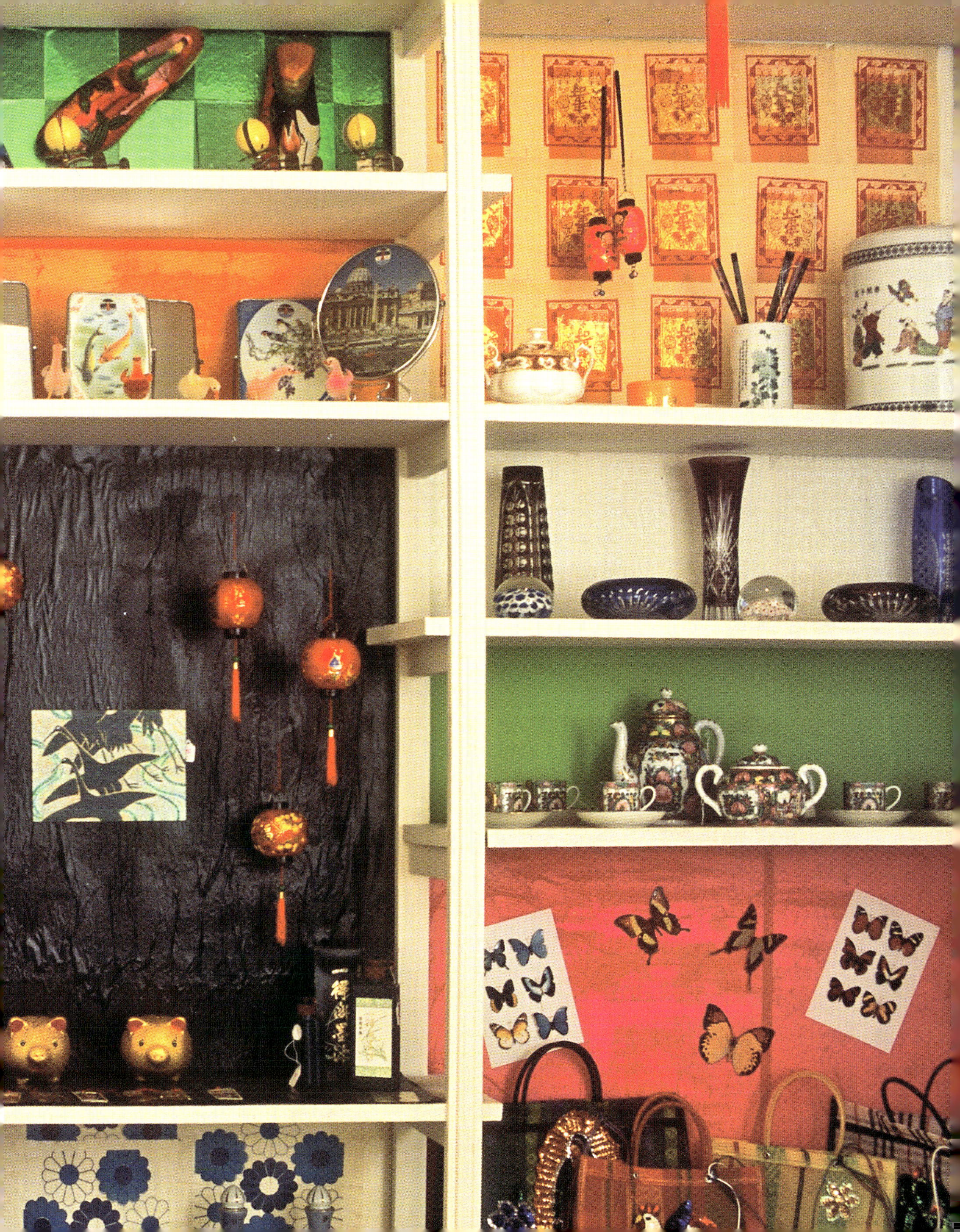

Salón Muaré
Uriarte 1345 1ºF
Palermo Viejo
47 76 58 39
www.salonmuare.com.ar

salón muaré

DELIGHT

The search for the prince that meets all fantasies is a task one cannot entrust. But it is possible to dress like a queen —or king— to attend a gala, even without the help of a magic wand. **Salón Muaré** has a wide selection of various styles of clothing for rent, covering all of the twentieth century and what has elapsed so far of the twenty-first. Two contemporary, tidy stories brimming with hangers, boxes, and drawers have all that is required so that attracting more looks than Cinderella —without the need of the Fairy Godmother— is just a matter of choice. This shop stands at the end of a long hallway, in a Palermo building with no elevator. The simple foyer and floor-to-ceiling windows facing a lush back garden do not enable one to foresee what is about to come. On the first floor, the Boutique de Papas, a small room for friends, with a profusion of objects selected with humor and love; little finds that are ideal for the compulsive giver. The upper floor is awash in racks with garments of diverse styles. Aesthetically, this mix —amid rare décor pieces, reminiscences of the classical BA laundries, and a little something of a contemporary art gallery— is a stunning result.

Madre Tierra and Carolina decided to combine their academic backgrounds as producers and costume designers in this project. Originally, their service was geared to film, TV, theater, and advertising producers. But, almost as a hushed secret, it gradually turned into a fun, creative, and —above all— cheaper solution for anyone wanting to dress up for a special occasion. The clientele worships vintage and is very demanding. In lieu of a magic wand that could transform rags into beautiful clothes, there is a workshop in charge of alterations, patch-ups, coloring, and restoring… Every piece is impeccable and small alterations can be made to achieve the perfect fit. These experts offer their advice and with the shoes —wonderfully exhibited— and accessories —hats, bijouterie, glasses, and gloves— they compose beautiful, glamorous combinations.

Cinderella is grown up now and she can try new outfits. Maybe she would prefer pants, miniskirt, or a twenties look… or she might even dress like Gloria Gaynor in disco fever. The good thing about Salón Muaré is that the fairy godmothers work not only from Monday to Friday but also on Saturday morning… The enchantment never disappears.

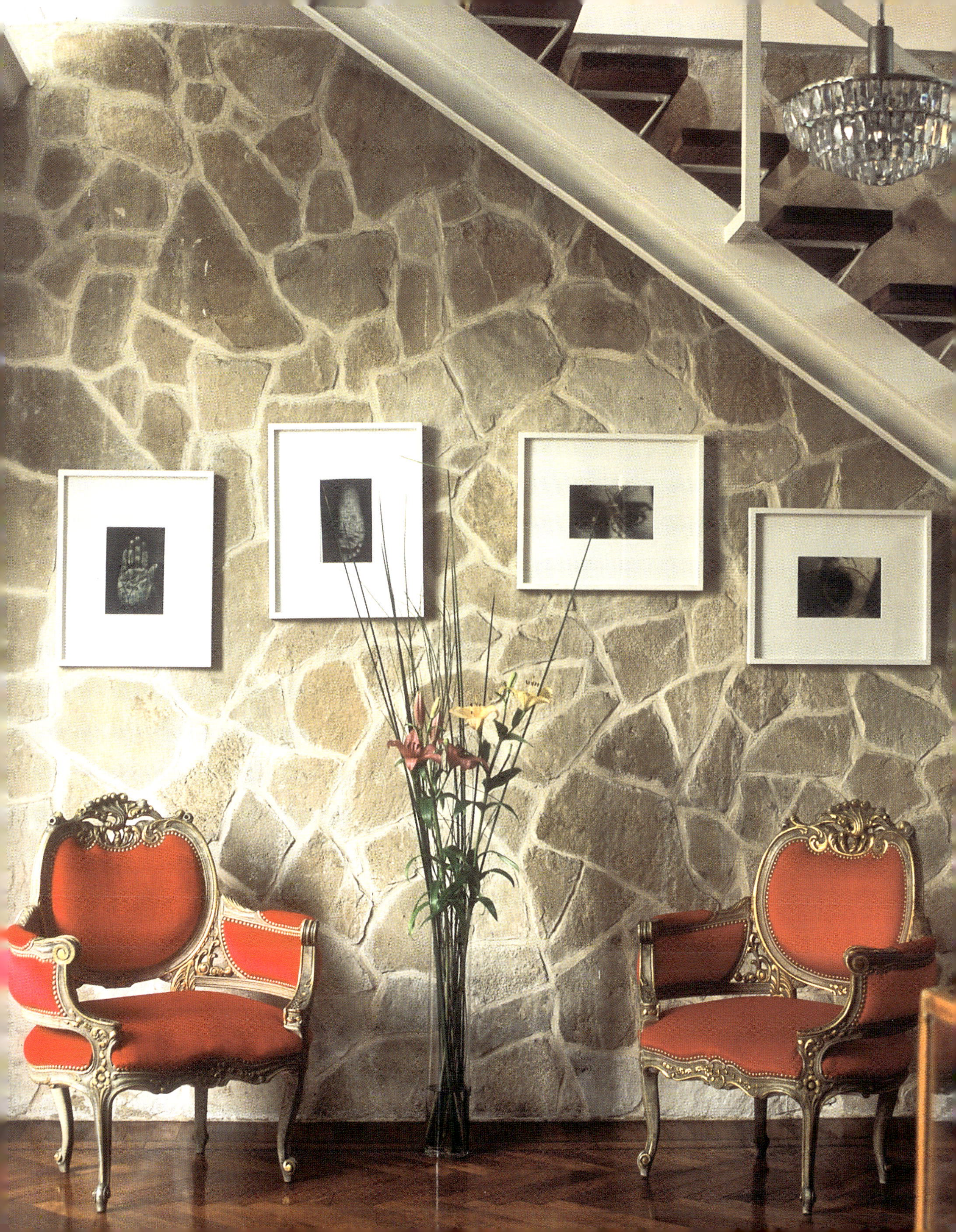

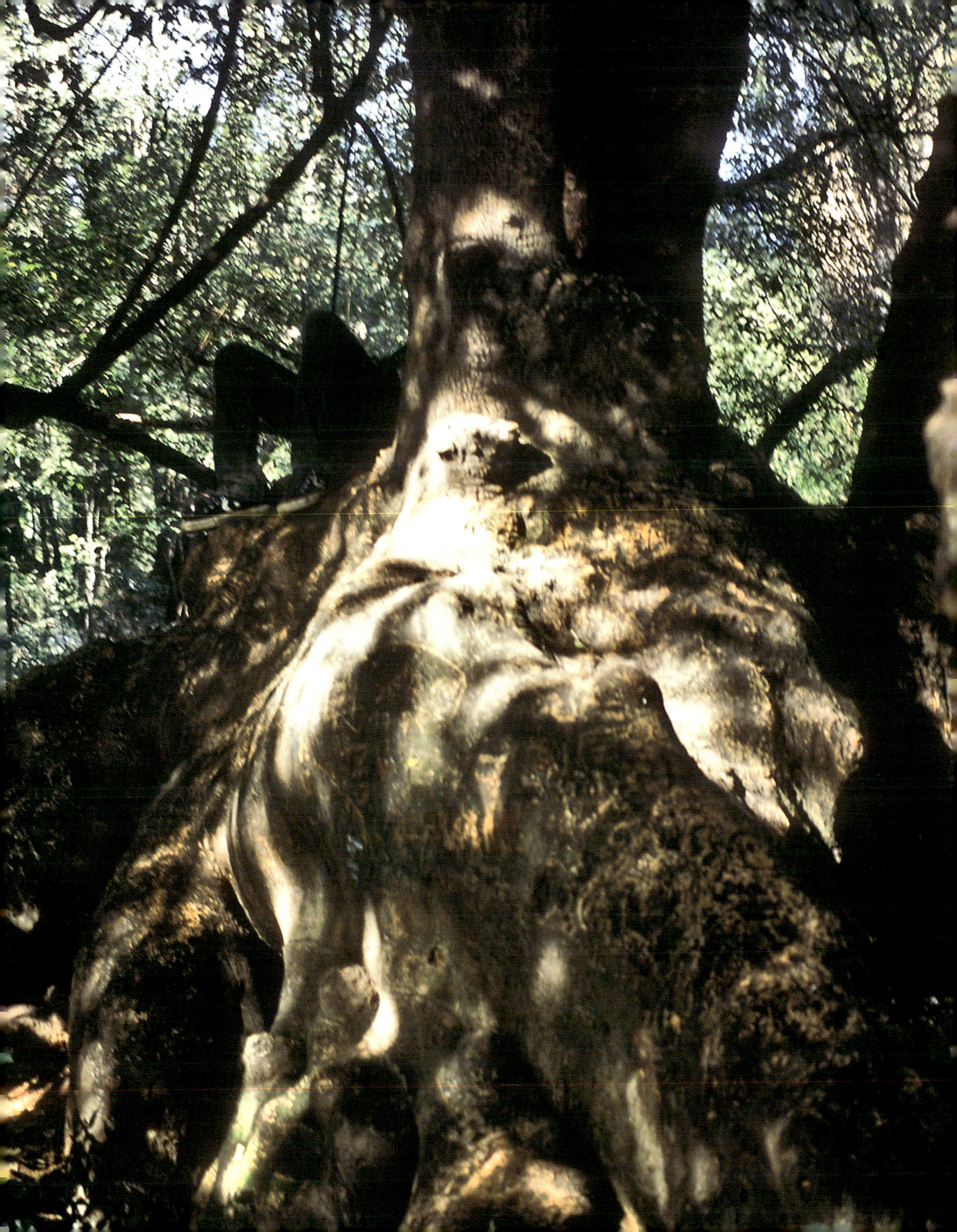

Jardín Botánico
Av. Santa Fe y Las Heras
Palermo
48 31 45 27

botánico
PASEO

Un pasito para allá y, como en el norte argentino, las flores del palo borracho embriagan a los animales después de la lluvia. Los ceibos jujeños, los jacarandás y las tipas coloradas completan la paleta de colores cálidos y lejanos. Un pasito para acá, y entre acacias y algarrobos se transita por el centro del país. Con otro pasito hacia allí, las araucarias, coníferas y lengas traen las sombras del sur. ¿Viaje alucinógeno o desvaríos de aventurero? Sin fatiga ni temor a perderse por los senderos de piedras, cientos de personas se inscriben, el último viernes de cada mes, para recorrer de noche y con guía el **Jardín Botánico de Buenos Aires**. Magia pura en medio de la ciudad. La luz de la luna y de algunos faroles ponen en movimiento a las siluetas de las esculturas, más de 30 entre originales y reproducciones, que sorprenden entre la vegetación. Junto a la frescura de las fuentes, a las sombras habitadas por fantasmas y muchos felinos, y a las construcciones de cristal, pueblan este pulmón verde. Es uno de los paisajes más estéticos y bucólicos de la ciudad.

Los viajes posibles no son sólo de cabotaje. El invernadero mayor fue encargado a Francia en 1899; el jardín francés, con lilas, madreselvas, robles y fresnos, imita con su simetría los jardines estilo Luis XVI. No hace falta viajar a Asia para abrazarse al *ginkgo biloba*, especie milenaria y muy energética, ni llegar hasta Oceanía en busca de los efectos expectorantes de sus eucaliptus. Sin saberlo, gatos muy bien alimentados pasean sus siestas de continente en continente, persiguiendo los rayos del sol. El Botánico fue creado como lugar de esparcimiento e instrucción por el arquitecto francés Carlos Thays; estilos de arquitectura paisajista y tipos de jardines -romano, francés y oriental- se despliegan en medio de la ciudad. Más de 5500 especies de árboles, arbustos y hierbas forman senderos, y en ciertos puntos alejados del perímetro logran la conjunción de densidad del follaje y orientación adecuada, para que los edificios y los colectivos desaparezcan.

Los paseos al aire libre abren el apetito y bien cerca está el Guido´s Bar (ver **Actitud Buenos Aires, una experiencia urbana**, página 165). Aunque los métodos y los puntos de vista cambien radicalmente, hierbas tales como la albahaca, el laurel, el tomillo o el perejil se convierten, junto a los derivados de la vid, en objetos de estudio y posibilidad de disfrutar.

Un oasis verde en plena ciudad. Para admirar: Los Primeros Fríos, del escultor catalán Blay y Fábregas; Sagunto, de Querol y Subirats; Figura de mujer, de Lola Mora; y Saturnalia de Ernesto Biondi.

An oasis in the middle of town. Sculptures to admire: Los Primeros Fríos, from Blay y Fábregas; Sagunto, from Querol and Subirats; Figura de mujer, from Lola Mora; and Saturnalia by Ernesto Biondi.

Desde el siglo XVIII en los jardines botánicos se investiga el mundo vegetal. Conservación, estudio y control de las especies en vías de extinción los convirtieron en centros de educación formal e informal.

Important Plant World studies are done at the botanical gardens. With the conservation and the preservation of endangered species these spaces became important centers of formal and informal education.

Jardín Botánico
Av. Santa Fe y Las Heras
Palermo
48 31 45 27

botánico

OUTING

Take a little step to the side, and the North of Argentina will appear in the flowers of the *palo borracho* enrapturing animals after the rain. The *ceibos jujeños*, *jacarandás*, and *tipas* complete a palette of warm and distant colors. Another little step, and surrounded by *algarrobos* and *acacias*, one may feel carried away to the middle of the country. And with one last little step, *araucarias*, *coníferas,* and *lengas* bring in the shadows of the South. Is this an imaginary trip? Without the fear of getting lost in the stone paths, hundreds of people subscribe, on the last Friday of every month, for the guided evening tour of the **Jardín Botánico de Buenos Aires**. Magic in its purest state right in the middle of the city. Moonlight and street lamps add movement to the silhouettes and shadows of the sculptures —more than thirty— that surprise one in the midst of this gorgeous vegetation. Cool fountains, shades where ghosts and quite a few cats dwell, and crystal buildings are also part of this green haven. This is one of the most aesthetic and bucolic landscapes of BA.

In this park, the imaginary trips are not only within Argentina. The major green house was built in France in 1889; and the French garden with its lilies, honeysuckles, ash and oak trees imitates through its symmetry the Louis XVI gardens. It is not necessary to travel to Asia in order to hug a ginko biloba, a millennial species that imparts great energy; nor to reach Australia in search of the decongesting effects of the eucalyptus. Blissfully unaware and following the sun, well-fed felines nap on several continents. French architect Carlos Thays created the Botánico as a leisure and educational destination. Landscaping architecture and Roman, French, and Oriental gardens offer an oxygen enclave in the middle of the city. More than 5500 species of trees, shrubs, and herbs make up trails that in certain points even manage to conceal the hectic, noisy urban atmosphere.

Walking through this park awakens appetites that can be satisfied at the nearby Guido's Bar (see **Actitud Buenos Aires - an urban experience**, page 127). Although methods and viewpoints vary radically, fresh herbs like basil, parsley, and thyme combined with products from the vineyards become objects of study and enjoyment.

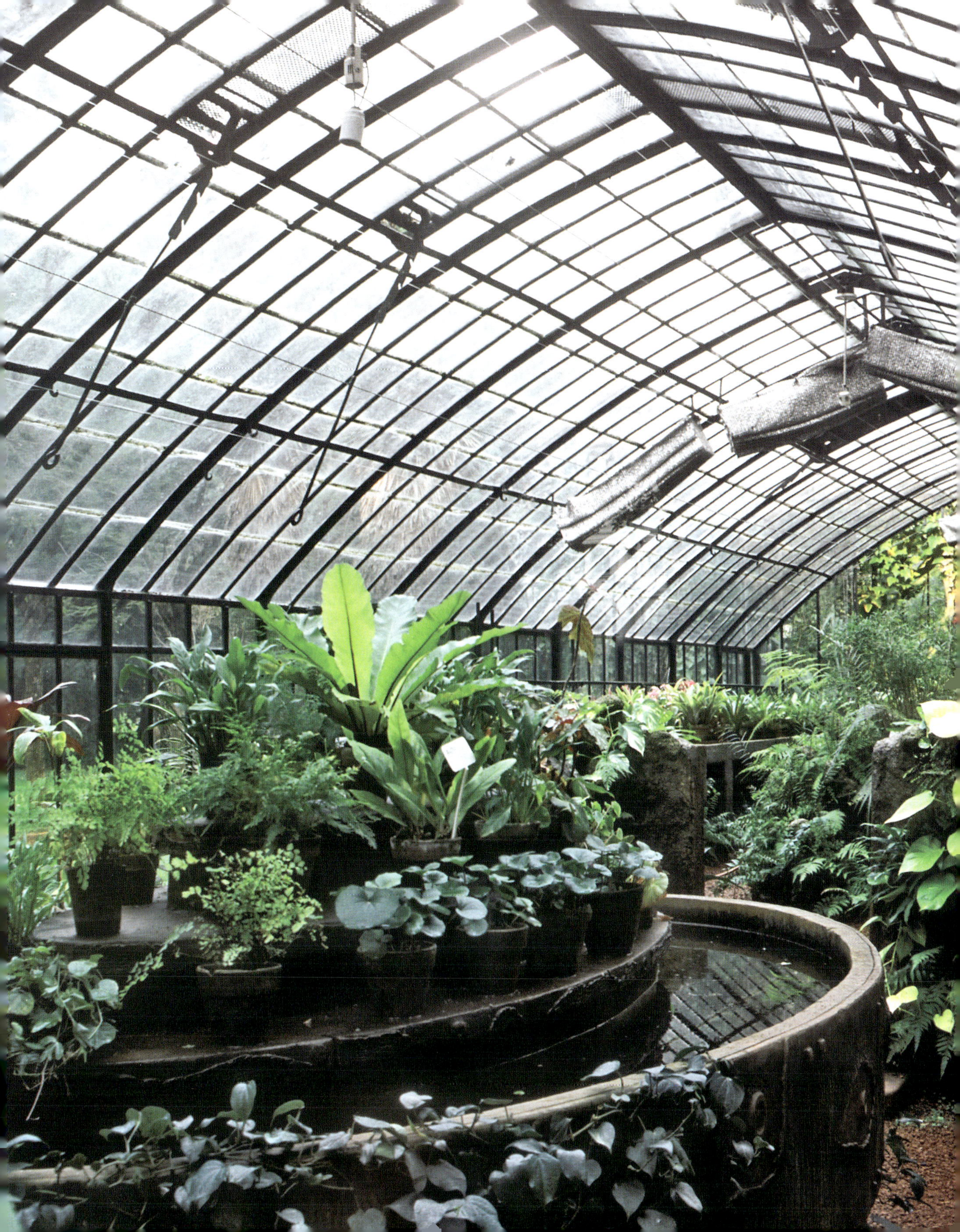

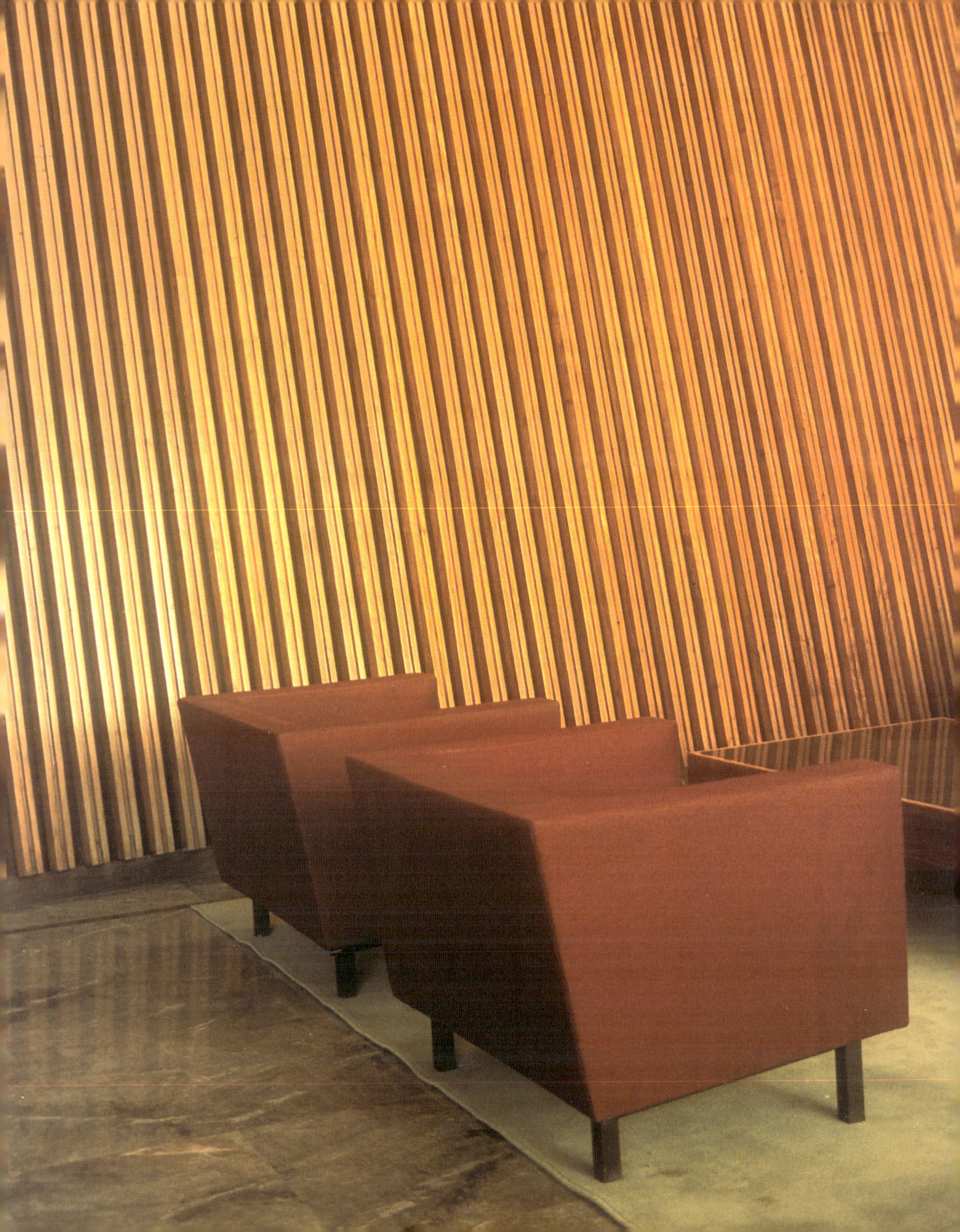

Teatro San Martín
Corrientes 1530
San Nicolás
0800 333 5254
www.teatrosanmartin.com.ar

san martín

PASEO

Desde ciertos puntos de vista, leer o ir al teatro ya no es prestigioso. Nuevos métodos de conquista han desplazado a los servicios que en este campo ofrecía la cultura. Sin embargo, en una sala de exposiciones o en el *hall* de algún teatro todavía suelen entablarse conversaciones casuales, que bien pueden cambiar el curso de una plácida tarde de domingo. Con el clima espiritual que precede cualquier manifestación artística, la imaginación y la fantasía motivadas generan un interesante terreno, propicio para el abordaje galante. Más aún si el *foyer* es el del **Teatro San Martín**, cuya decoración en sí misma constituye un excelente detonante de comentarios inteligentes.

Las dimensiones imponentes del proyecto arquitectónico permiten esbozar comentarios sobre los tres cuerpos, diez pisos y cuatro subsuelos diseñados por el Arquitecto Mario Roberto Álvarez en la década del cincuenta; notar con agudeza cómo la función determinó la forma. Los murales ayudan a continuar la charla sin forzarla: Juan Battle Planas en el *hall* central, Luis Seoane en el segundo subsuelo, frente a la obra de Carlos de la Cárcova y, al subir a la sala Martín Coronado, el bajorrelieve de José Fioravanti. Un vistazo a la programación asegura varios temas: música, títeres, danza contemporánea, cine, cursos y conferencias, drama y comedia. El misterio que se esconde detrás del escenario, invita a seguir conversando. Más aún, sabiendo que ahí detrás transcurre toda una vida de ensayos y talleres, y hasta se confeccionan pelucas y postizos con crines de caballo en la sala de maquillaje.

Si formar parte del mundo de la cultura aporta *sex appeal*, entonces al espectador, como parte esencial del hecho artístico, algo le toca. ¿Funcionará el teatro como ampliación del campo de conquistas amorosas? En Buenos Aires la pasión es tal que mantiene a los tres circuitos teatrales -oficial, comercial y alternativo- al rojo vivo. El San Martín es parada obligatoria desde hace más de 45 años; entradas a precios populares, veredas y pasillos llenos de espectadores, gente que circula por una experiencia singular. Regresar al arte. Afuera, la calle Corrientes, condenada al movimiento perpetuo, llevará las charlas hacia otros temas y otros ámbitos. Libros viejos, atorrantes, alegría y olvido: bares no le faltan.

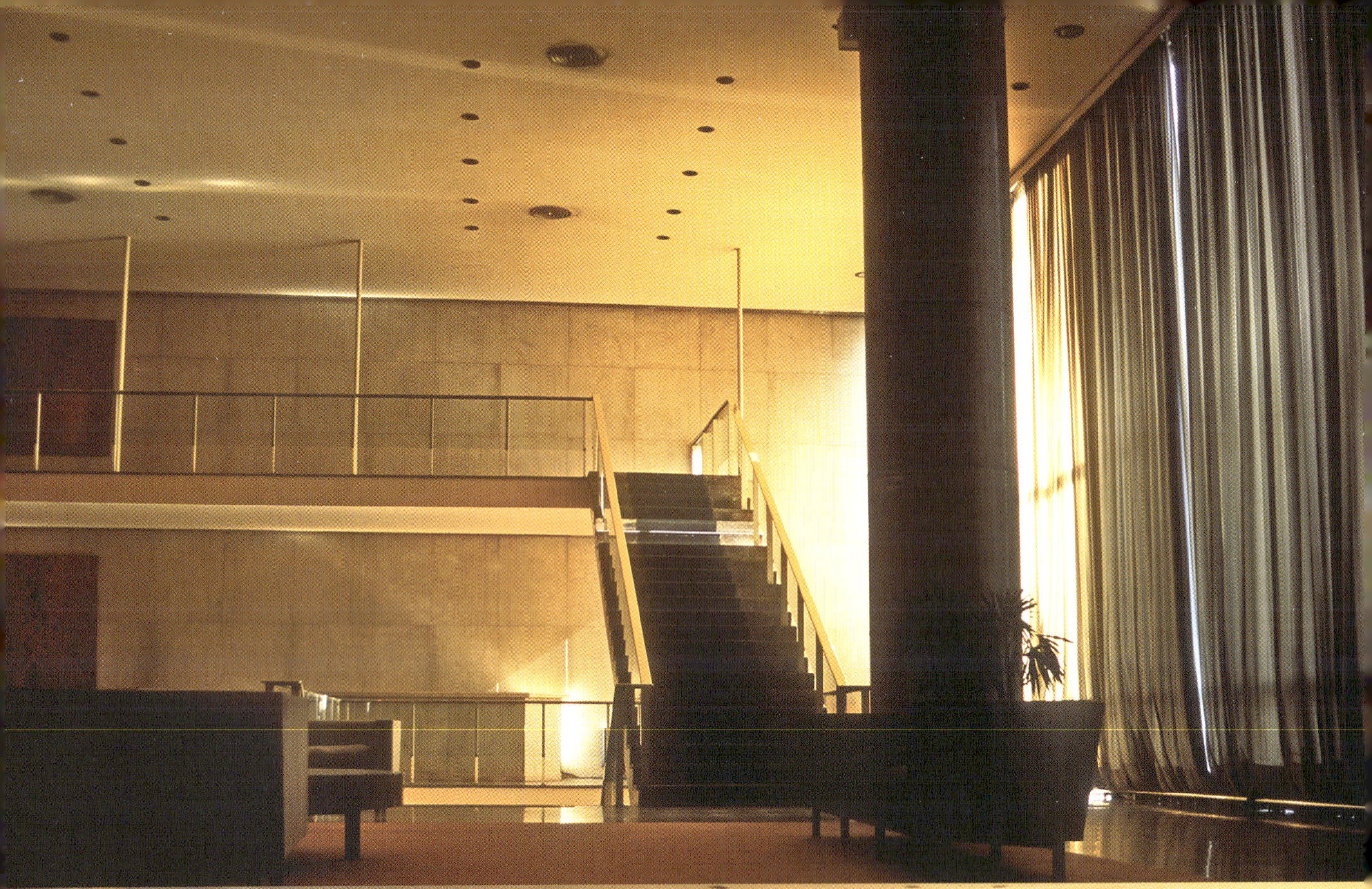

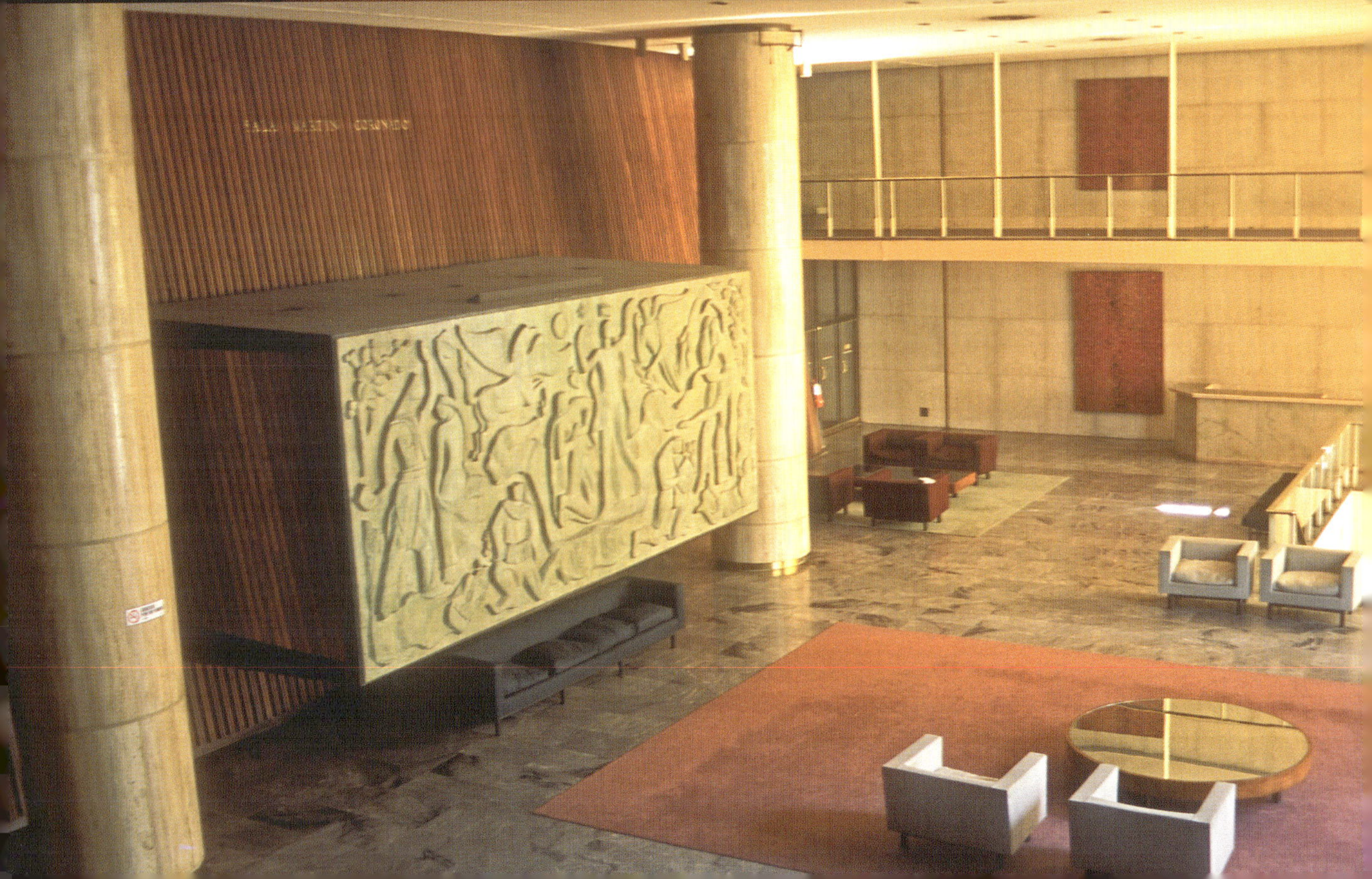

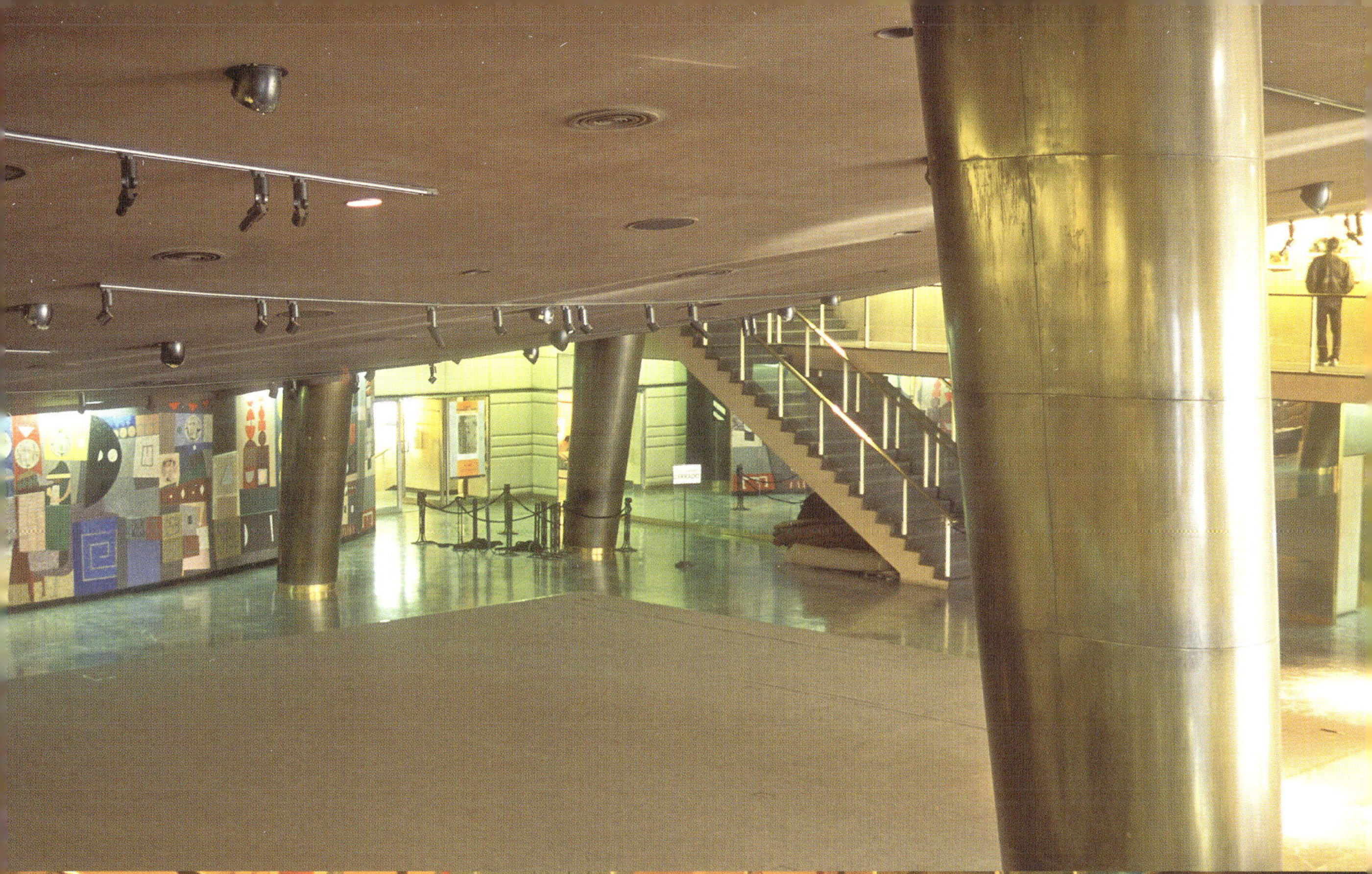

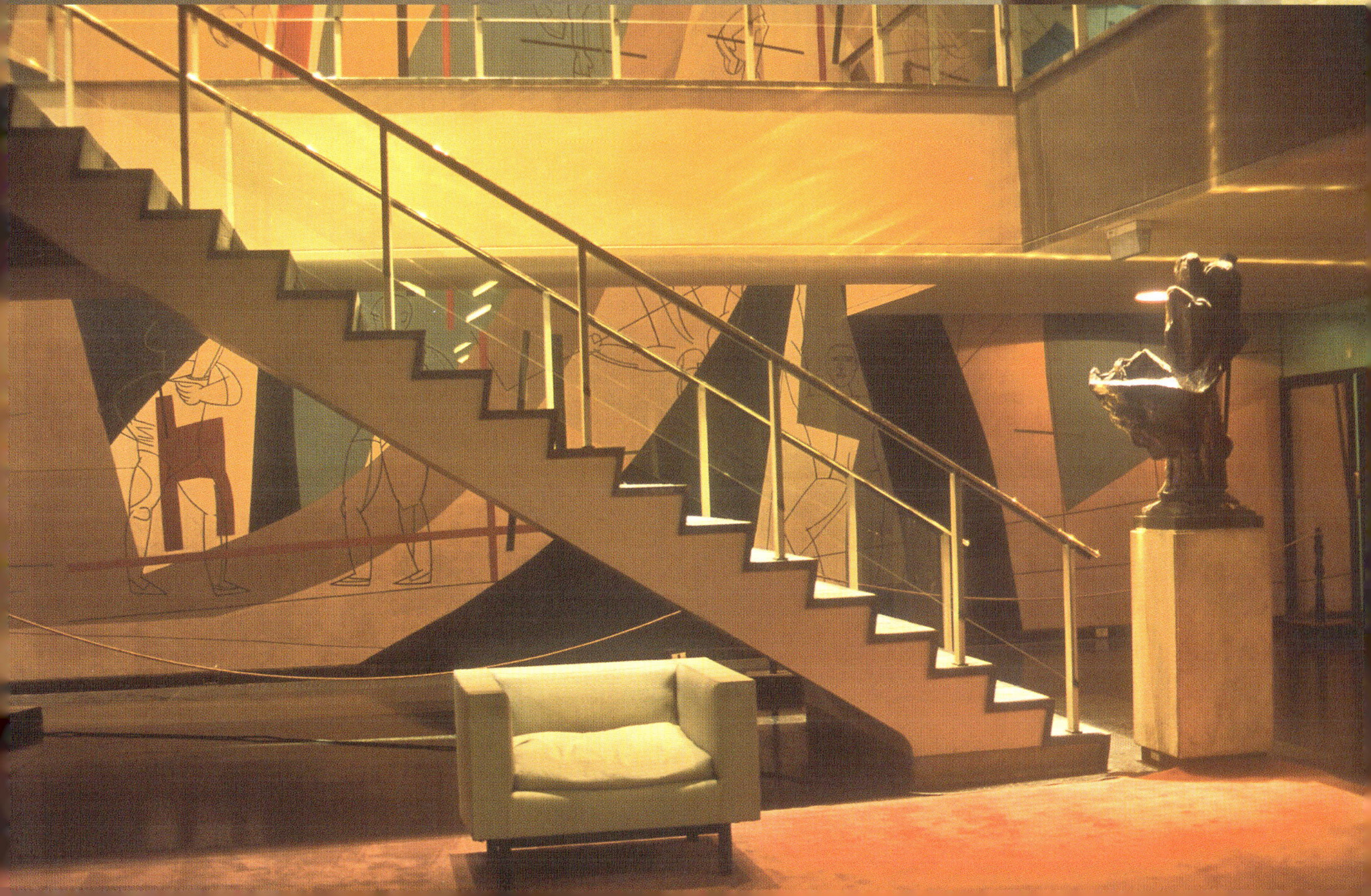

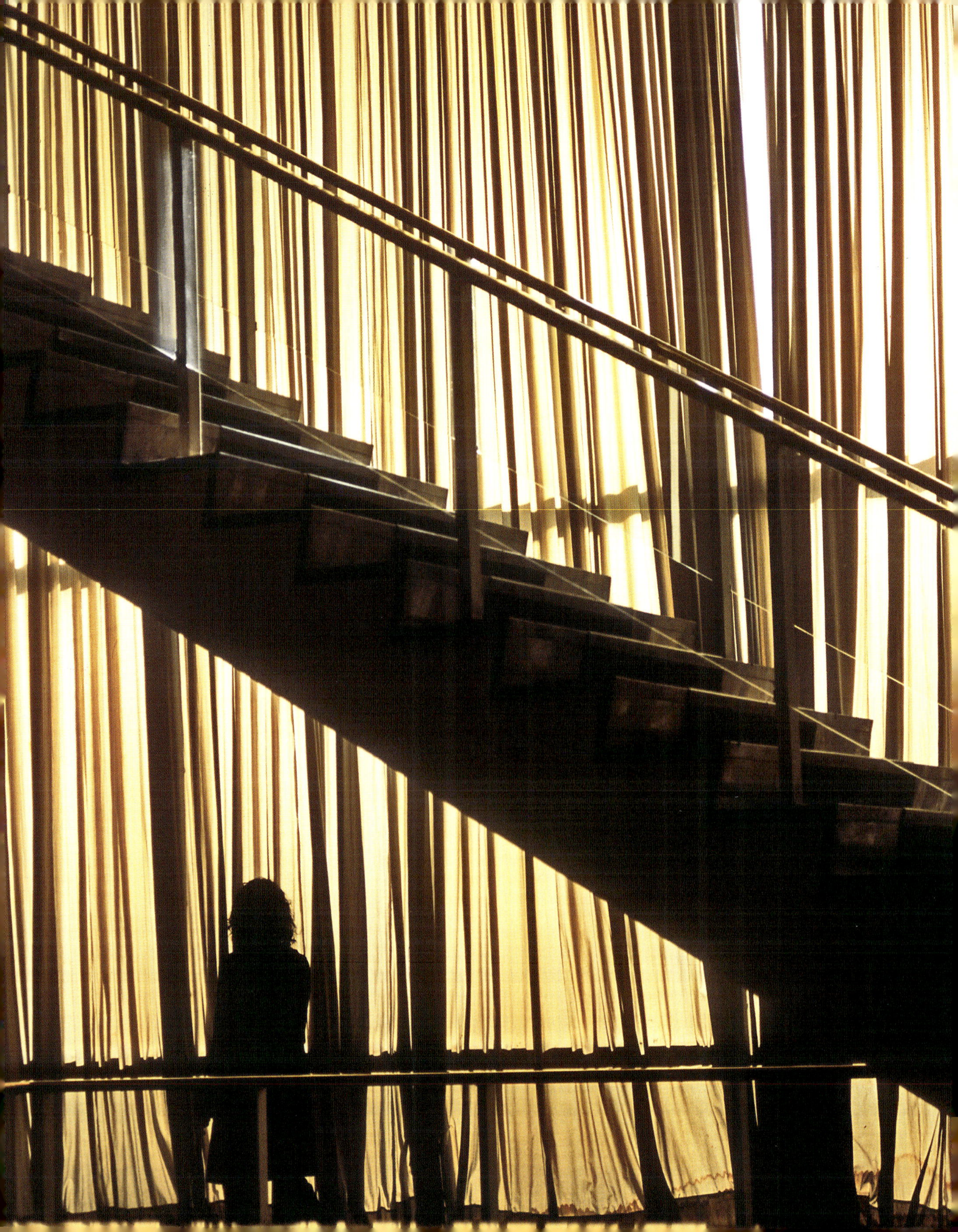

66 67 68 LUNA 72 73 74 75 78

Teatro San Martín
Corrientes 1530
San Nicolás
0800 333 5254
www.teatrosanmartin.com.ar

san martín

OUTING

From several points of view, reading or going to the theater are no longer prestigious activities. New forms of art have become protagonists in the cultural world. Nevertheless, at some exhibition centers and theater halls, casual conversations still spring up, changing the fate of a Sunday noon. Aided by the spiritual climax that precedes any artistic manifestation, motivated imagination and fantasy generate an interesting terrain, perfect for gallant conquests. And more so, if the foyer is that of the **Teatro San Martín**, whose very decoration is an excellent trigger for intelligent remarks.

The imposing dimensions of this architectural project allow one to comment on its three sections, its ten stories, and the four underground levels built by Mario Roberto Álvarez in the fifties. It becomes obvious that its use determined its shape. And paintings make the conversation go on effortlessly. With gazes fixed on any of the murals —Juan Batlle Planas in the central hall; Luis Seoane in the second underground, situated in front of a piece by Carlos de la Cárcova; and before entering the Martín Coronado auditorium, José Fioravanti´s art work— the attention focuses on evaluating movements and expressions. A look at the program ensures varied proposals: music, puppets, contemporary dance, movies, courses and conferences, drama and comedy. And the mystery hidden behind the stage —amid drop curtains, props, and lights— invites one to keep on chatting. More so, if one knows that a life of rehearsals, workshops, and wig-making goes on in there.

If being an artist guarantees some sex appeal, the spectator, as an essential part of the artistic piece, should have his or her share as well. Does theater work like an enlargement of the field of love conquests? In Buenos Aires the passion is so great that the three circuits —state, commercial, and alternative— are constantly red hot. The San Martín has been an obligatory stop for over forty-five years. Low-priced tickets, sidewalks and hallways packed with spectators, people circulating through a singular experience. Coming back to art. Outside, Corrientes Street condemns to perpetual movement and will lead talks towards other subjects and places. Books, bums, joy and oblivion: there's no lack of bars.

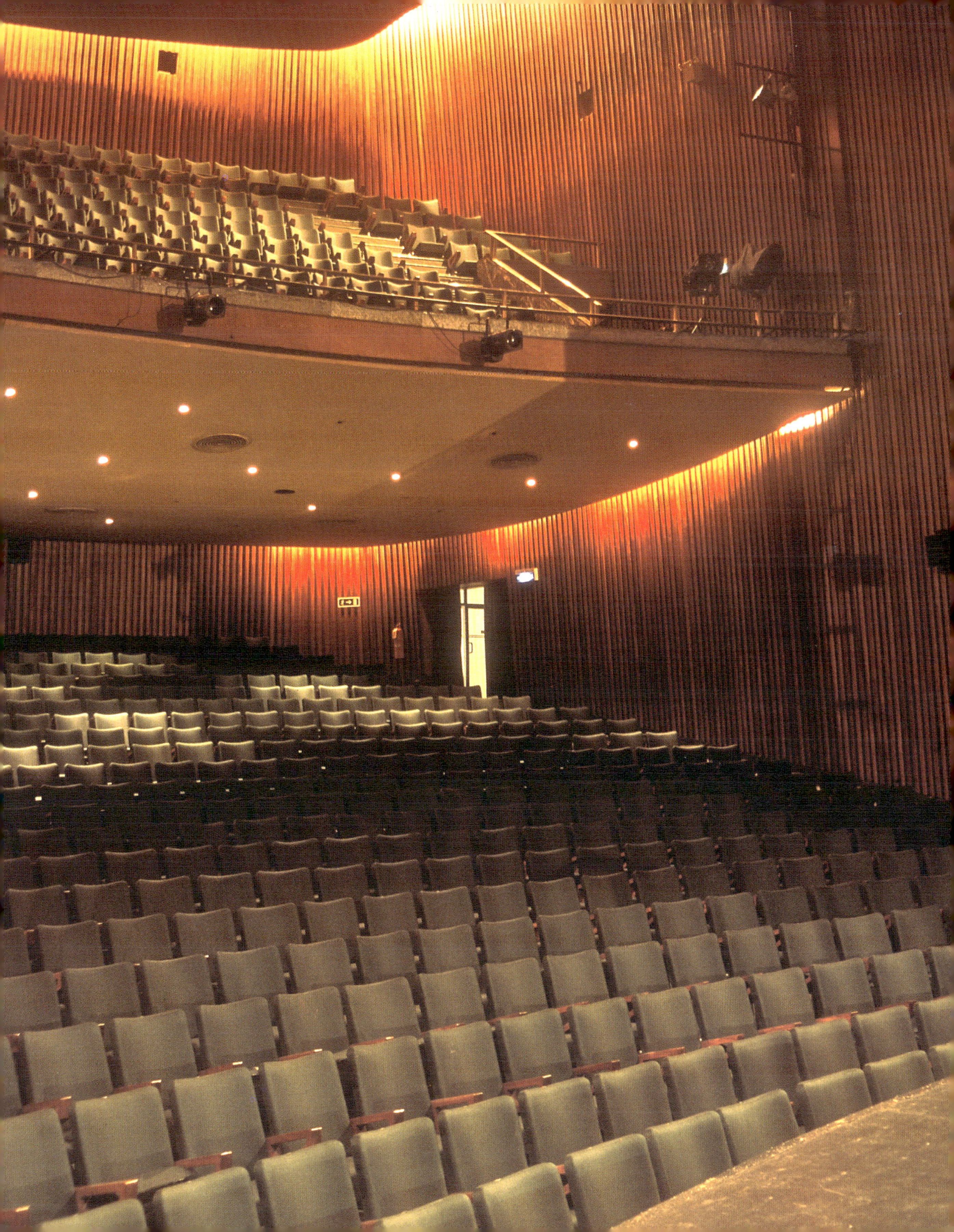

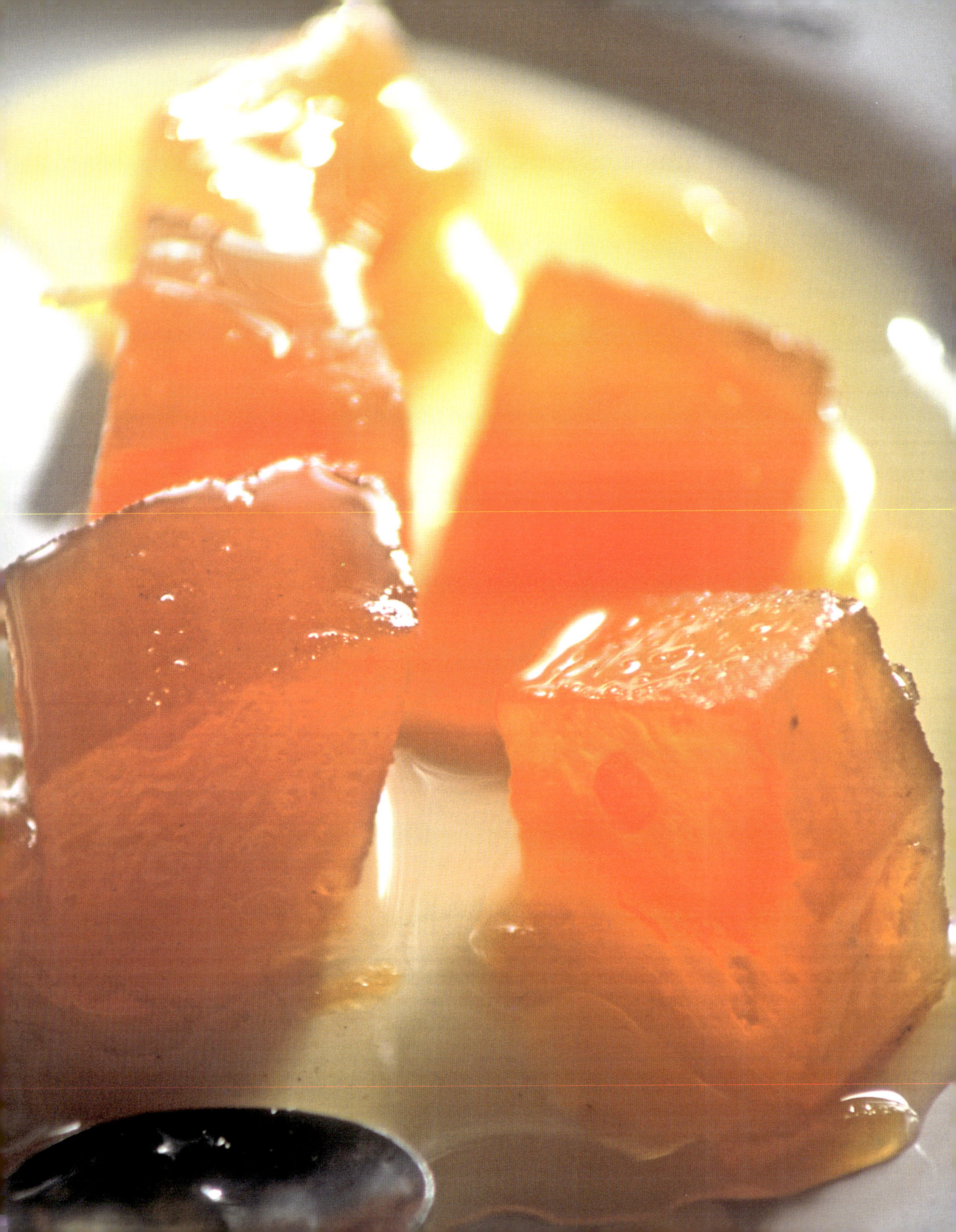

El Chango
Av. Cabred 603
Open Door
(02323) 49 63 18

Tolo Polo
La Candelaria
Ruta 28 Km. 5
Pilar
15 49 92 24 73

el chango
GUSTO

En el Partido de Luján, el 21 de mayo de 1899, se colocó la piedra fundamental de la Colonia Nacional de Alienados. La presidía el promotor del "nuevo sistema escocés de asilos de puertas abiertas", el médico correntino Domingo Cabred, quien veía en el trabajo agrícola una terapia beneficiosa. Se suprimieron rejas, se derribaron muros y se abrieron puertas para que varios enfermos circularan con libertad. Todavía lo hacen, contenidos por un pueblo acostumbrado a ojos escrutadores, gestos mil veces repetidos y pasos perdidos…

Se genera una curiosa alquimia que alcanza su apoteosis de octubre a diciembre, cuando a la población estable se le suma medio millar de extranjeros, que visitan y se instalan en Open Door durante la temporada de polo. Alquilan casas en los clubes de chacras cercanos y sacuden el ritmo pueblerino de siesta y mateada. El Abierto Argentino de Palermo, y los de Hurlingham y Tortugas, atraen a jugadores y a un público cada vez más numeroso, heterogéneo y cosmopolita. Durante el resto del año, la actividad deportiva no disminuye. Aunque menos glamorosos y mediáticos, a sólo 45 minutos al norte de Buenos Aires hay prácticas y torneos cada fin de semana: un atractivo extra para este programa de campo. Caballos, adrenalina y emoción. La escuela **Tolo Polo** ofrece la posibilidad de tomar clases y jugar unos chukkers de polo, de donde extraer consejos para poder, por lo menos, taquear con dignidad y cierto estilo.

Las caballadas y los peticeros van de una cancha a la otra, y mientras bordean la ruta 6 escoltan involuntariamente la entrada al pueblo. Nada mejor que ser recibido por la hospitalidad legendaria de la esquinita de Open Door que detiene el secreto del mejor bife de chorizo: 500 gramos de carne argentina con corona de papas fritas a caballo. **El Chango** y su familia fueron construyendo, mucho trabajo y buena cocina mediante, un reducto al que polistas, propietarios y amigos de la zona vuelven con ansias de picadas, milanesas o empanadas que nutren las charlas a puertas abiertas. Se escuchan chimentos y anécdotas del mundillo del polo, y la presencia de los protagonistas es moneda corriente. Calidez humana asegurada para todos, aunque sólo algunos pueden llevarse a su casa las pastas amasadas por Rodolfo o por el mismísimo Chango: deben saber que es un privilegio para pocos, indiscutible señal de distinción y afecto.

El Chango
Av. Cabred 603
Open Door
(02323) 49 63 18

Tolo Polo
La Candelaria
Ruta 28 Km. 5
Pilar
15 49 92 24 73

el chango

TASTING

The foundation stone of the Colonia Nacional de Alienados was laid in Luján County on May 21st, 1899. Presided by Domingo Cabred, a doctor from Corrientes who advocated a new Scottish system of Open Door mental institutions. He was convinced that freedom to walk around and farm work would benefit the psychiatrically impaired. Grates were eradicated, walls were torn down, and doors opened so that the patients could come in and out of the facility. They still do, contained by inhabitants that are familiar with gestures repeated a thousand times, scrutinizing eyes, and lost steps.

This town's peculiar chemistry peaks from October to December during the high-goal Argentine polo season when a great number of foreigners come to visit. They rent farms or houses at the nearby country clubs, shaking up the small-town rhythm of siesta and *mateada*. The Argentine Open and the Hurlingham and Tortugas Opens attract not only players, but also an increasingly heterogeneous, numerous, and cosmopolitan audience. During the rest of the year, the sport lives on! Although not as glamorous or media-baiting, chukkers and tournaments are played on weekends just forty-five minutes north of Buenos Aires. This activity makes a day-at-the-countryside more appealing: Horses, adrenaline, and thrills. **Tolo polo** school offers lessons and the possibility to participate in practice games, to get advice and —at least— stick and ball with dignity.

Bordering route 6, horses and grooms that go from one field to another involuntarily escort the town's entrance. There is nothing better than to be greeted by the legendary hospitality at the tiny corner of Open Door where the well-kept secret of a wonderful steak is kept: 500 grams of Argentine meat topped with fries and eggs. Together with his family, **El Chango** has built, with hard-work and superb cooking, a place where polo players and neighborhood people come for *picadas*, *milanesas* or *empanadas* that keep the chitchats going on. Gossip and stories from the polo world and the presence of the players are everyday fare. All customers are welcomed with open arms, but only very close friends might take home Rodolfo's or El Chango´s hand-kneaded pasta, a privilege reserved for just a few; a sign of distinction and affection.

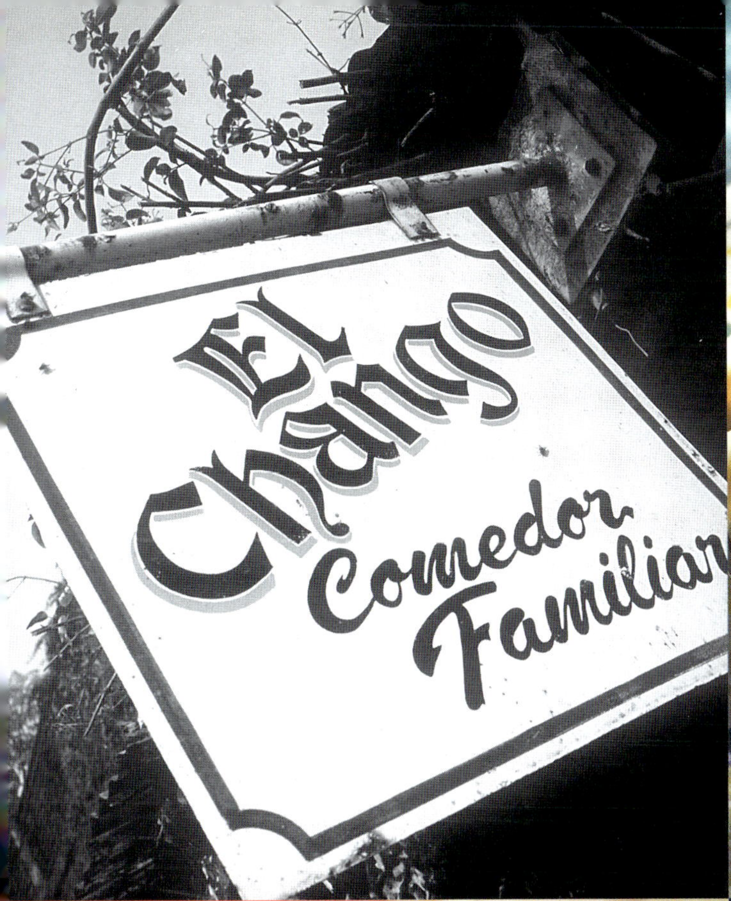
El Chango
Comedor Familiar
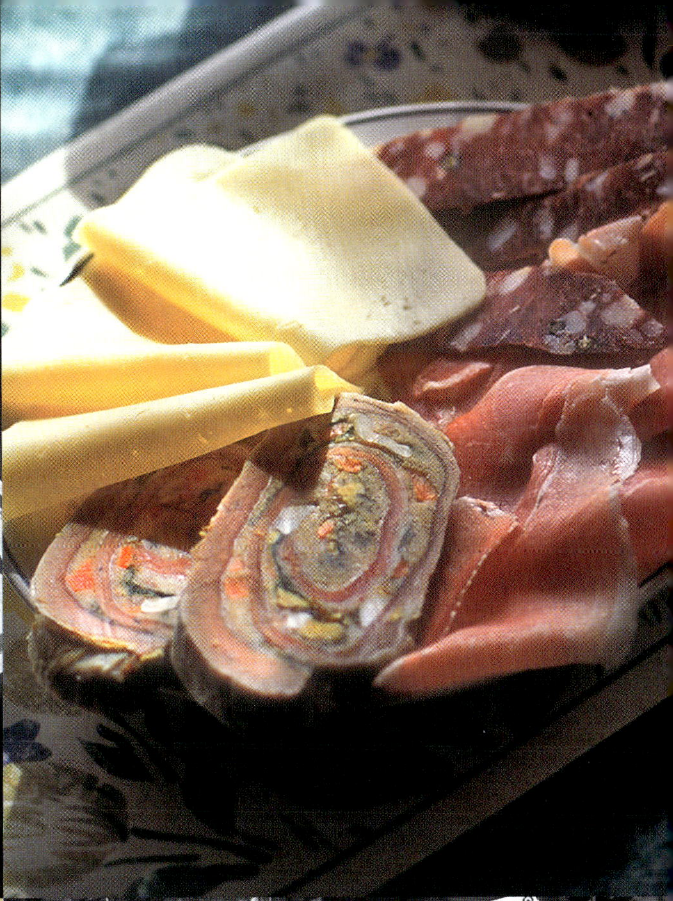
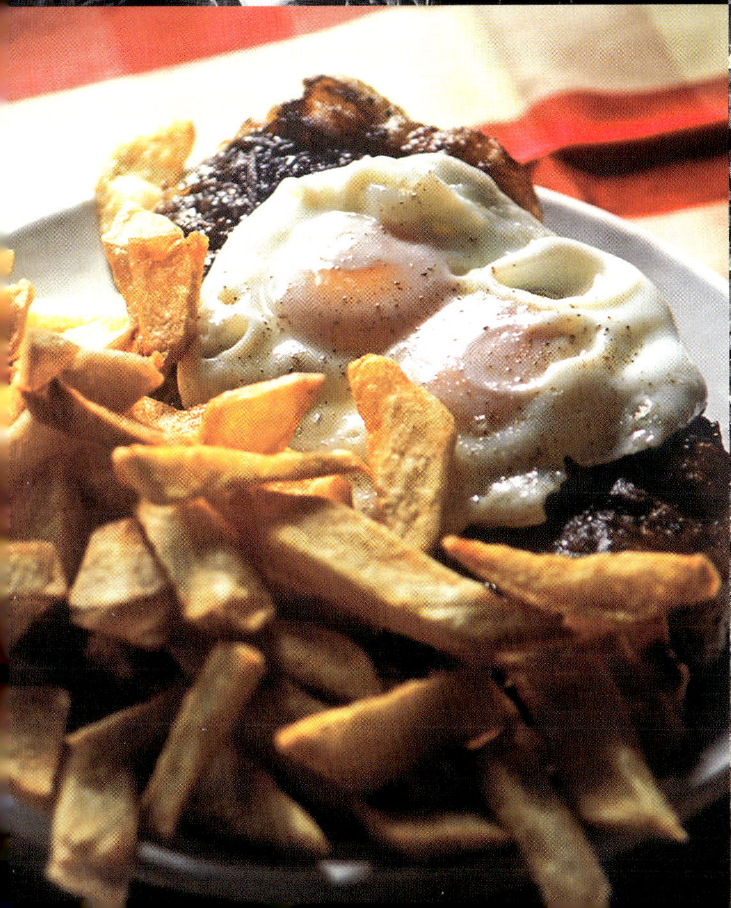
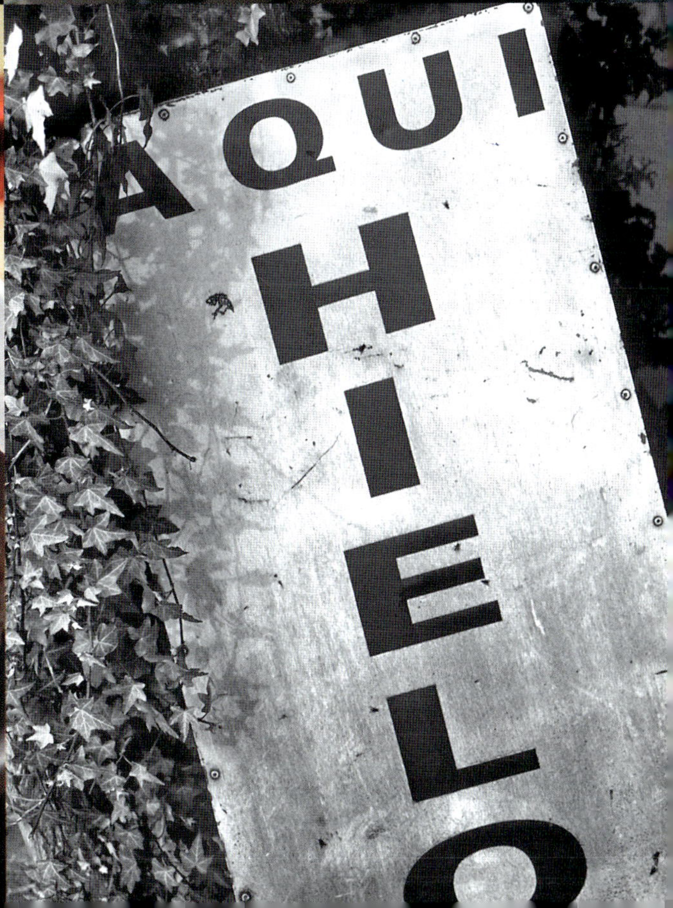
AQUI
HIELO

GAUCHITO ANTONIO GIL

Gauchito Gil
Rutas argentinas

Plan Florece
48 32 88 13
www.planflorece.com.ar

gauchito gil
CAPRICHO

Dice la leyenda que el **Gauchito Gil** nació en Mercedes hacia 1847. Soldado en la Guerra del Paraguay, posteriormente se negó a luchar contra los Unitarios. Fue ejecutado por desertar, y antes de que ruede su cabeza lanzó una maldición. Las palabras se cumplieron, y así comenzó su fama. Sus devotos se le animan a pedir cosas que a otros santos no; y él no duda en castigar a quien no lo venera. ¿Cómo hacerlo? Armar una capilla y colocar en su interior una imagen del Gauchito Gil. Por delante, dos cañas tacuara con cintas rojas. Encender un velón rojo durante nueve días y pedirle lo que sea, oración mediante. Agradecer con una flor roja, y la promesa de ser solidario y generoso con los más necesitados.

Esta creencia un tanto rebelde viaja hacia las grandes ciudades junto a los correntinos y los camioneros. El "santito de las pampas injustamente humillado" ya está subido a los taxis de la capital. Y ¡guay! de aquél que no salude con su bocina al pasar por uno de los santuarios ruteros de este ídolo pagano: o no llega a destino, o sufrirá grandes demoras. No se sabe a ciencia cierta si fue desertor del ejército, asaltante de los caminos, o ladrón de gran corazón, al mejor estilo Robin Hood. Pero es símbolo indiscutido de devoción popular, presentado en altares siempre de un rojo intenso, ya sean públicos o privados. El circuito artístico vernáculo se apropió del mito y lo instaló, durante una muestra curada por Julio Sánchez, crítico de arte y devoto del Gauchito, en el corazón de Palermo Viejo. El epicentro fashion de la ciudad tuvo su altar popular en Honduras y la vía. La figura del bandolero rural correntino resulta inspiradora para las vanguardias creativas. Fotos, altares, gauchos en canutillos, y *souvenirs* religiosos a la vista no sólo de los promeseros y peregrinos, sino del público más selecto del arte.

Se dice que vive en cada lugar donde se lo recuerda y se le agradece. El taller **Florece** de Florencia Cacciabue, donde investigan, diseñan y realizan formas nuevas de producir arte -bajo el amparo y la inspiración del gauchito- es sin duda una de sus casas. Bikinis, remeras o camperas son los soportes para las estampas artesanales. Piezas únicas que hacen circular esta creencia de la manera menos pensada, sumándose a los exvotos más frecuentes -banderas, estandartes y flores- que dan gracias por los milagros otorgados.

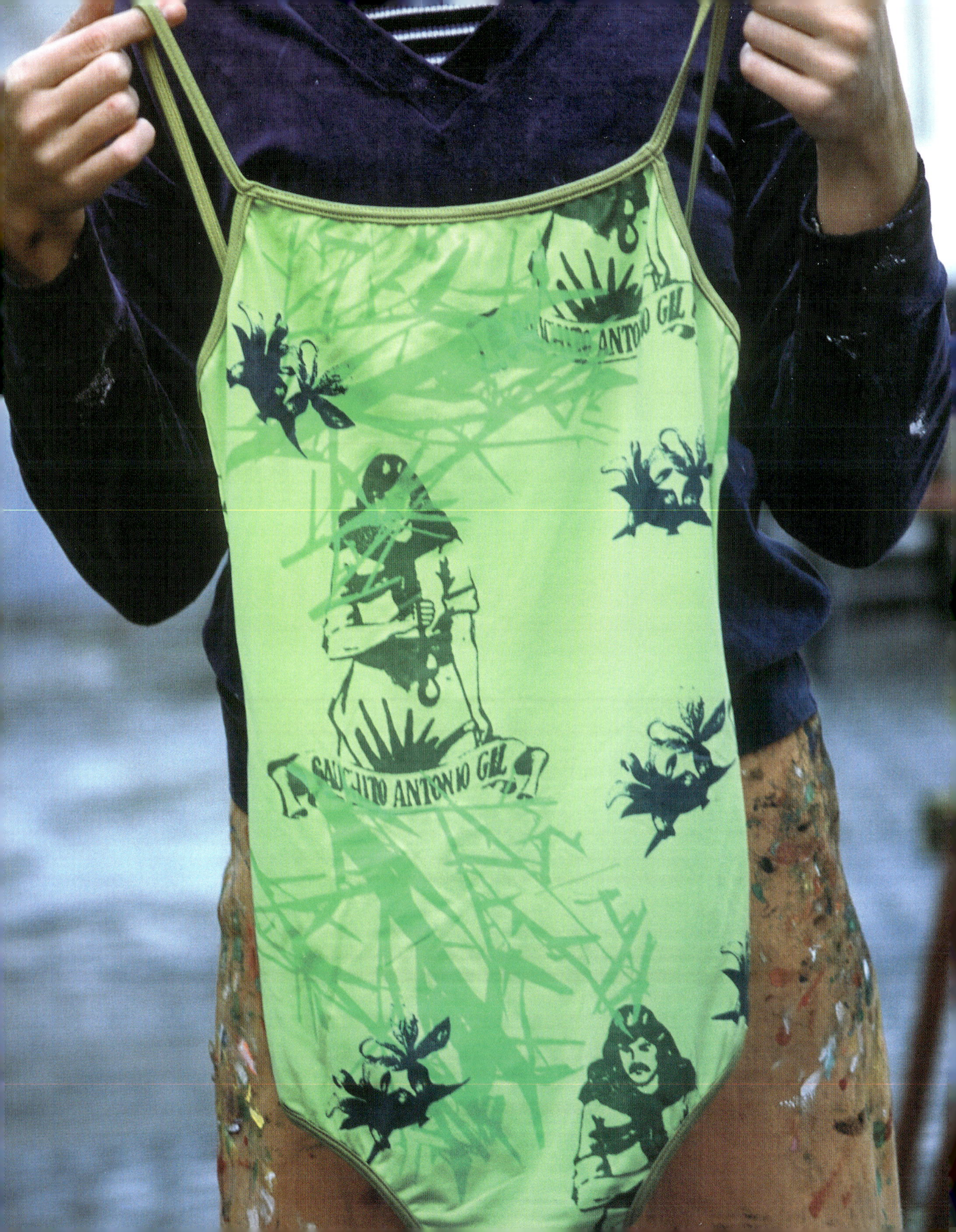
GAUCHITO ANTONIO GIL
GAUCHITO ANTONIO GIL

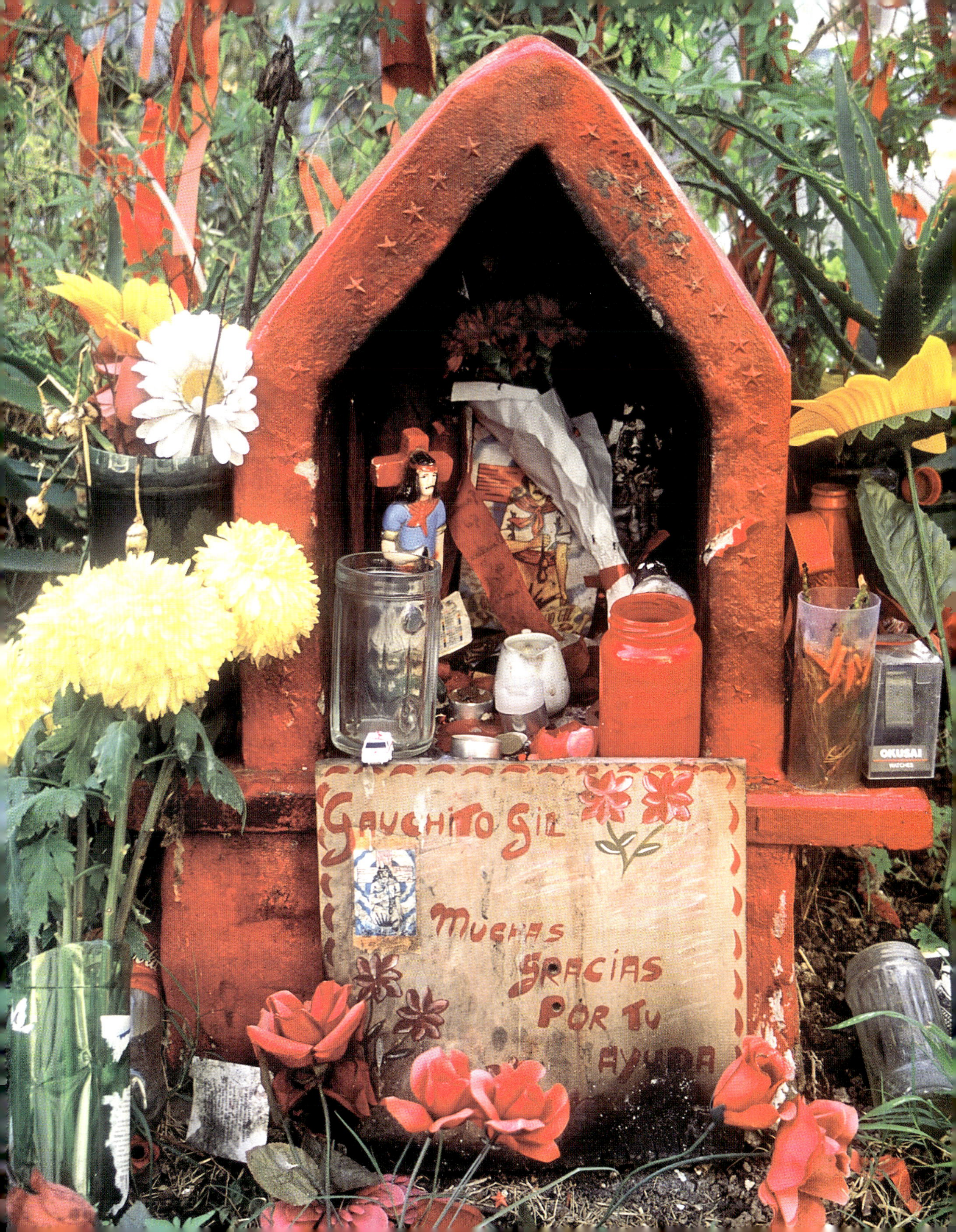
GAUCHITO GIL
MUCHAS
GRACIAS
POR TU
AYUDA
OKUSAI
WATCHES

Gauchito Gil
Rutas argentinas

Plan Florece
48 32 88 13
www.planflorece.com.ar

gauchito gil

DELIGHT

According to the legend, **Gauchito Gil** was born in Mercedes in 1847. A soldier in the Paraguayan war, he later refused to fight against the Unitarios. He deserted and was executed. But before his head was cut off, he uttered a curse that came true. His devotees ask him for favors they would not dare ask others for. How to do it? Build a small chapel and place an image of this pagan saint in it. On the front: two bamboo canes with red ribbons. Light a red candle during nine days and pray for anything. To show gratitude: a red flower and the promise of being generous and compassionate with the needy are essential. And the Gauchito does not hesitate to punish those who don't worship him!

This kind-of-rebel belief travels to the big cities in the hands of Correntinos and truck drivers. The unjustly humiliated little saint of Las Pampas, is already on BA cabs. And beware those of you who do not honk your horns when going by a route sanctuary of Gauchito Gil: you might not make it to destination, or you may suffer great delays! There is actually no proof he was an army deserter, maybe he was a road bandit or a warmhearted thief —Robin Hood style—. But, without doubt, he is a symbol of popular devotion worshipped in deep red, public or private altars. The vernacular art circuit took this myth to Palermo Viejo through an exhibit organized by art curator and Gauchito devotee Julio Sánchez. An altar was placed on Honduras Street, in the city's most stylish enclave. The figure of the rural outlaw from Corrientes is inspiring to creative vanguards and has become a symbol for the in-crowd.

It is said that each place where he is remembered —giving thanks or expecting favors— becomes his home. Surely **Florece** —the workshop of Florencia Cacciabue— where investigation, design, and new forms of art are produced with the inspiration and protection of this popular saint, is one of them. Bikinis, T-shirts, and jackets are stamped by hand. Unique pieces that spread this belief are added to the more frequent votive offerings —flags, banners, and flowers— that remember and express gratitude for those miracles that have been granted.

no tocar ó castiga

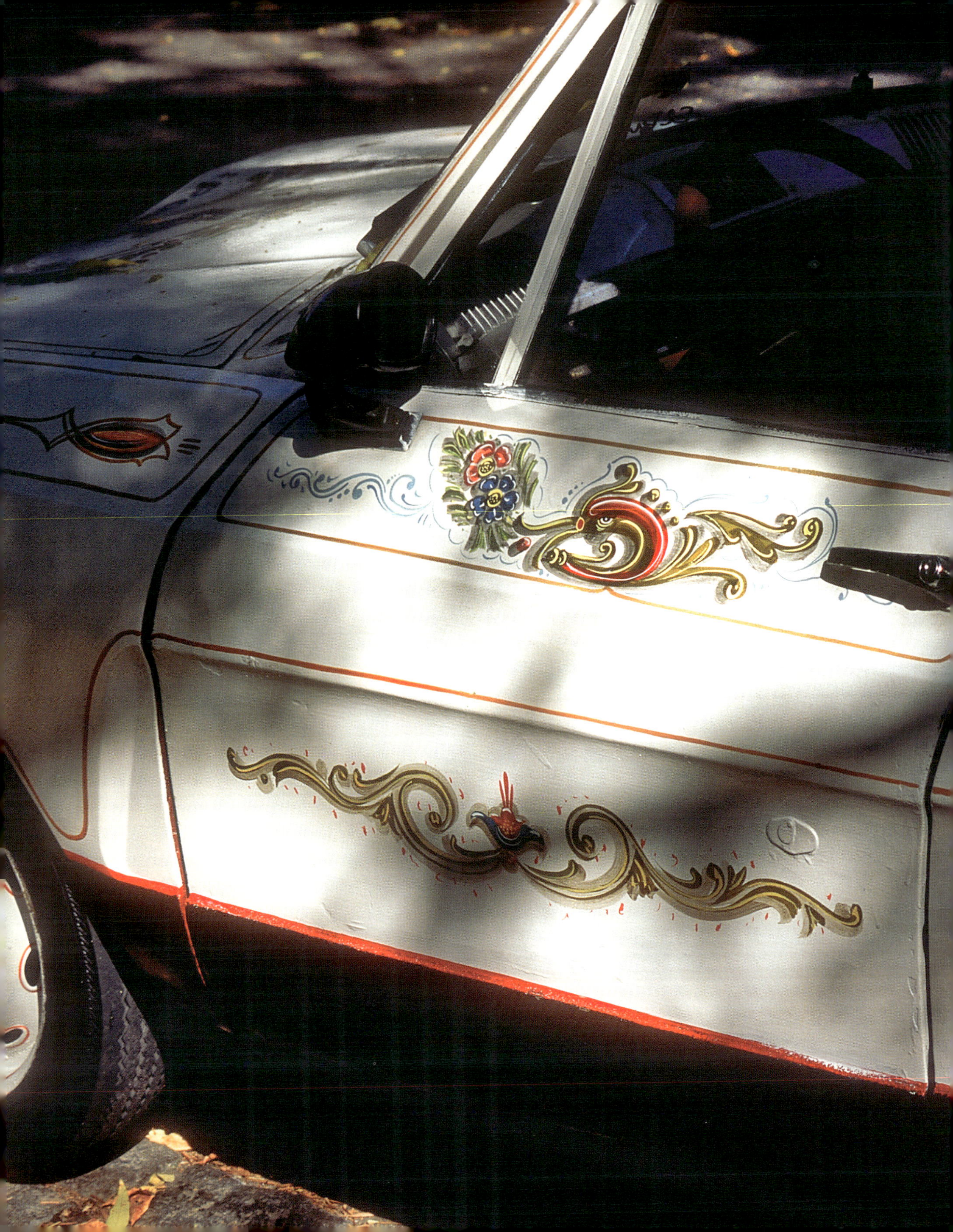

Feria de Mataderos
Avenida de los Corrales
y Lisandro de la Torre
Mataderos
www.feriademataderos.com.ar

mataderos
CAPRICHO

La idea: exponer recursos patrimoniales sin homogeneizarlos. Y aunque para un extranjero captar los matices sea más difícil, la **Feria de Mataderos**, cada domingo a las puertas del Mercado de Hacienda, logra que las costumbres y la historia local no sean banalizadas. Dirigida y pensada para el público argentino, desde sus comienzos en 1986, sus lineamientos se mantienen. Y uno de sus elementos constitutivos más relevantes es su carácter participativo. La comunicación entre feriantes y visitantes locales explica la asistencia y asiduidad de concurrencia. Las tensiones históricas entre ciudad-campo, Buenos Aires-Interior, y los conflictos entre criollos, inmigrantes europeos y pueblos indígenas todavía encuentran cómo expresarse en la música, las artesanías y los parlamentos de los presentadores.

A eso de la una del mediodía la jornada comienza izando la bandera al son de Aurora. La tonada provinciana del animador describe las actividades del día. Y ahí nomás se arma el baile, a los pies de la tarima. A cielo abierto, pañuelos al aire, zapateos y zarandeos acompañan ritmos que vencen las distancias: y el santiagueño ya está en Santiago, el tucumano en Tucumán y el correntino en Corrientes. Diversión, emoción y nostalgia se mezclan gratis. Entre chacarera, zamba y chamamé se reviven las costumbres regionales con cuentos y poesías. La diversidad reaparece en los puestos. Las hierbas medicinales vienen con explicación para su utilización. A la sabiduría popular la filetearon en carteles de colores, y embutidos, especias y conservas guardan los sabores y el orgullo de sus lugares de procedencia. Mates y ponchos, artesanías, cueros y una variedad de productos casi inagotable dan forma al laberinto por el que circulan los domingueros.

Las parrillas proliferan, pero el caudal de clientes siempre es mayor. Conviene apurar el almuerzo. En La Recova espera el guapísimo Nino Dolce, cocinero erótico del Playboy Channel. Su otro yo, léase Rómulo el músico-actor-cocinero, se adjudica la invención del chorizo de pollo. Otra opción tradicional es el Bar Oviedo, esquina de 1900 pintada de azul y oro, sobre cuyos manteles de nylon sirven el plato del día. El tiempo va pasando entre carne asada, corrida de sortijas, torta frita y mate. Los primeros focos prendidos anuncian que la tarde será noche. Se vino la fresca; algunos apuran el último trago. El lunes la hacienda llega bien de madrugada.

Se celebran fiestas como la de la Pachamama, el Carnaval Salteño y la Elección de la Flor del pago. Entre el jurado de notables se encuentra un especialista en belleza femenina, el cocinero erótico Nino Dolce.

More than a few feasts are celebrated: La Pachamama, the Carnaval Salteño, and the Election of the Flor del Pago whith a specialist on feminine beauty: Nino Dolce, the cook of the Playboy Channel.

En tres áreas de la Feria de Mataderos se concentran artesanías tradicionales, festivales artísticos y destrezas gauchescas. Unas 10 000 personas llegan cada domingo; parece que David Byrne fue una de ellas.

This fair concentrates handcrafts, souvenirs, artistic expressions, several delicacies and *gaucho* traditions. More than 10 000 people gather here every Sunday. It seems David Byrne was one of them.

Feria de Mataderos
Avenida de los Corrales
y Lisandro de la Torre
Mataderos
www.feriademataderos.com.ar

mataderos
DELIGHT

Even though an outsider might not perceive the nuances, the **Feria de Mataderos** keeps several traditions alive without standardizing them. Located at the doors of the Mercado de Hacienda, this Sunday fair manages to prevent banality from entering Argentine history and customs. Created in 1986 and geared to the local inhabitants, it maintains its style and spirit. Participation is one of its fundamentals. Conversation and friendly encounters between traders and experienced visitors explain the great concurrence. The historic rivalries of city vs. countryside, Buenos Aires vs. Provinces, and the conflicts among Criollos and European immigrants still find their way into music, handicrafts, and speeches.

Each Sunday midday, the raising of the flag and the sound of the Aurora announce that the Feria has begun! A man wearing *gaucho* clothes and speaking with a provincial accent describes the various activities of the day. And with no delays, the dancing starts at the foot of the stage. Under the open sky, handkerchiefs waving into the air and the tapping and turning accompany rhythms that do away with distance. Suddenly, the Santiagueño is once again in Santiago, the Tucumano in Tucumán and the Correntino in Corrientes. A shrine for homesick souls. Entertainment, emotions, and nostalgic memories. Amid *chacarera*, *zamba*, and *chamamé* regional stories are told and poetry recited. The diversity of origins reappears at the *kioscos*. Medicinal herbs come with an explanation describing their proper usage. Banners displaying popular sayings, all kinds of sausages, herbs, and fruit jams filled with the flavor of their place of birth. *Mates*, *ponchos*, handicrafts, leathers, and a huge variety of junk-godies give the shape to the maze in which tempted shoppers rummage around. A slightly seedy but fun hotchpotch.

There are quite a few grills, but these are never enough for the large number of customers. Nino Dolce, the Playboy Channel´s, eccentric, erotic cook awaits at his *parrilla* La Recova. The TV star owns this decidedly unglamorous spot. The Bar Oviedo, in the blue-gold 1900 corner, serves the dish of the day on nylon tablecloths. Time is spent on *asado*, *corrida de sortijas*, *torta frita* and *mate*. Announcing that the afternoon is becoming night, the first lights are turned on. It's getting chilly; some hurry down one last drink. On Monday, cattle arrive at the break of dawn.

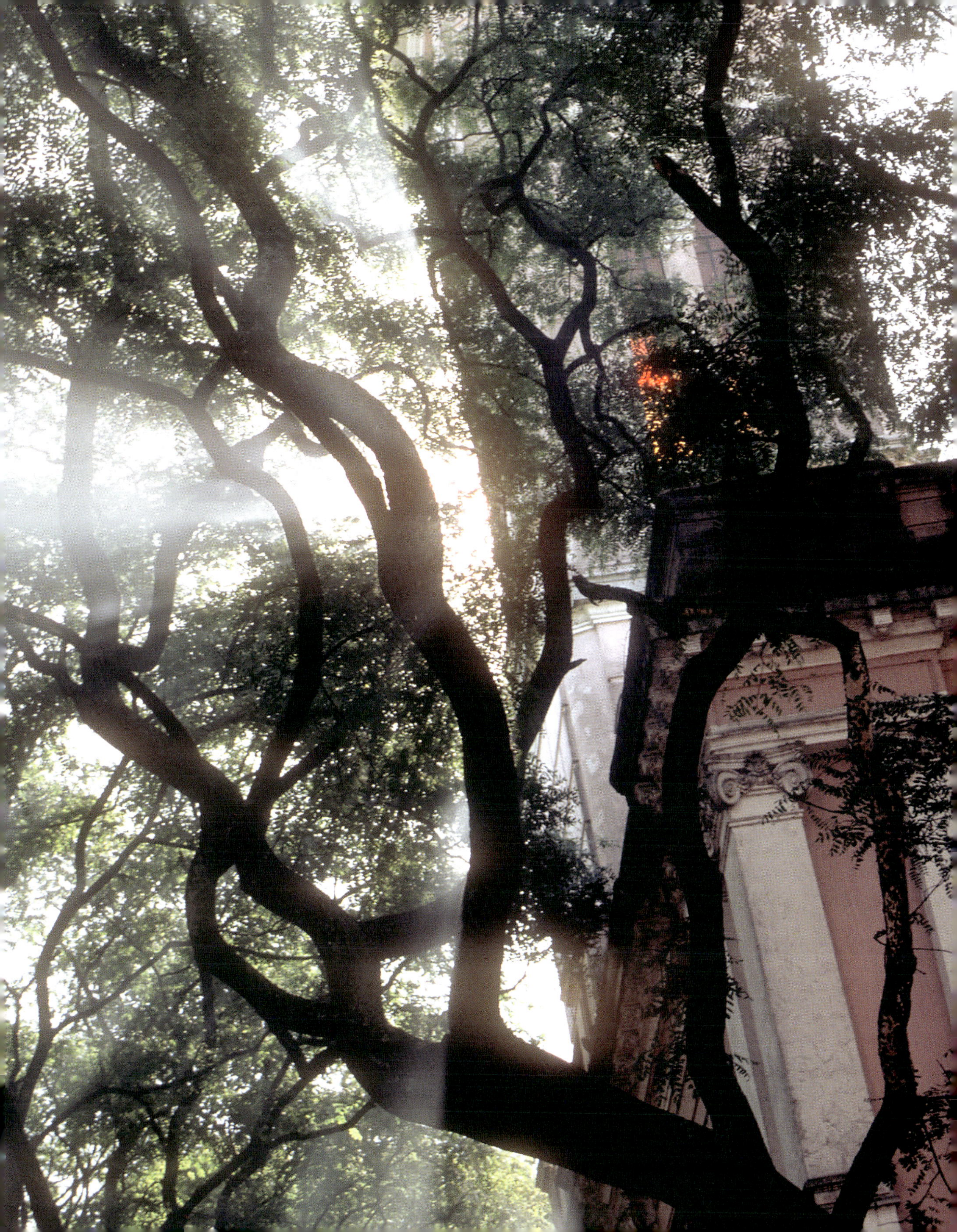

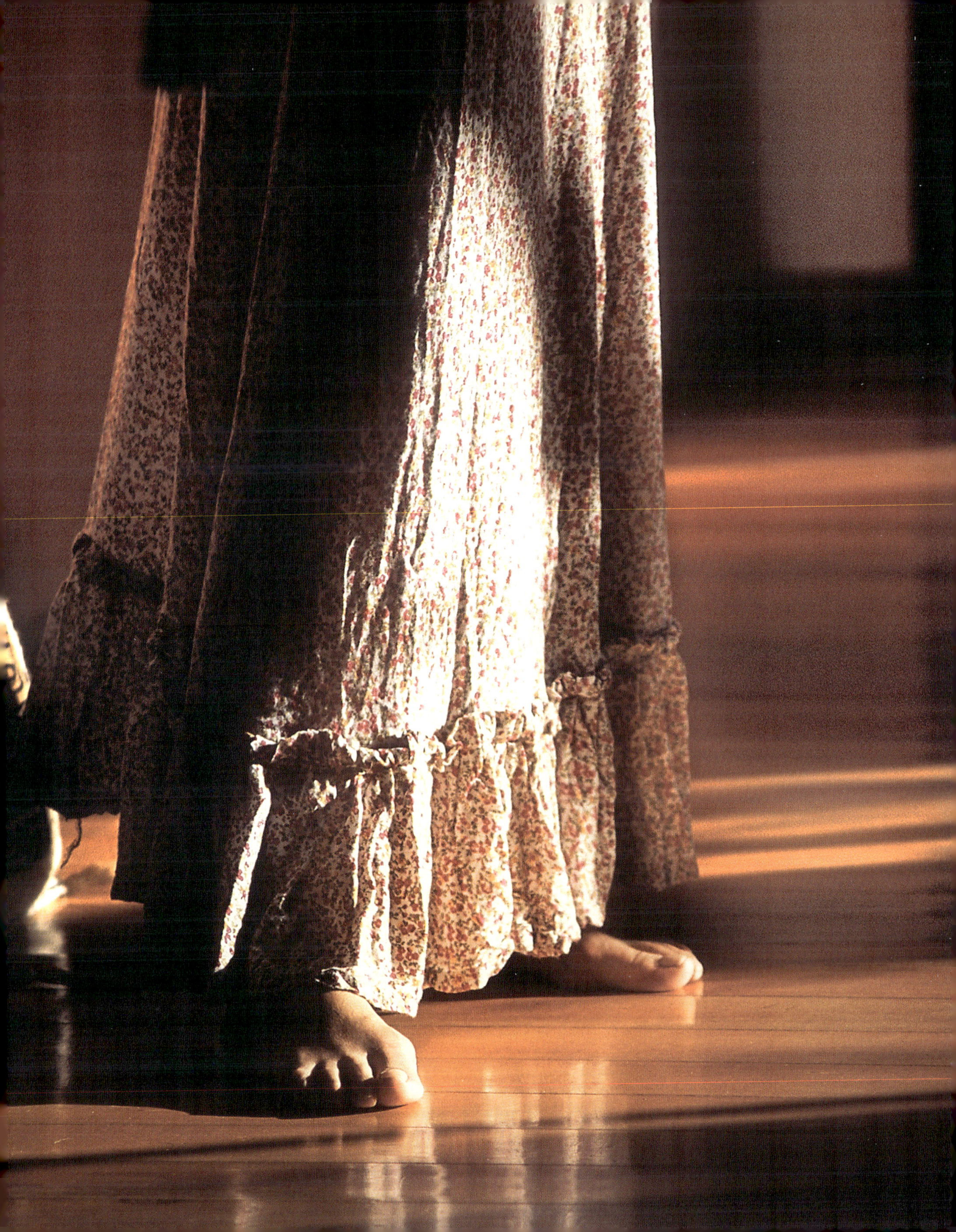

Clases de folklore
Sandra Cirilli
Flores
46 11 31 19
sandrulipachamama@hotmail.com

folklore

GUSTO

Mientras un gato trepa al limonero del jardín y el sol se asoma por las ventanas de vidrio repartido, en esta casa del barrio de Flores los sábados a la tarde se baila el escondido. Las parejas marcan el ritmo con palmas, zapatean, dan vueltas y giros enteros. Juegan a seducir, escondiéndose del compañero, siempre atentos a las instrucciones de Sandra, anfitriona y maestra joven y entusiasta. Se viene un cambio de parejas. Y llegó el momento de sacar los pañuelos, que cuentan el sentir de los que bailan la zamba. Hace casi un siglo y medio que su cadencia hace caminar cuatro tiempos, picar otros cuatro y desarmar, a galanes y compañeras finalmente seducidas. La chacarera llega con cambio de pareja. Y un bailecito del norte, con Sandra deslizándose con gracia de bailarina, marcando tiempos y enseñando posturas, miradas y actitudes. Así se pasa la tarde de un sábado: media vuelta y giro.

En estas clases, la búsqueda de los movimientos elegantes que caracterizan a las danzas folkóricas empieza sin complicaciones. El ambiente es muy relajado, y para bailar alcanza con una falda de paisana sobre un *jean*, bombacha gaucha o los pies descalzos para zapatear. Lo que no puede faltar, es el pañuelo, para comunicar sentimientos y deseos, y la música que reconstruye el mapa de la Argentina. En una chacarera, una zamba o un gato se identifican distintas zonas culturales, que no siempre respetan los límites geográficos, permeables a las influencias de provincias y países vecinos.

El folklore parecía estar en manos de gauchos y fundamentalistas, y las peñas folklóricas de antaño tenían una onda un tanto más tradicional. Pero hace ya diez años que La Peña del Colorado empezó a llenarse de gente joven. De a poco, las guitarreadas infinitas invadieron las veredas y empezaron a mezclarse con otras músicas, y la cocina criolla ingresó a la agenda gourmet. Cada vez más fanáticos van trazando un circuito de peñas que no para de crecer; ya suma más de 70 en Buenos Aires. La pasión se va contagiando, y cada una tiene sus adeptos. Para los bailarines, La Resentida en Boedo es una excelente oportunidad de demostrar lo aprendido los sábados a la tarde: posición inicial, que las palmas marquen el compás y, para terminar como corresponde, media vuelta, giro y coronación.

Clases de folklore
Sandra Cirilli
Flores
46 11 31 19
sandrulipachamama@hotmail.com

folklore

DELIGHT

While a cat crawls up a lemon tree in the garden and the sun flows in through the window, in Flores, a working-class residential neighborhood, on Saturday afternoons the *escondido* is danced. Couples keep the rhythm by turning, swirling, and tapping their feet on the floor. By hiding, they play a game of seduction so that their partner can go on dancing alone; always attentive to Sandra's —young, enthusiastic hostess and dance teacher— instructions. Couples change; it is time to bring out handkerchiefs that reveal the feelings of those who engage in the *zamba*. For over a century this rhythm has made gallant conquerors seduce their partners, walk to the count of four, spin to another four, and then separate. The *chacarera* brings about another co-dancer switch. And this northern rhythm takes over the scene while Sandra mingles —with her ballerina grace— among the students, marking the tempos and teaching posture, look, and attitude. And thus a weekend afternoon is spent: half a turn and then spin.

For the inexperienced, the search for the elegant movements that characterize *folklore* starts out without complications. One perceives the laid-back vibe. Bare feet, a *paisana* skirt worn over a pair of jeans or an old *bombacha de gaucho* suffice. But the kerchief, through which feelings and emotions are conveyed, cannot be missing. While the gestures and movements of the dancers draw out their individuality, the music reconstructs the map of Argentina. In a *chacarera*, a *zamba*, or a *gato* one may identify various regions of this country that not always respects the geographic limits. The *cueca*, the *chamamé,* or the *bailecito* are permeable to the influences of neighboring countries. Each one has its own characteristics, but they are not independent from one another.

Not till long ago, *folklore* seemed to be in the hands of *gauchos* and the old *peñas folklóricas* had a traditional style. But, ten years have gone by since La del Colorado started catering to a younger crowd. Slowly, the *guitarreadas* that invaded from the sidewalk started to mix with other music and the *criollo* cooking-style gained the attention of gourmets. The ever-growing number of fans, that are plotting a circuit of urban *peñas*, keeps getting larger; there are now more than 70 in BA. For dancers, La Resentida in Boedo district becomes an excellent opportunity to demonstrate what they have learned at Saturday lessons: initial position, let palms mark the beat, and for a great ending... half turn, spin, and crowning!

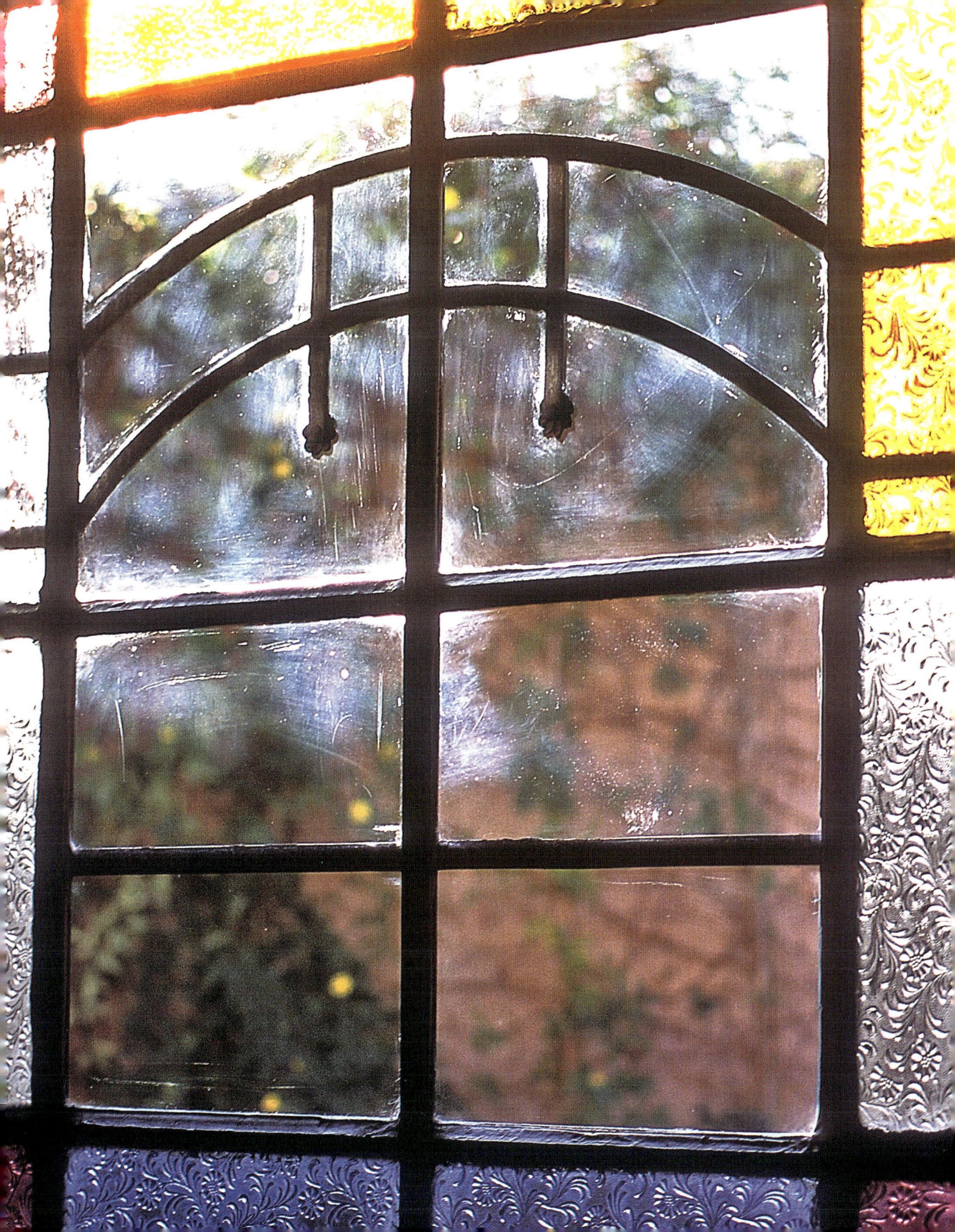

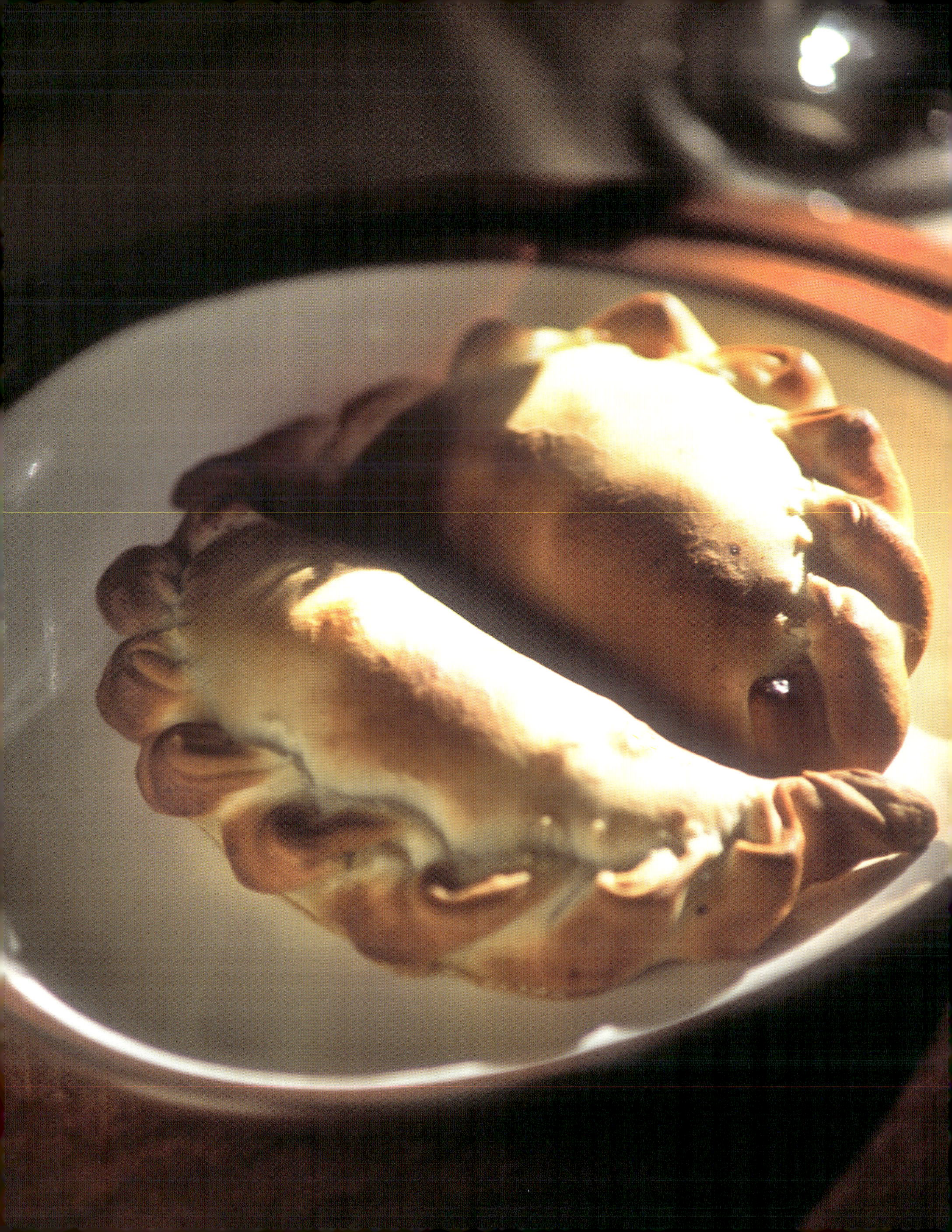

Pan y teatro
Las Casas 4095
Boedo
49 24 69 20

pan y teatro

GUSTO

En esta casa anidan los recuerdos de la infancia. Entra la luz, la mesa está tendida: sabor de los amores. Quien asegura haber traído a una esquina de Boedo la poética mendocina, Germinal Marín, deja que los porteños la saboreen en su restaurante **Pan y Teatro**. La venta de empanadas y panes deleitó al barrio y sustentó la pasión teatrera y artística de esta familia, que llegó a la capital en los ochenta. Mientras tanto desde Mendoza, doña Antonia Salvo fue rescatando vía telefónica los viejos sabores que hacían las delicias de su prole. Para los Marín, es mucho más que la cocina de su familia: son añoranzas que comparten, en un ritual que estimula a través de aromas, colores y sabores, para concretarse en una carta que depara placeres y al mismo tiempo, satisface a la razón: equilibrio entre calidad, cantidad y precio.

Cabe preguntarse cómo fue que las tablas cedieron terreno ante lo gastronómico, que las mesas invadieron todo el espacio, que la cocina ocupó cada momento del día. Un rotundo cambio de programación condenó a estos creadores a un éxito inmediato. Lo artístico aflora en otros ámbitos: música y pintura, alfarería, y la poesía que viene incorporada. Como cuando Germinal describe el pastel de papa en cazuela de barro, con canela, azúcar y huevo batido. Sigue latiendo toda esa pasión histriónica. Hoy, el rol protagónico lo tienen los platos caseros. Con cocciones extremadamente sanas y naturales, los sabores autóctonos llegan en la calabaza con humita, el cordero empanado al horno de barro, las sopas y las empanadas que ya son un clásico. A los vecinos del barrio, primeros y afortunados clientes, se les fue sumando una clientela variopinta, que incluye unos españoles que, conocedores de las largas esperas de los fines de semana, reservan su mesa desde Madrid. Tanto los turistas como los porteños que se aventuran por estos pagos, son bienvenidos, como en casa.

No hay que esperar el típico restaurante regional con toques folklóricos. En Pan y Teatro predomina el concepto de lo casero y familiar, y comer es un arte que se comparte entre amigos. Bien lejos de los devaneos culinarios que priorizan la forma por sobre la sustancia, propone una manera de comer más cercana a los orígenes. Mendoza aporta mucho más que un toque regional. La mejorana, el tomillo, las aceitunas y alcauciles y el estragón llegan sin escalas; y para no defraudar, algún que otro vinito.

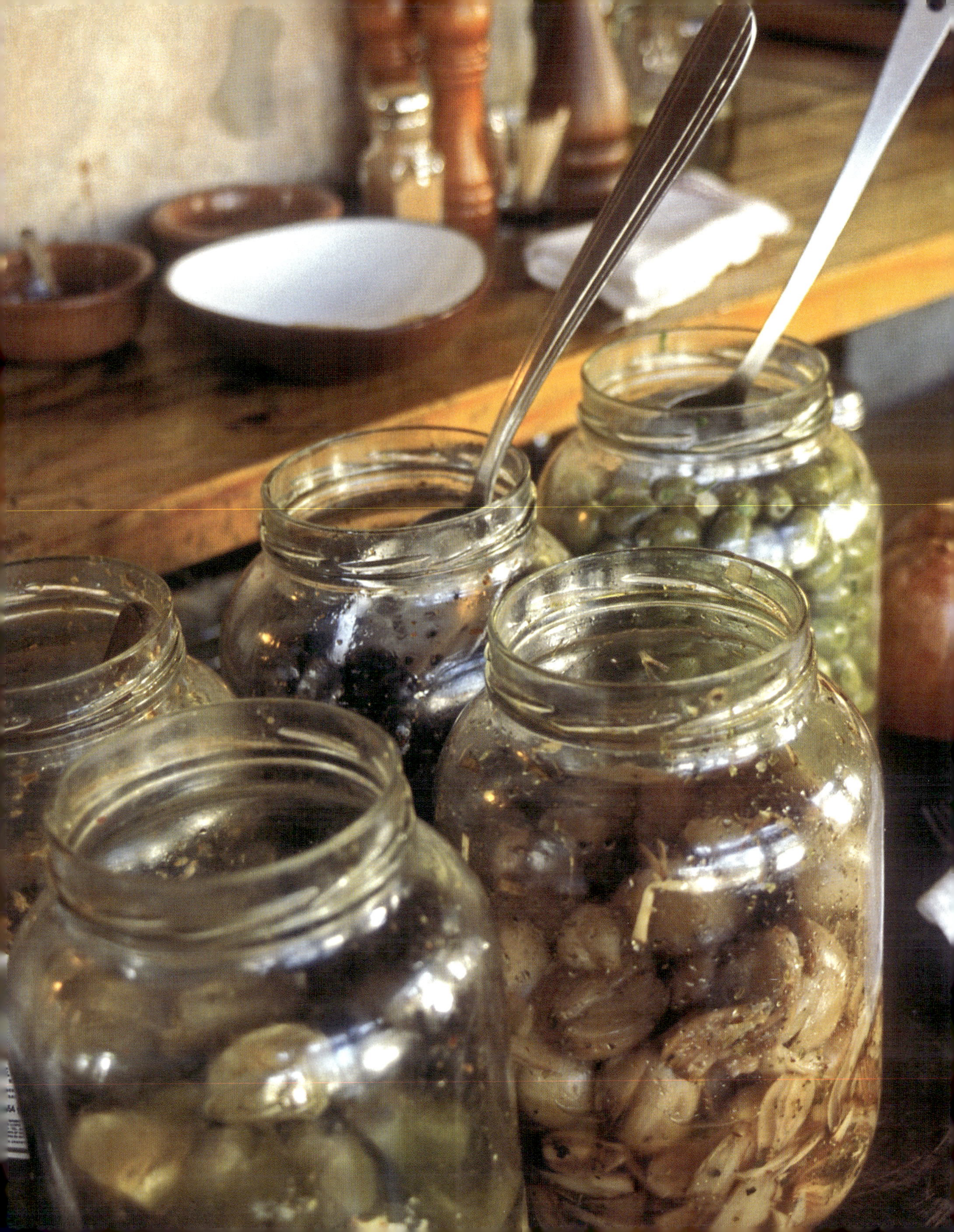

9 de Julio
Locro

Pan y teatro
Las Casas 4095
Boedo
49 24 69 20

pan y teatro

TASTING

This house brings out childhood memories. Light flows in, tables are set: flavors of love. Germinal Marín assures he brought to Boedo poetry from Mendoza and that he lets *porteños* savor it in his restaurant **Pan y Teatro**. Through the sale of *empanadas* and breads, he conquered this area and managed to support the theater and art passions of this family that came to the Capital in the eighties. Meanwhile, from Mendoza, doña Antonia Salvo started recovering relatives' recipes. The Marín dynasty feels their project is much more than just cooking; it is the homesickness they share in a ritual that stimulates through aromas, colors, and flavors. Focused concentration in the preparation of dishes, that bring pleasure to the senses, and, at the same time, satisfy reason: balance between quality, quantity, and price.

And the obvious questions would be: How did the theater give way to a space for gastronomy? How did tables end up taking up all the space? How did the kitchen take over every waking moment? A drastic program change condemned these artists to instant success. Today, the creative energy blooms in other forms: music and paintings, pottery, and the poetry that is built into the description of dishes. Their histrionic fervor lives on. Nowadays, the made-from-scratch food has the leading role. With extremely healthful and natural cooking, autochthonous flavors come in the *calabaza con humita*, the wood-oven baked lamb, soups, and *empanadas* —which are already a classic—. The neighbors, first lucky patrons, were joined by a varied clientele that includes Spaniards who, well aware of the long weekend waits, reserve their table from Madrid. Foreigners and locals alike are all welcomed as old friends.

Do not envision a typical regional restaurant with folk touches. In Pan y Teatro the concept of homemade cuisine and dynasty tradition prevail above all. And eating is an art shared among friends. Removed from culinary trends, that make form reign over substance, this restaurant proposes an eating style closer to the origins. Much more than a regional touch, Mendoza contributes with sweet marjoram, thyme, olives, artichokes, tarragon, and a good wine selection.

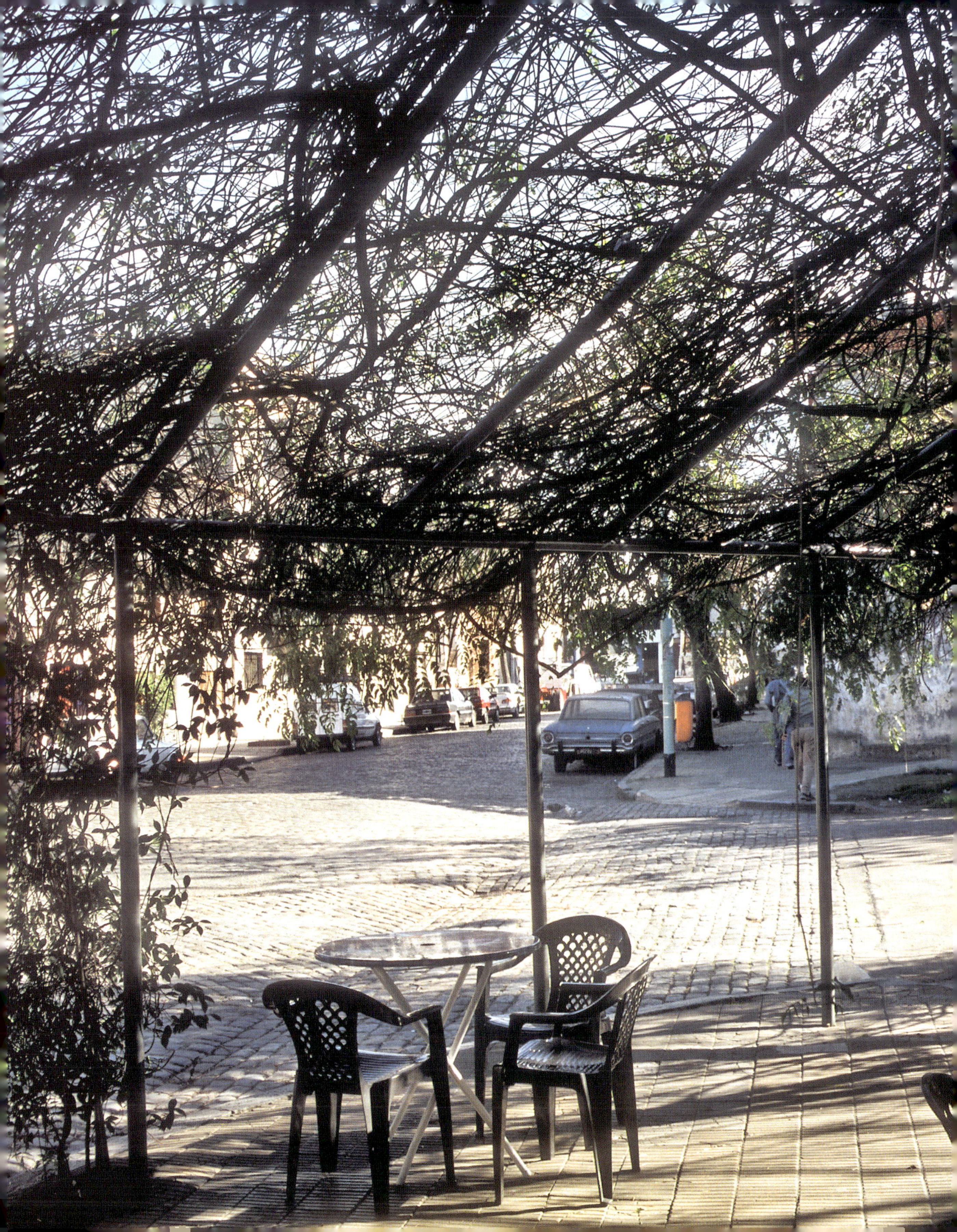

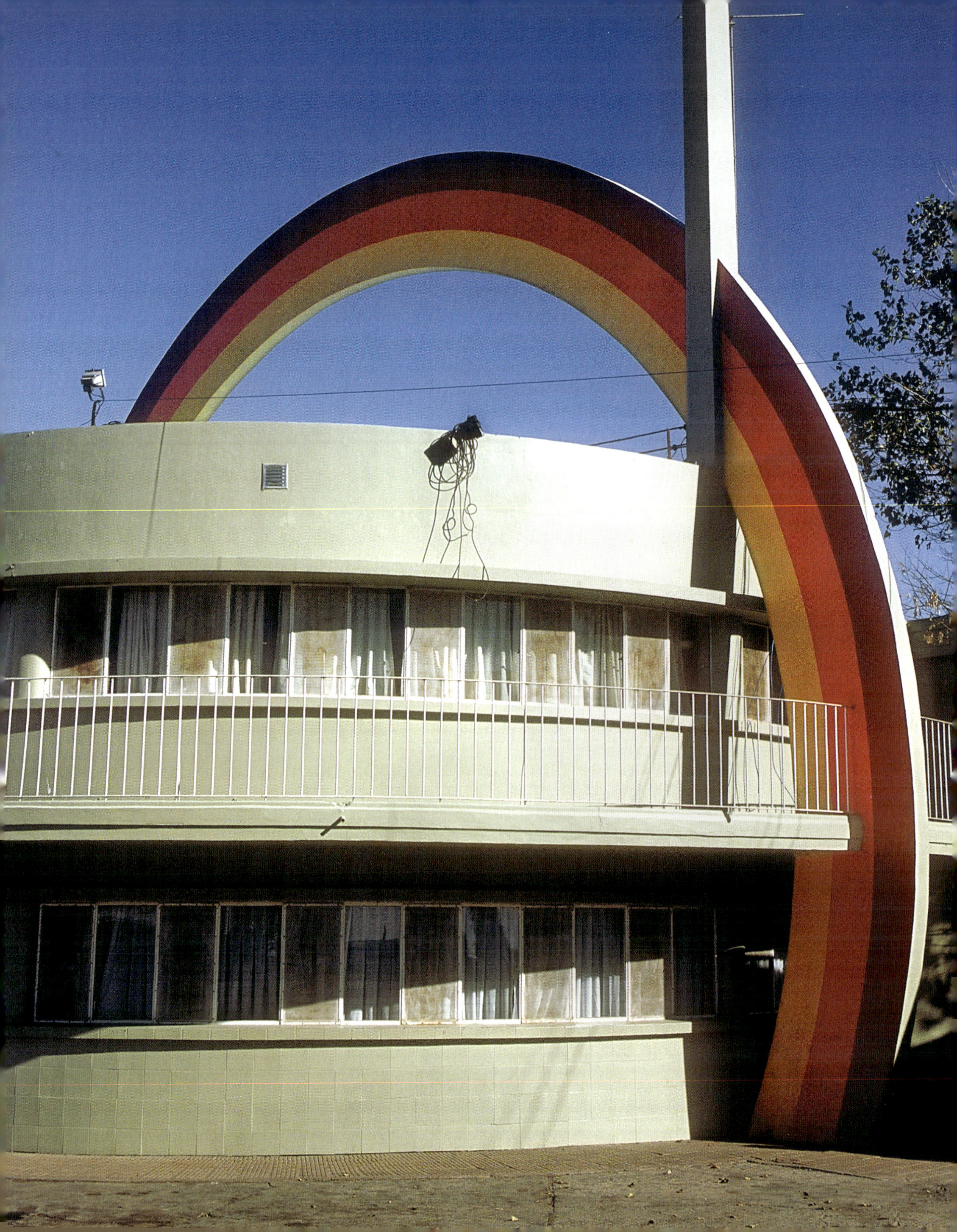

Chascomús
Ruta 2, Km. 120

Remate de Yeguarizos
Sociedad Rural
Av. J.M. de Rosas 7130

chascomús
PASEO

El viajecito a **Chascomús** promete un cambio radical de horizonte y las legendarias medialunas de manteca de Atalaya, escala ansiada desde el primer peaje y un clásico ineludible con más de cincuenta años. 108 kilómetros de ruta impecable trasladan al porteño a una ciudad que no perdió su toquecito colonial: los frentes de las casas están bien protegidos por leyes municipales. Calles anchas y tranquilas y árboles añosos son patrimonio de varias ciudades cercanas a la capital. Pero el espejo de agua de 3044 hectáreas de su laguna, la más grande del sistema de las Encadenadas, marca la diferencia. Al llegar de la ciudad con sed de espacio libre, un paisaje bello ayuda a construir bellos paisajes mentales. El agua que apacigua e invita a la contemplación puede no ser sólo un decorado, y con su fluir suave, llegar a ser bienhechora. Los restaurantes sobre la laguna dejan que los almuerzos se estiren. Sin urgencias, los sentidos se desperezan voluptuosamente. Lentitud, una suerte concedida a pocos…

Los encantos del lugar se van revelando de a poquito, aún a quienes no los moviliza la pesca del pejerrey o la tararira. Como el piso de barro cocido y los pocos bancos desvencijados que hacen que la atmósfera de la Capilla de los Negros sea tan simple. Es Monumento Histórico Nacional, y ajena a toda pompa y esplendor arquitectónico, con sus cuatro paredes guarda aires cargados de paz y tranquilidad. Las fotos, los rosarios y las flores parecen acumularse desde el siglo XVIII, y alguna vela todavía ilumina los íconos que la comunidad negra adoraba.

Aunque no todo es modorra y placidez. Hay que ver al gauchaje en el **Remate de Yeguarizos**, que se lleva a cabo los primeros miércoles de cada mes y, de tanto en tanto, los sábados. Engalanados y muy atentos, paisanos de Buenos Aires acuden y siguen el ritmo del martillo del Cholo Iseas. Su sonido que resuena, reaviva a los vecinos, las calles, las tiendas y los bares. La tradición está tan arraigada en los corazones de la zona que, cuando se viene el remate, el día de descanso de la peonada se desplaza de domingo a miércoles. Hasta 1959, año de la última adquisición de tropa a un jefe indio de Maquinchau, los caballos llegaban por arreo. Hoy los propietarios consignan, lo que constituye el cambio más notorio. Todo lo demás, lo que se ve y se vibra en las gradas de la Sociedad Rural de Chascomús, emociona por lo auténtico.

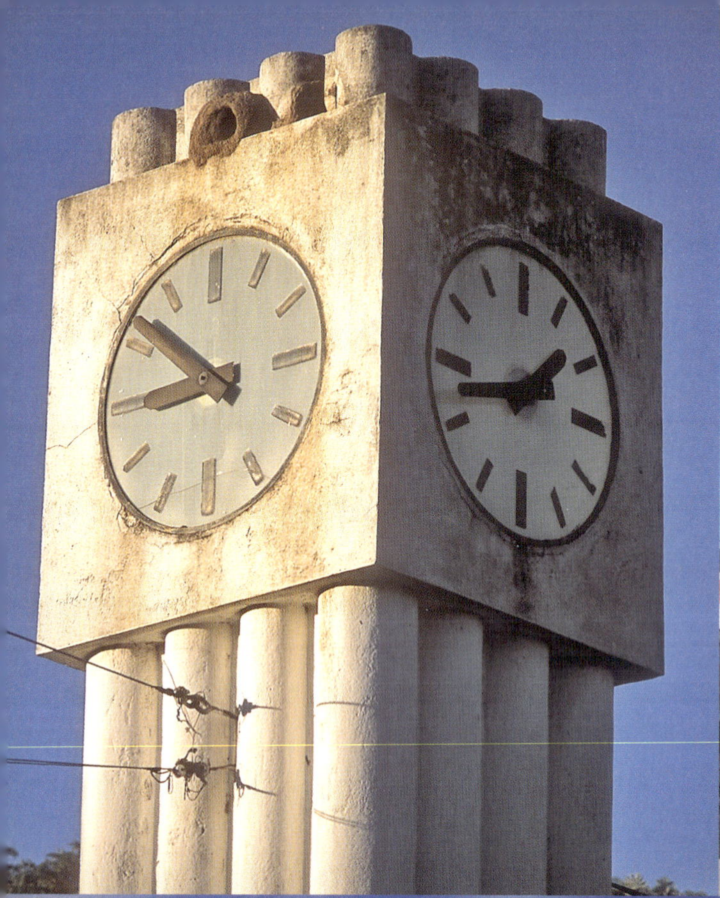

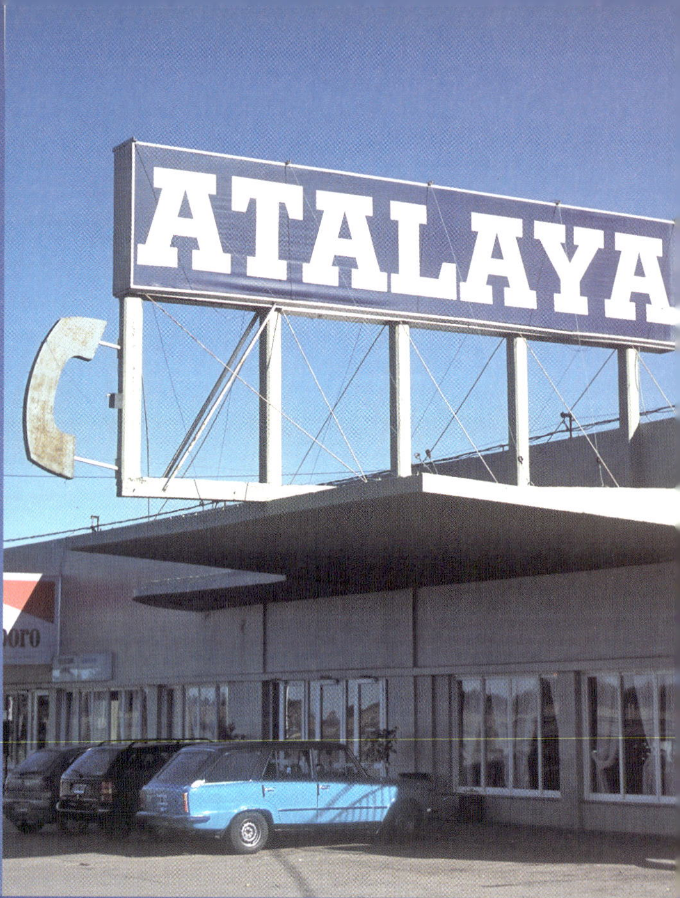
ATALAYA

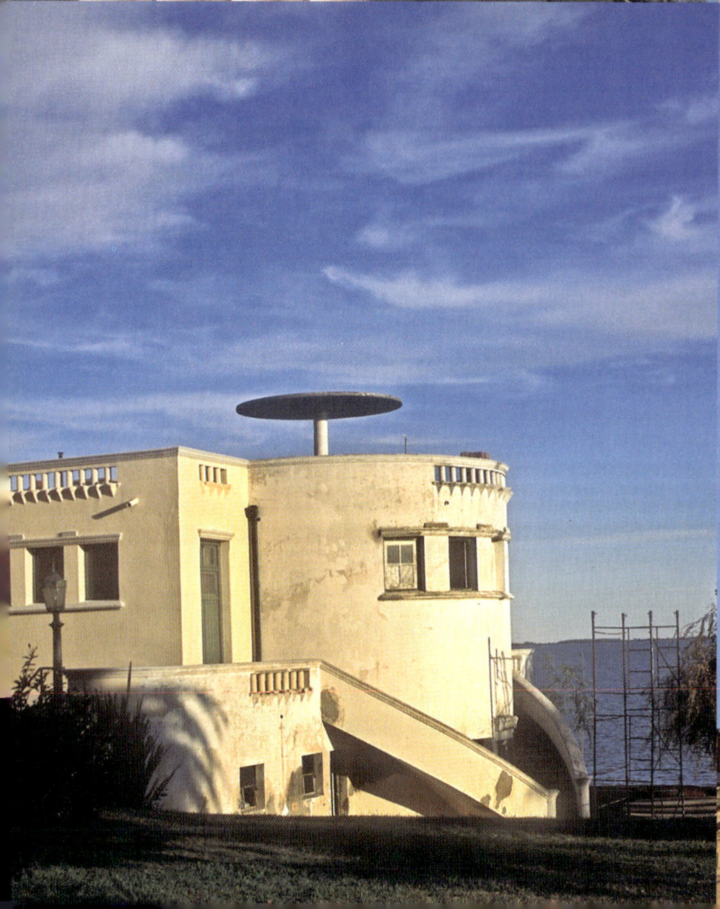

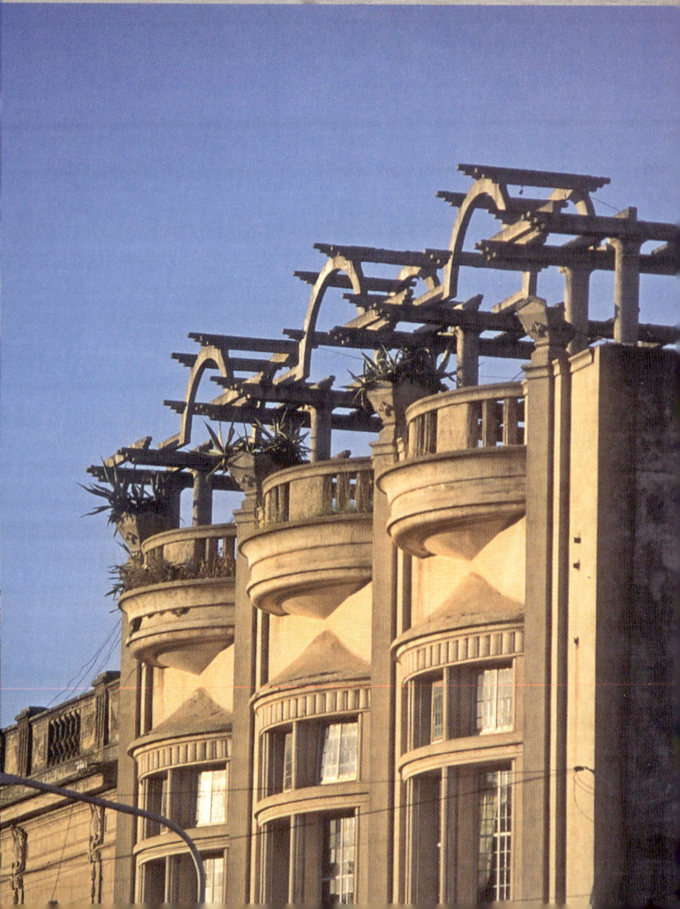

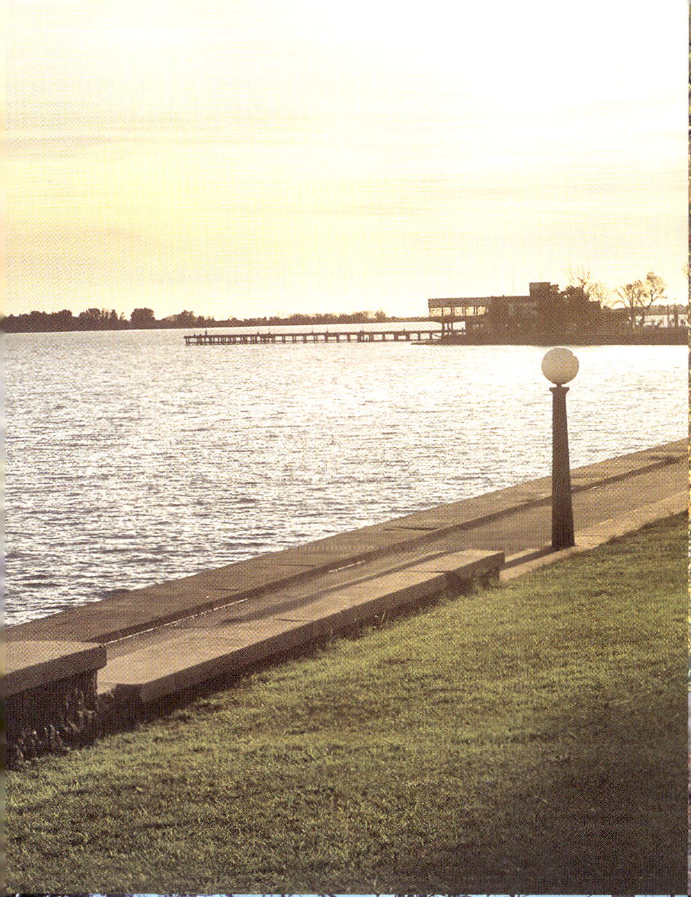
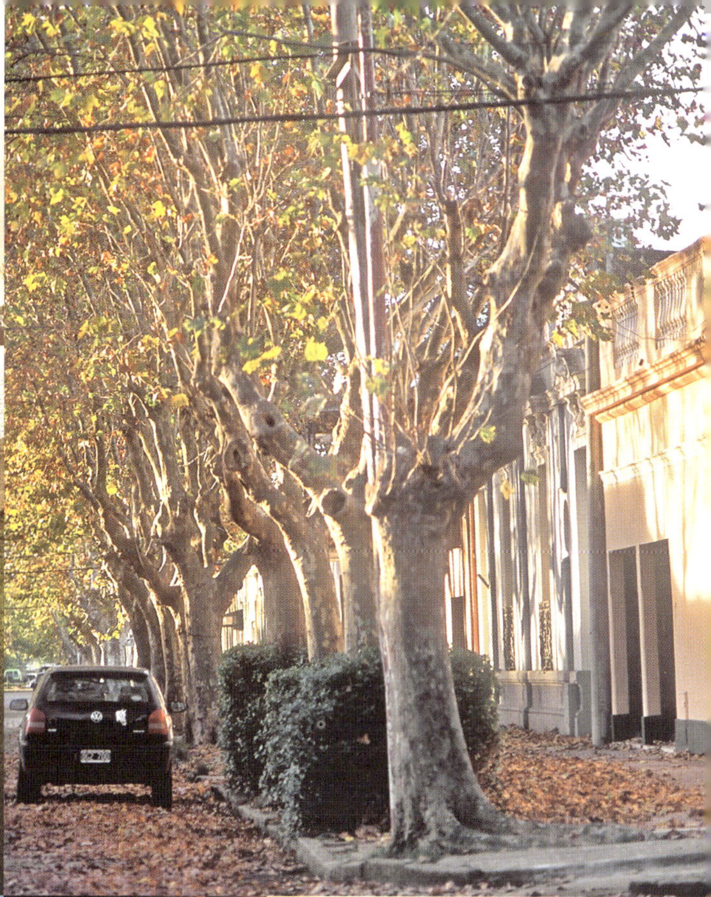
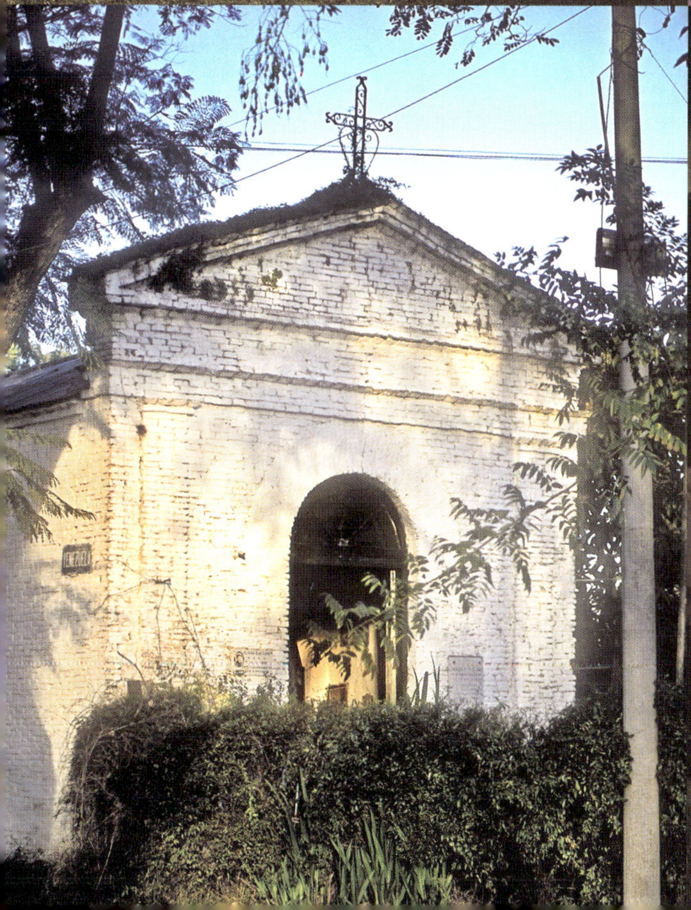
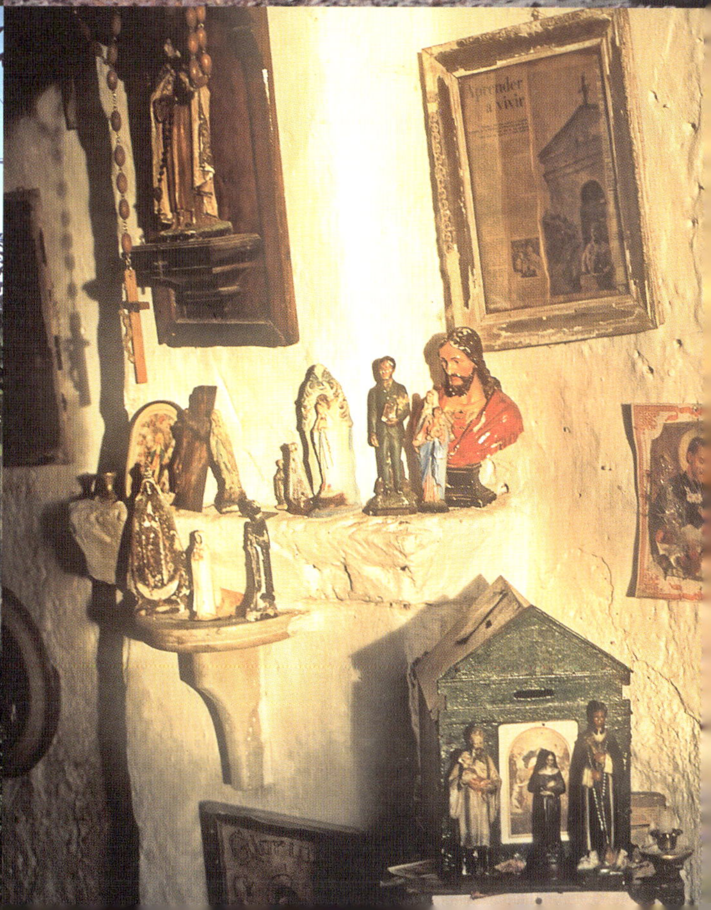
Aprender a vivir

Chascomús
Ruta 2, Km. 120

Remate de Yeguarizos
Sociedad Rural
Av. J.M. de Rosas 7130

chascomús

OUTING

Arriving at the first toll on a trip to **Chascomús** guarantees the proximity of two of this journey's musts: legendary *medialunas* at Atalaya and a radical change in the horizon. 108 kilometers of impeccable route bring porteños to a city that hasn't lost its colonial touch: municipal law protects the house fronts. Wide, peaceful streets and old trees are patrimony of various cities near the capital. But 3044 hectares of lagoon —the largest of the Encadenadas— make it different from the rest. When one escapes BA anxious for the outdoors, a beautiful-natural panorama should help one build attractive mental sceneries. The water that soothes the mind is not only an invitation for contemplation but might also have calming effects. Restaurants on the coastline let lunches last forever. Without hurries, the senses stretch voluptuously. A feeling of total relaxation ... a luck not many can experience.

Slowly, the subtle enchantments of this destination reveal themselves —even for those who are not into fishing—. Like the earthen floors and the sagging benches that keep the atmosphere of the Capilla de los Negros sleek and simple. This historic monument, unaware of its fame and lacking of architectonic splendor, maintains a peaceful and quiet air. The accumulation of pictures, flowers, and rosaries begun on the seventeenth century. Some candles still light the icons that were worshipped by the black community.

But this pared-down, calming trip might have an energy boost at the **Remate de Yeguarizos**. Every month, on the first Wednesday and, sometimes, on Saturdays *gauchos* of Buenos Aires Province gather here to buy horses. The sound and rhythm of Cholo Iseas´s auction-hammer stirs up and brings to life neighbors, streets, stores, and bars. As a consequence of this long-standing tradition, farmhands in the area have Wednesdays instead of Sundays off. Until 1959, the year when the last troop of horses was purchased from a Maquinchau Indian Chief, these were ridden into the auction arena. The spirit of this public sale has endured many generations, though there has been one important change: today, owners consign their animals. Everything else going on inside the Sociedad Rural retains its genuineness. 100% authenticity. Absolutely remarkable!

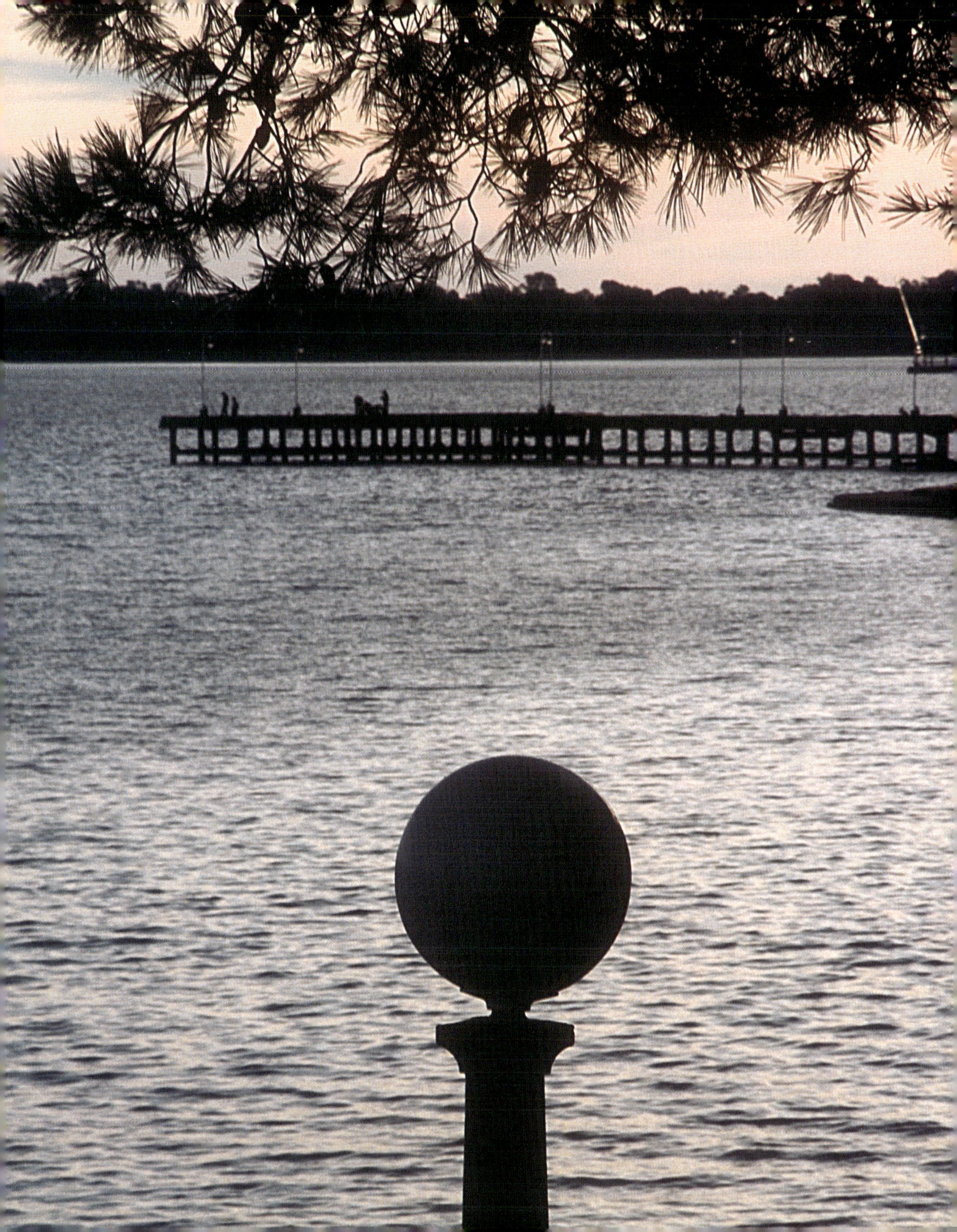

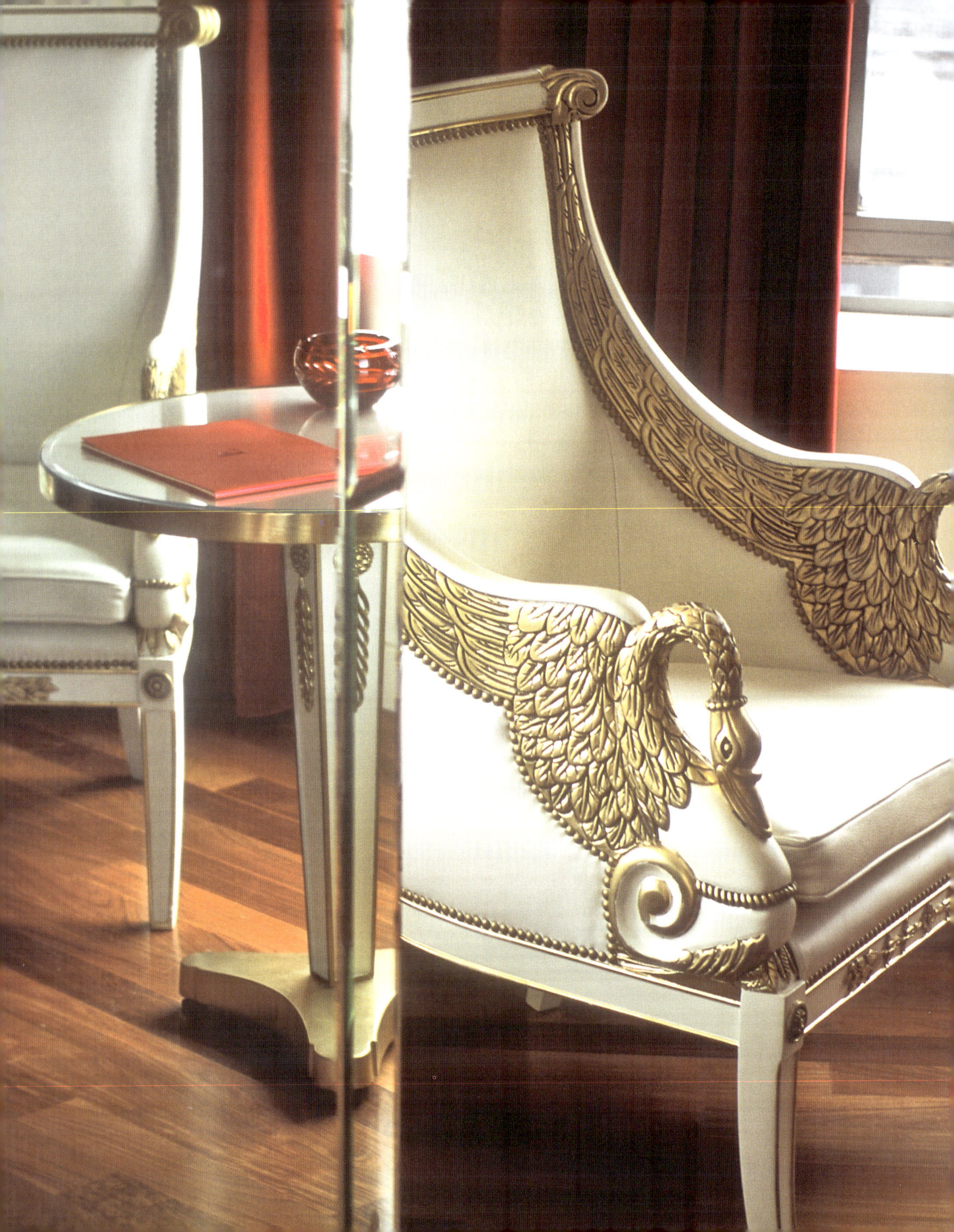

Faena Hotel + Universe
Martha Salotti 445
Puerto Madero Este
40 10 90 00
www.faenahotelanduniverse.com

faena
PASEO

La puerta de rubí, casi rojo carmesí, abre a La Catedral de luz tenue. Los 80 metros de largo y doble altura reciben el sol a través del vidrio tallado, y son el eje de este universo: una invitación a soñar. Desde 2004 el **Faena Hotel + Universe** habita por completo uno de los tres molinos-silos de Puerto Madero. Construidos hace más de un siglo, fueron centros de concentración de *commodities* para exportar. Sus ventanas y portones se abrían a ambos lados, para carga y descarga de productos. A pesar de ser obra del Ingeniero inglés Hawkshaw, no escaparon a la tendencia de aquellos tiempos a italianizar las estructuras fabriles, dándoles así un aire cultural. Los galpones, los árboles centenarios, los edificios en construcción y la vegetación recién plantada lo rodean; por las noches, el Dique 2 parece habitado por fantasmas. Durante el día se vislumbra lo que será un espacio urbano distinto, entre proyecto y ficción, aún sin raíces… Disociado de Buenos Aires por una frontera singular hecha de diques y embarcaciones, puentes y plazas, en Puerto Madero confluyen dos mundos: el centro de la ciudad y las aguas terrosas del Río de la Plata.

El sueño de un hotel cinco estrellas ancló en esta franja urbana aún no conquistada. Con una estética sin complejos que incita, en secreto desde los rincones y con grandilocuencia desde los salones, a emprender un viaje sin necesidad de medios de transporte. Porteños o no, víctimas de la obsesión globalizada de *glamour* y *life style*, pasen y vean. Alguien indicará el camino por el corredor imponente. Y no espiar cómo transcurre la vida en semejante decorado se tornará imposible. Los sillones mullidos tientan desde El Living, y los espejos biselados fragmentan las imágenes. Acogedor para charlas diurnas, o entrada la tarde, preludio de noches más movidas, ofrece a toda hora visiones múltiples: los reflejos de la luz en La Piscina, El Bistró que encandila, el ir y venir casi religioso del *staff*, de los huéspedes, y de visitantes ocasionales. Pocos meses desde su inauguración bastaron para que, entre estrellas de rock y *top models*, el Faena Hotel + Universe alcance el cenit de lo *fashion*. Parecería que la oportuna mezcla de drama y sofisticación aporta el marco ideal para que se agiten las pasiones.

Cerca, la Reserva Ecológica convoca a ciclistas y amantes de la naturaleza. Sus caminos secretos, casi tropicales, son escenario de furtivos encuentros amorosos. Más cerca aún, la fuente Las Nereidas de la escultora Lola Mora murmura mil cosas sin hablar. Y en las paredes del Mercado, este Hotel rinde su homenaje a leyendas, ídolos y mitos que cuentan historias de argentinos apasionados.

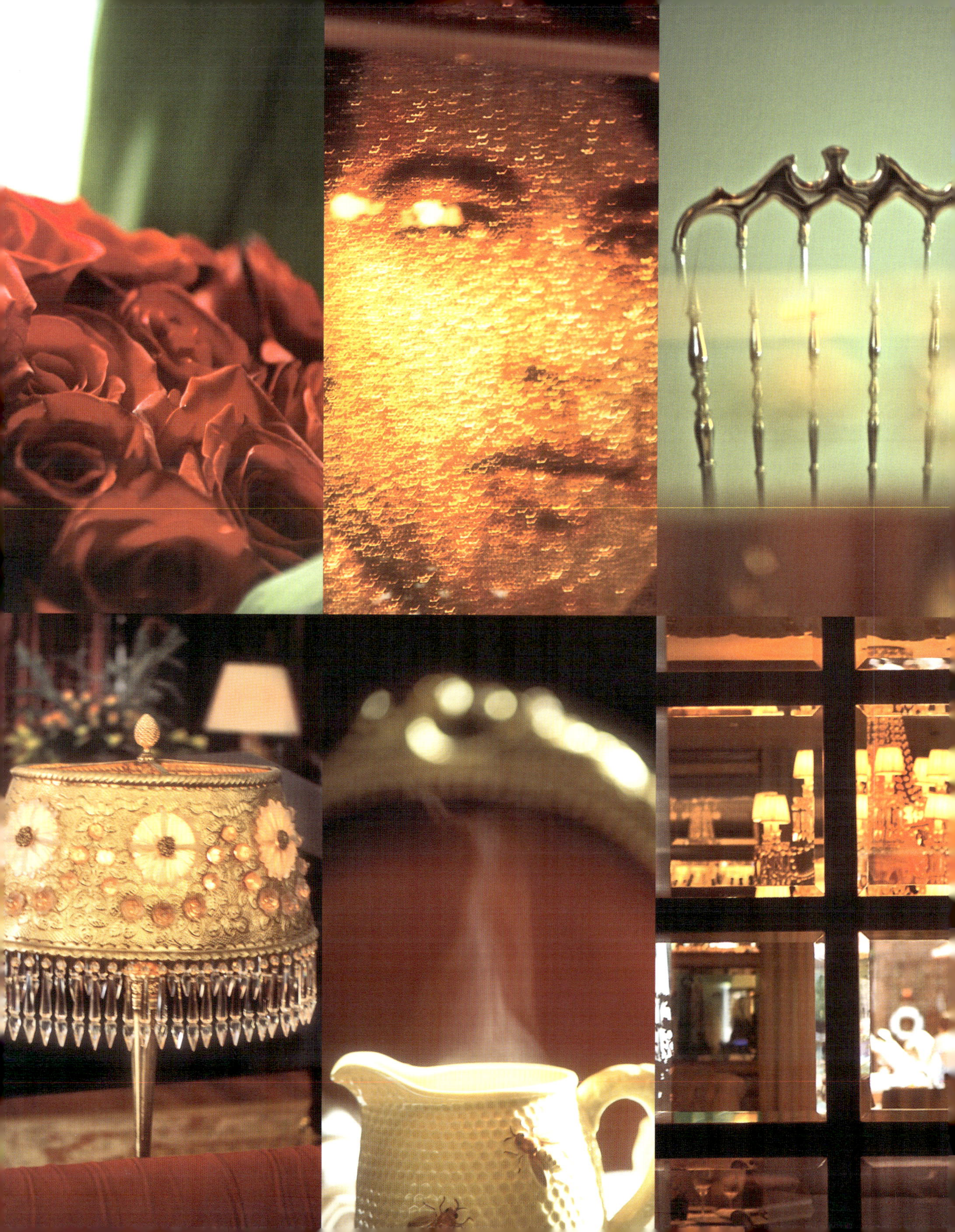

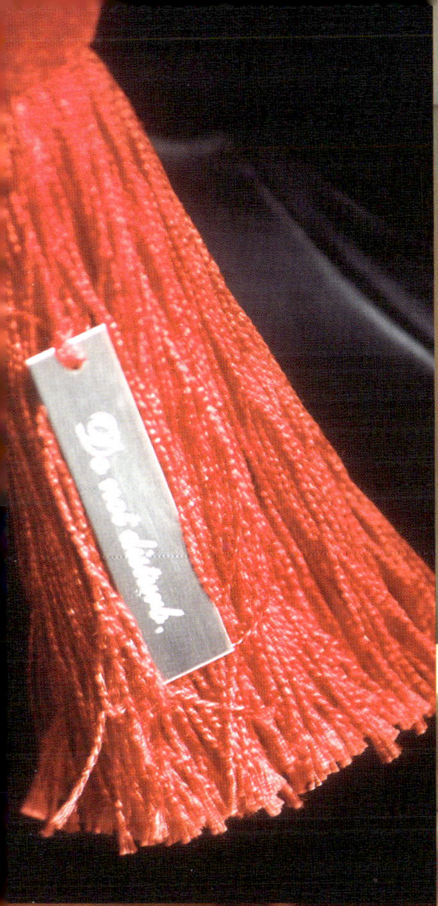
Do not disturb.
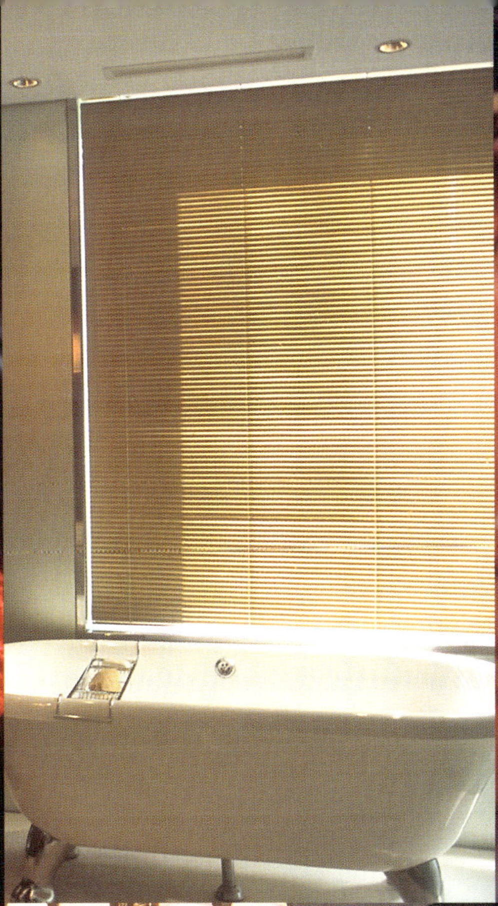
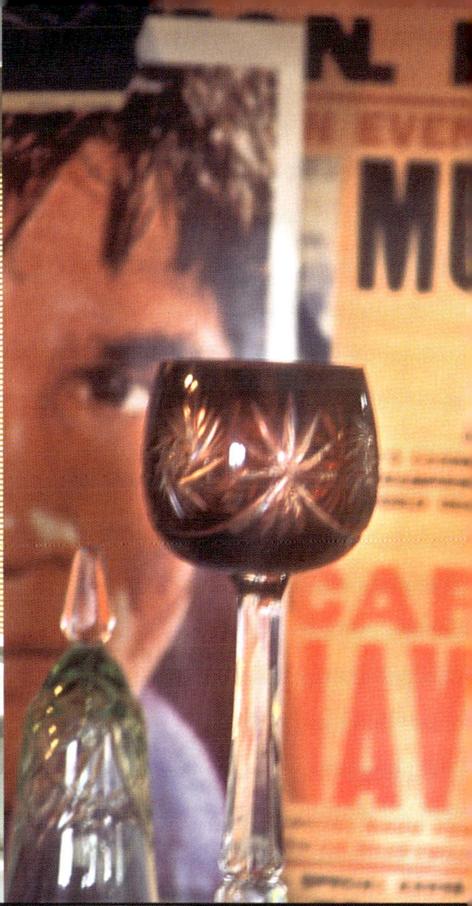
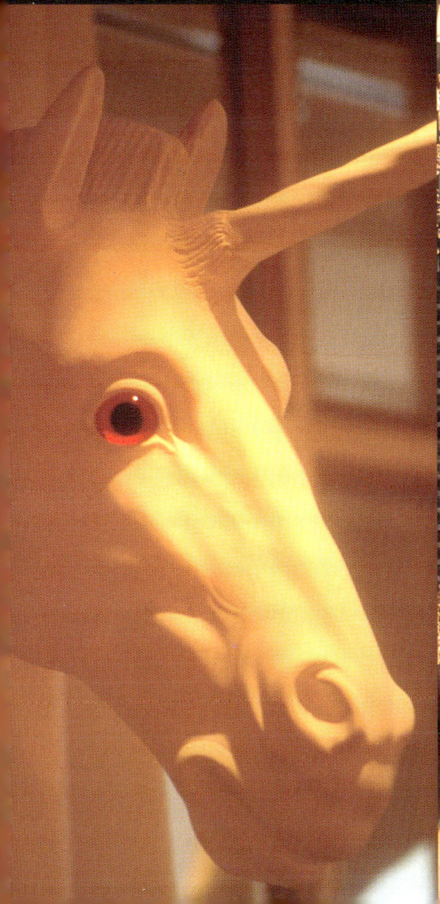
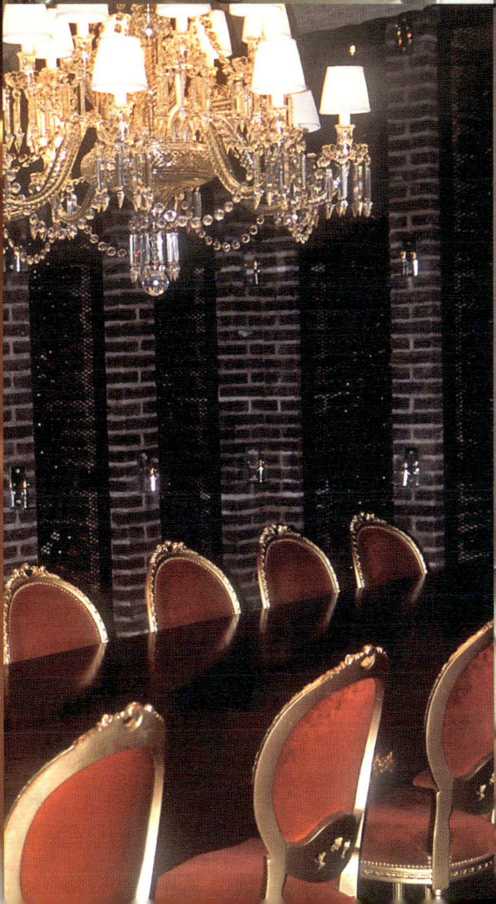
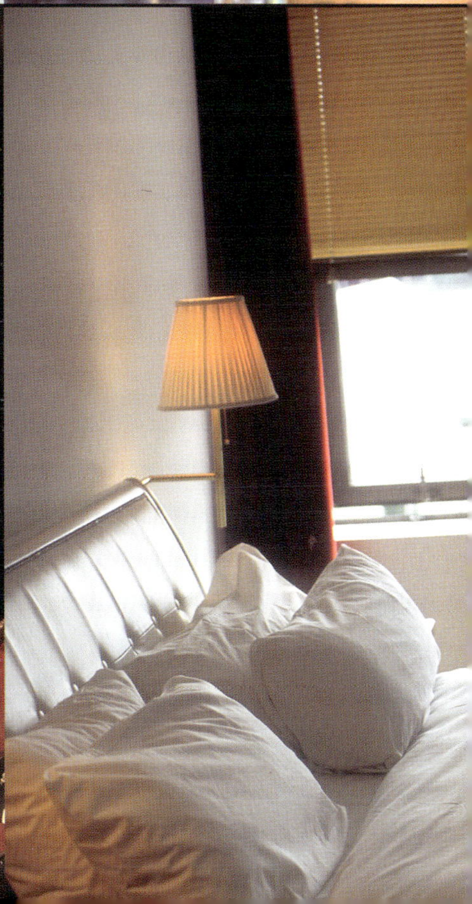

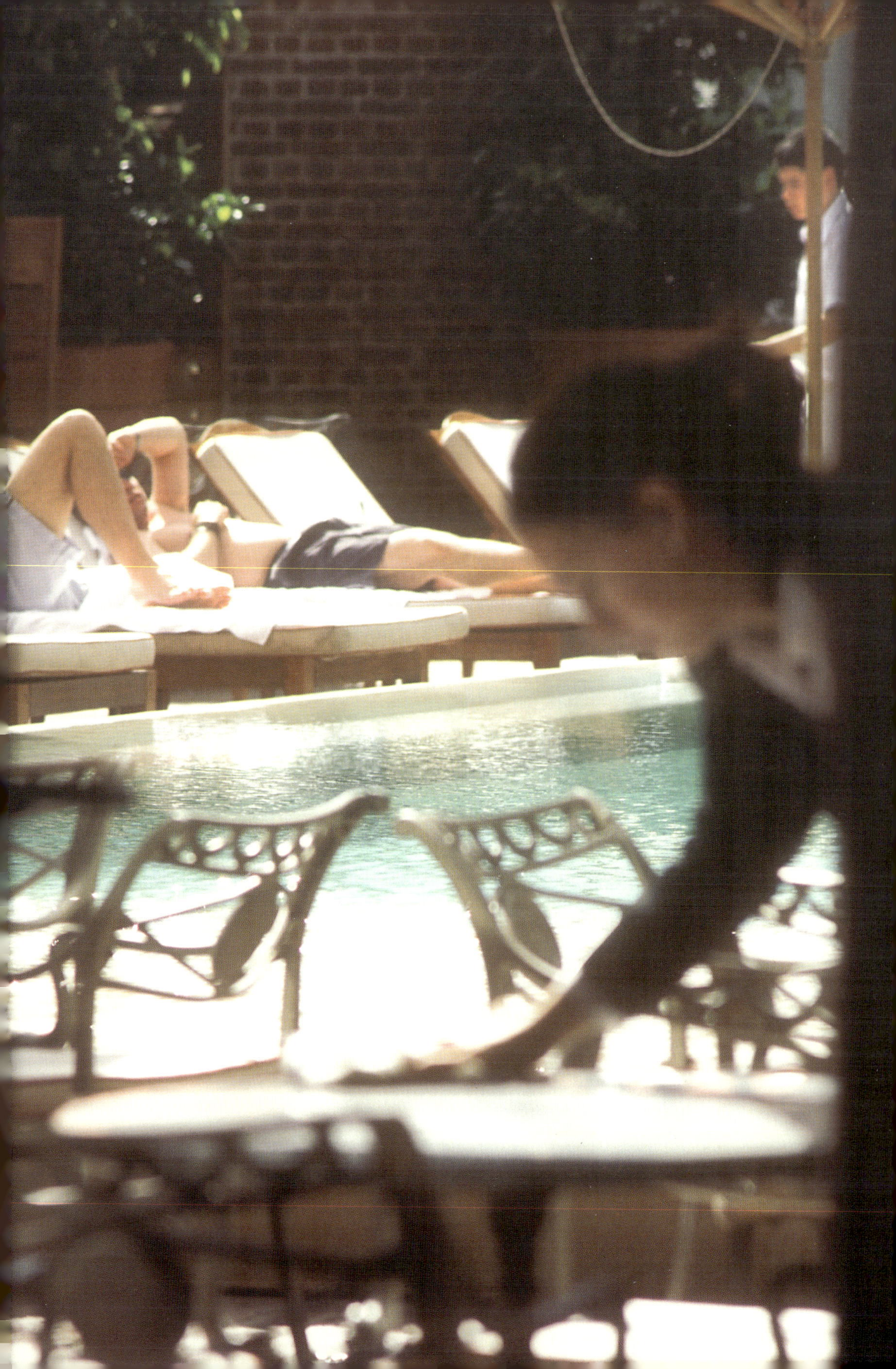

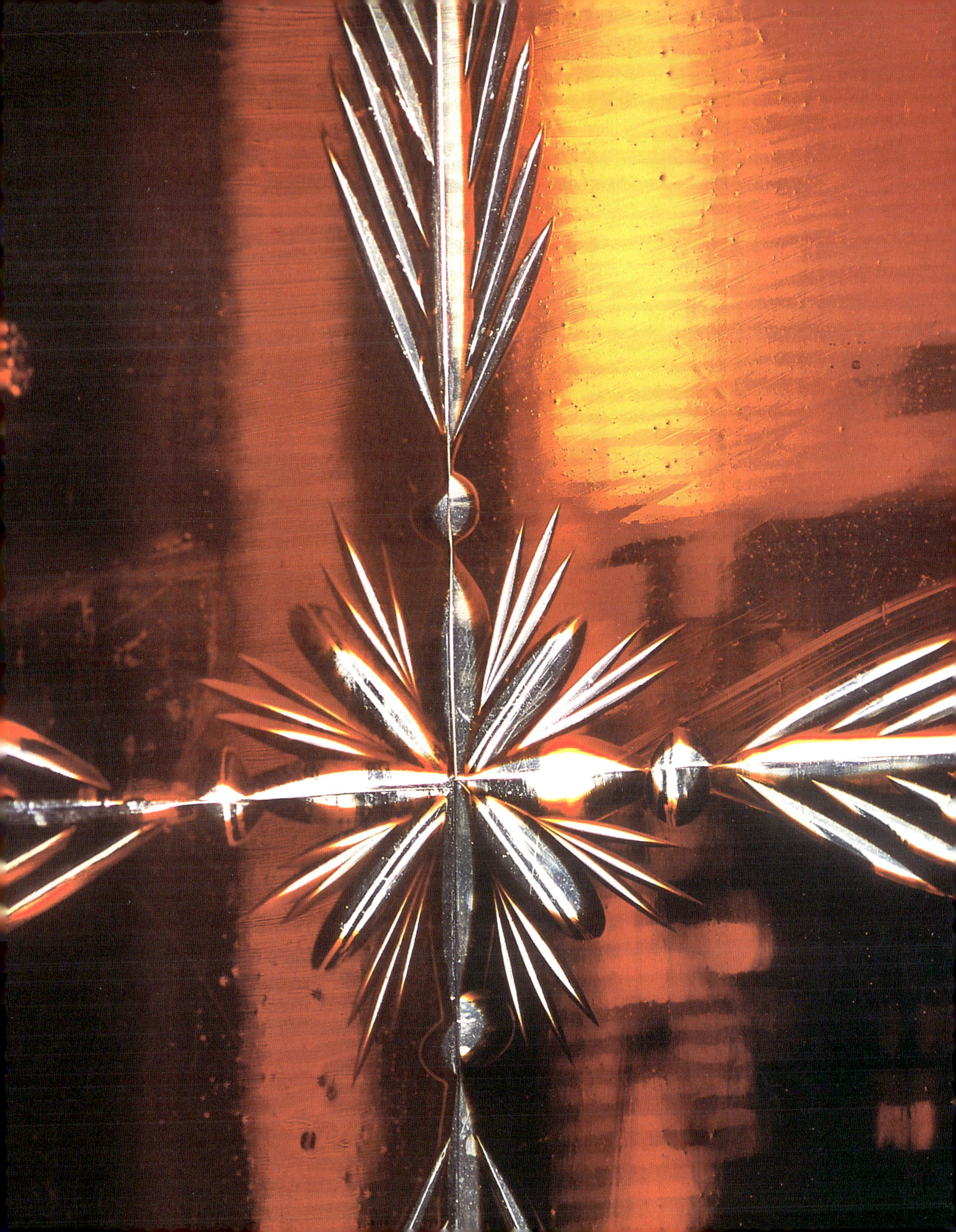

Faena Hotel + Universe
Martha Salotti 445
Puerto Madero Este
40 10 90 00
www.faenahotelanduniverse.com

faena

OUTING

The deeply pigmented red door opens a cathedral of faint lighting. The sun comes in through the engraved glass into the double-height, eighty-meter-long corridor. These become the central pieces of the Universe: an invitation to a dream. Since 2004, Faena has occupied one of the three vast grain stores in Puerto Madero. More than a century ago, the buildings were used to stock up export commodities. The large windows and doors were designed to open in both directions so that products could come in and out. Today, though surrounded by warehouses, old trees, several in-construction towers, and recently landscaped corners, the night at Dique 2 seems to be inhabited by ghosts. During the day, one can perceive a new urban space —amid project and fiction— that does not yet have roots. Separated from downtown by a peculiar frontier of dams, ships, promenades, docks, parks... two different worlds come together in Puerto Madero: the city and the murky waters of the Río de la Plata.

The dream of a five-star hotel laid down its anchor in this yet unconquered part of town. With an unbiased sense of aesthetic, Faena proposes a trip without the need of transportation. *Porteños* or not, victims of the globalized obsession of a glamorous lifestyle come in and see for yourselves. Somebody will guide the way through the striking corridor. It is impossible not to peek into the inner spaces to watch the life inside the show-off deco. The super plush sofas tempt from inside the Living, the beveled mirrors multiply visual angles. During the day, there is an informal vibe —ideal for chats— and later, it becomes the upmost trendy stage for lively nights. At any time, the magic of the Living relies on the projection of images: light that reflects from the Pool, the dazzling Bistró, and the almost zealous coming and going of the staff, guests and occasional visitors. Only a few months since its opening and the **Faena Hotel + Universe** is already the swanky place for the fashion conscious. It seems that the mix of drama and sophistication make up the ideal framework to shake up deliriums.

Nearby, the Reserva Ecológica convokes bikers and nature-lovers. Its neotropical secret passages witness frequent love encounters. And even closer, Lola Mora's Las Nereidas are forever gossiping without uttering a word. On the walls of the Mercado this Hotel honors all-time idols... if they could speak, they would surely tell stories about passionate Argentines.

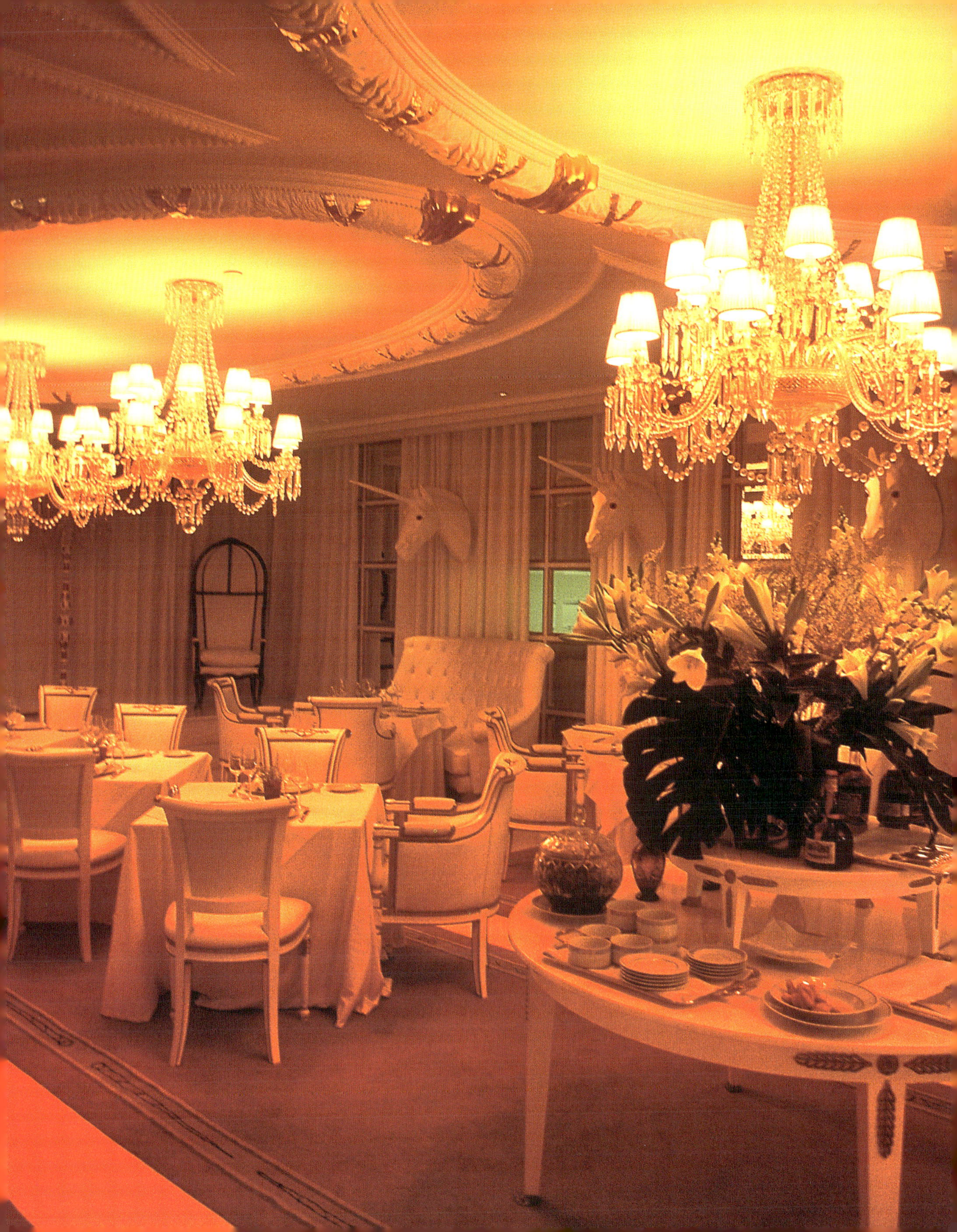

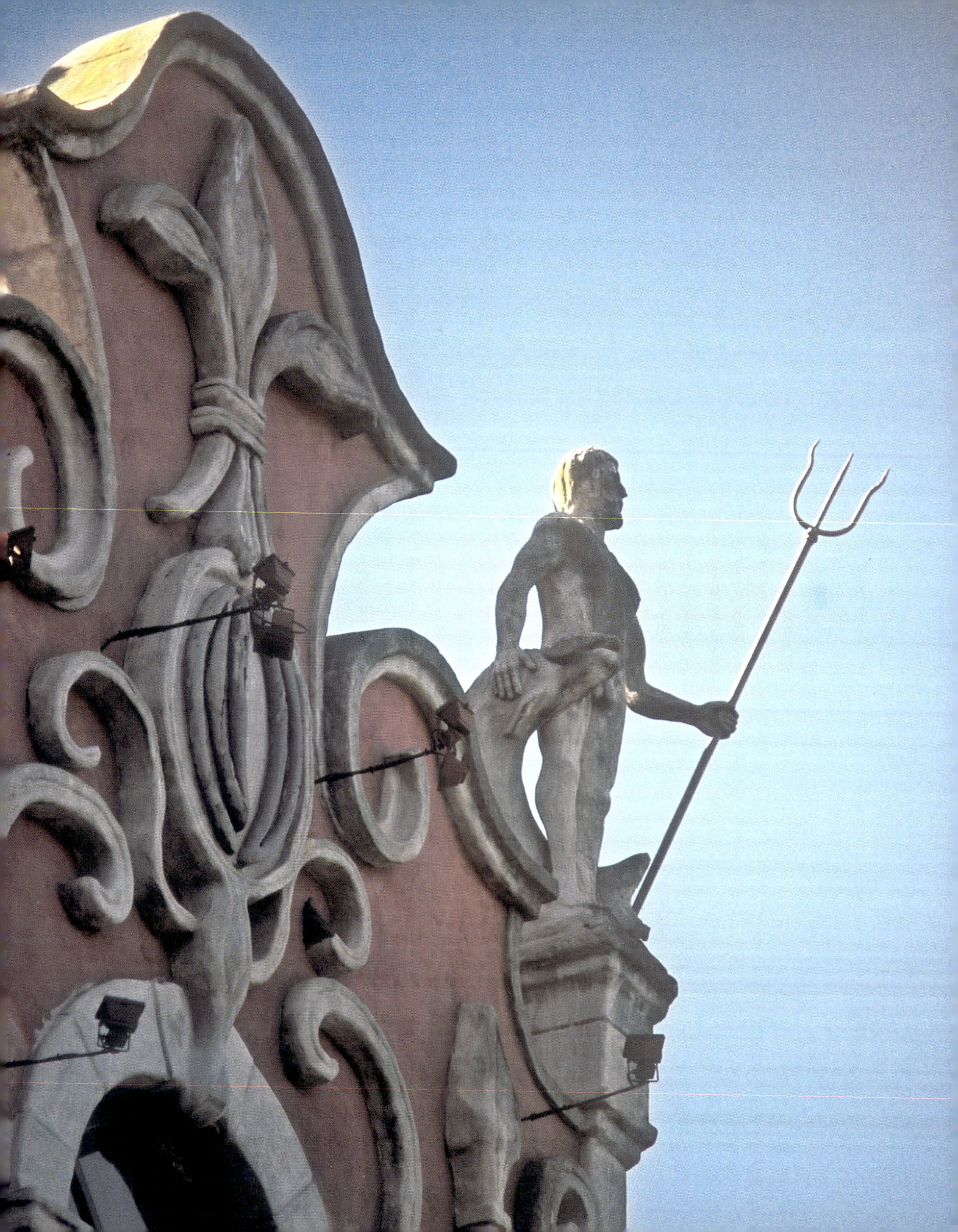

Estancia Santa Rita
Antonio Carboni
Partido de Lobos
48 04 63 41
www.santa-rita.com.ar

santa rita

VIAJE

Saliendo de la Estación Constitución un viernes a las siete de la tarde, recién al pasar por Cañuelas se siente que el verdadero viaje comienza; los yuyos altos se meten por las ventanillas del tren. Tres vagones con sus pasajeros sobrevivieron a varios intentos por suprimir este ramal. Felizmente, ya que llegar a la estancia **Santa Rita** por las vías del ferrocarril forma parte del programa. Los galpones cerealeros, la sala de señoras y la oficina del inspector siempre están ahí en la estación, esperando la llegada del tren, momento del día de mayor agitación para el pueblo de Carboni. Antes, las vías pasaban por la puerta de la estancia, que fue el primer campo grande de Argentina dedicado exclusivamente a tambo. En sus 13.163 hectáreas originales, recibió al siglo XX con dos estaciones de tren tranqueras adentro, Carboni y Elvira. Las dos cremerías que instalaron los ingleses llegaron a trabajar 20 000 jarros de leche diarios, convirtiendo a los arrendatarios en hombres más ricos. La vivienda y la capilla se construyeron durante la segunda mitad del siglo XVIII, época de fortines y combates contra la indiada. Fueron sumándose matera, galpones, cochera de carruajes y casa de la peonada; hoy, el estilo colonial sólo perdura en un galpón, la cancha de pelota paleta y la capilla.

Casuarinas y eucaliptos conducen al casco principal, que emerge en medio de las pampas cual espejismo rosa y barroco. Isabel Duggan y Franklin Nüdemberg imaginan, restauran y construyen. Desde el techo, Baco y Neptuno disfrutan de una vista panorámica de las pampas. Ventanales enormes y paneles de vidrio abren los salones al bosque y la laguna. Estatuas, capiteles de palmas, camas con baldaquino y molduras dignas de un castillo europeo, contrastan en su exuberancia con lo infinito de la llanura. El efecto sorpresa de semejante arquitectura descoloca y divierte en estas geografías, pero no ha modificado la vida de campo en las 200 hectáreas actuales de Santa Rita. Paseos en sulky, cabalgatas, cerdos -los fiambres son caseros- y cría de animales transcurren sin sobresaltos ni excentricidades. Echarse al borde de la pileta y contemplar el horizonte liberador, y que la mente vague sin rumbo, hasta que el tren salga, el lunes a las 8 de la mañana.

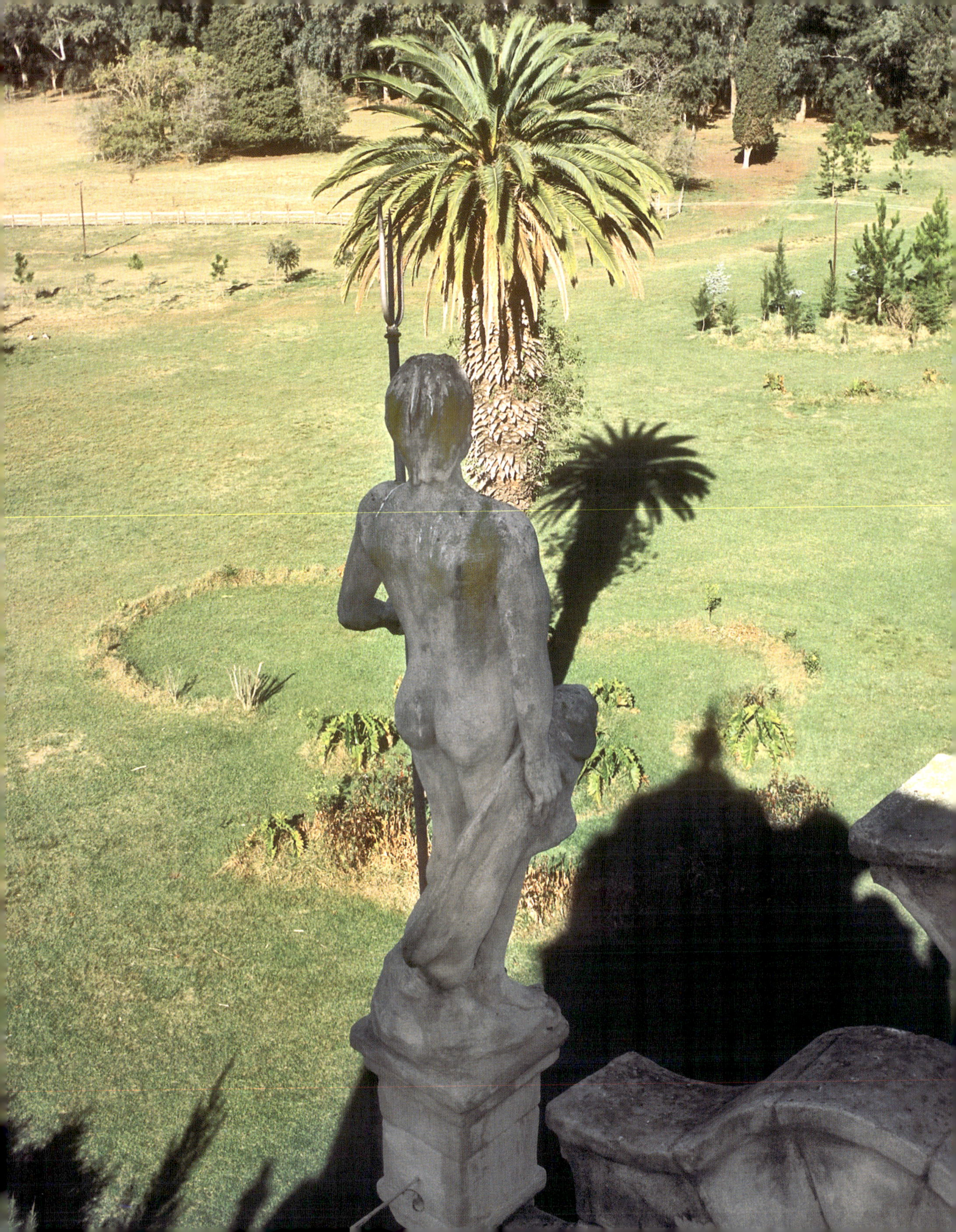

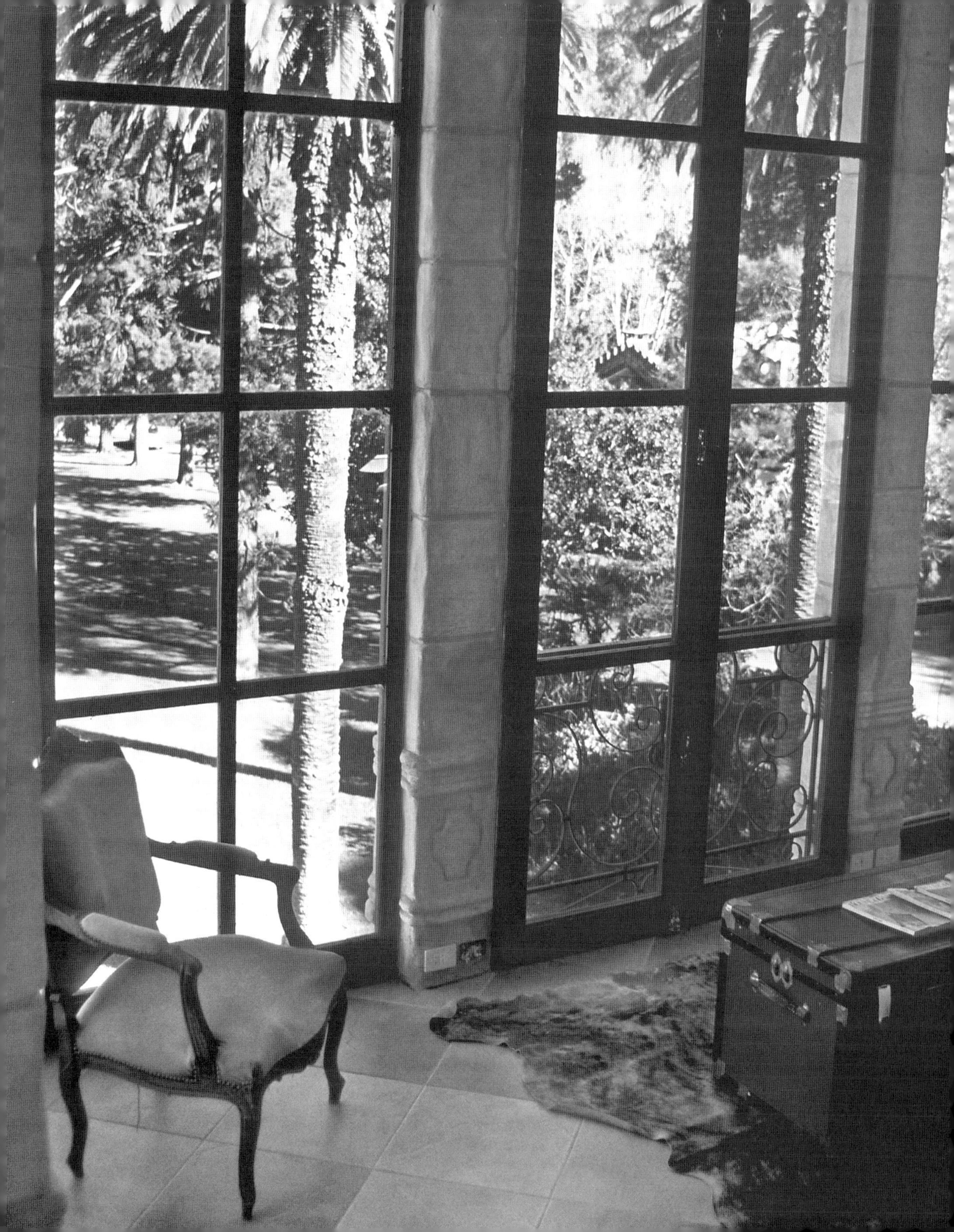

Estancia Santa Rita
Antonio Carboni
Partido de Lobos
48 04 63 41
www.santa-rita.com.ar

santa rita

SHORT TRIP

On a Friday afternoon, after departing from Constitución train station, when passing through Cañuelas one feels the trip has begun! The wild vegetation peeks in through the window. Three train wagons, with its passengers, survived many attempts to eradicate this railroad branch. Reaching *estancia* **Santa Rita** by train is part of the experience. Grain warehouses, the ladies lounge, and the inspector's office are forever waiting for the train's arrival, which speeds up the rhythm of Craboni. The railroad used to go through the middle off this farm, the first in Argentina to devote itself exclusively to the dairy business. Inside its original 13163 hectares, it had two train stations: Carboni and Elvira. In those days they produced 20000 milk barrels per day, which made the owners rich. The main house and the chapel were built on the eighteenth century, when battles against Indians were still an issue. Warehouses, *matera*, personnel quarters, and carriage houses were added to the original constructions. Today, the colonial style remains only in the Basque ball court, a warehouse, and in the chapel.

Casuarinas and eucalyptus guide the way into the main house, that appears in between the pampas, like a baroque, pink illusion. Isabel Duggan and Franklin Nüdemberg imagine, restore and build. High up, Baco and Neptuno enjoy a wonderful countryside view. Floor to ceiling windows open salons into the woods and the lagoon. Exuberant statues, canopy beds, and European-castle-style molds contrast with the infinite, simple landscape. In the 200 hectares of Santa Rita, the surprising architectonic style astonishes, but it has not modified the farm life-style. Carriage strolls, horseback rides, horse breeding, and pigs —the ham is home made— go along without shocks nor eccentricities. Contemplating the horizon, or relaxing in the pool are pleasures one can enjoy till Monday morning when the train heads back to BA.

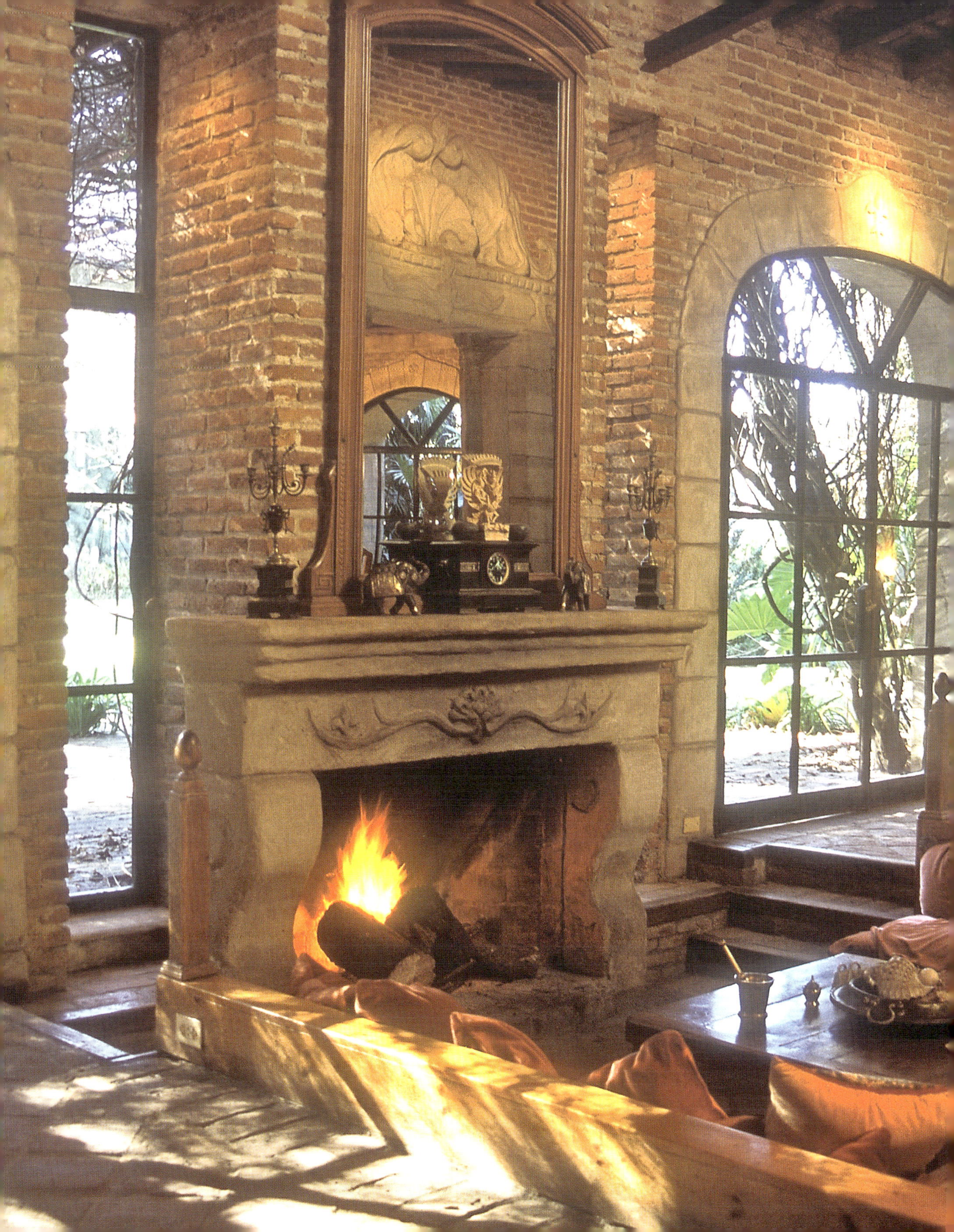

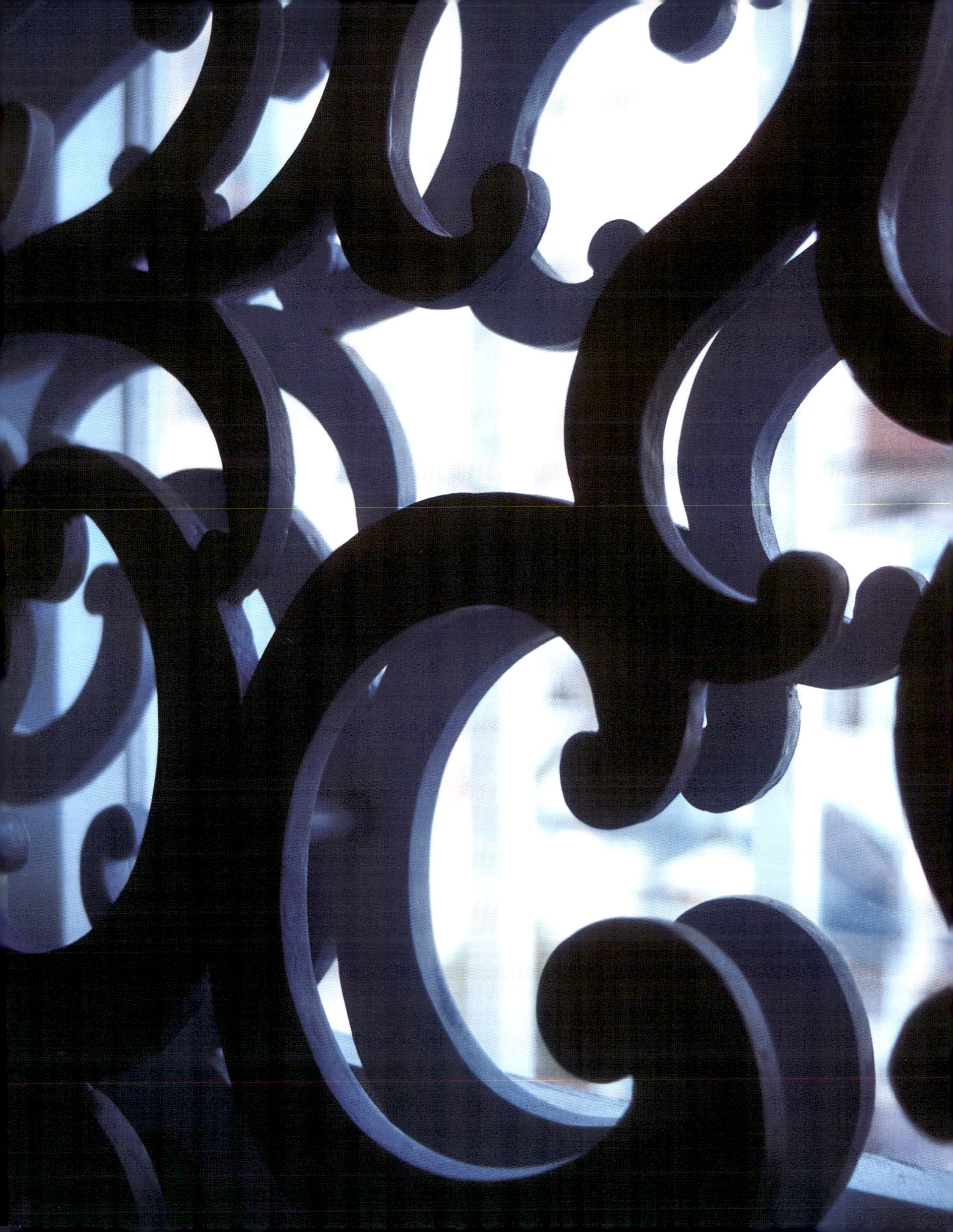

Braga Menéndez Arte Contemporáneo
Humboldt 1574
Palermo Hollywood
47 75 55 77
www.galeriabm.com

braga menéndez

CAPRICHO

La puerta es muy grande, muy blanca; entrar en una galería de arte suele intimidar... Sin embargo, en el caso de **Braga Menéndez Arte Contemporáneo**, el hábito se va convirtiendo en sencillo y placentero, más de lo que un neófito podría esperar. Tal vez sea por la innegable y omnipresente vocación pedagógica de Florencia, o tal vez radique en la fuerte identidad que caracteriza sus proyectos curatoriales y su línea artística. Lo cierto es que en esta caja blanca hay creatividad asegurada; y cualquier sábado de 2 a 8 pm, la visita se convierte en una invitación a conocer más de cerca el universo de artistas, curadores, críticos y coleccionistas. Las tertulias que los congregan son en la trastienda y frente a una taza de té. Anécdotas de la semana y chimentos del ambiente se mezclan sin prejuicios con teoría del arte y filosofía. Lugar de encuentro, día de ofertas pre-inauguración, todo parece pasar por este primer piso colmado de obras, gritos y colores.

Al núcleo estable de 30 artistas -que incluye al fotógrafo Mariano Galperín- se le suman invitados internacionales. Llevan a cabo proyectos colectivos o individuales. Conciertos, charlas, debates y cursos forman parte de las actividades de la galería, que va adquiriendo características de institución, aunque muy atenta a no perder ni la independencia, ni la capacidad de reflexión. Las *vernissages* convocan a una interesante fauna porteña a veces culta y siempre fashion; a falta de medios especializados que anuncien estos eventos, hay que actualizarse a través de las páginas *web*, o bien inscribiéndose en la misma galería.

Una impagable facilidad para encontrar dónde estacionar; veredas anchas y tranquilas, y muchos restaurantes, convierten a la calle Humboldt de Palermo Hollywood en un excelente programa para los *flâneurs* de sábado a la tarde. Una ventaja indiscutible para una galería de arte, que se incluye naturalmente en un paseo relajado y placentero. ¡Que la intensidad del color y el erotismo de las formas sacudan el sopor de la siesta! La energía nace de una pasión-dedicación-obsesión por el trabajo, que ha llevado a Florencia a implementar un servicio de fin de semana: El 24hs. Llamando al celular 15 41 74 82 30, la mismísima fija un horario, y atiende urgencias artísticas de amigos o coleccionistas extranjeros de paso por Buenos Aires.

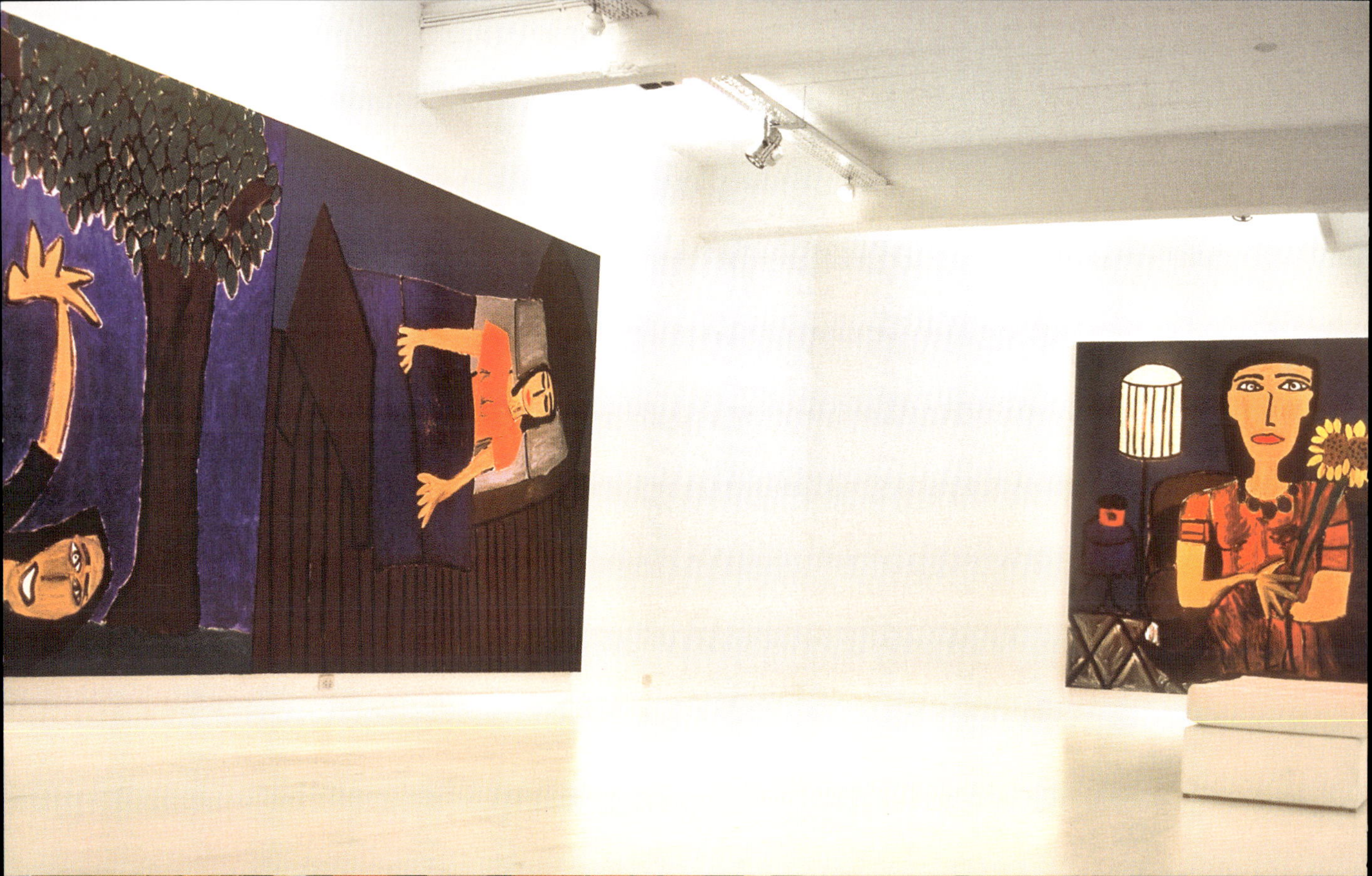
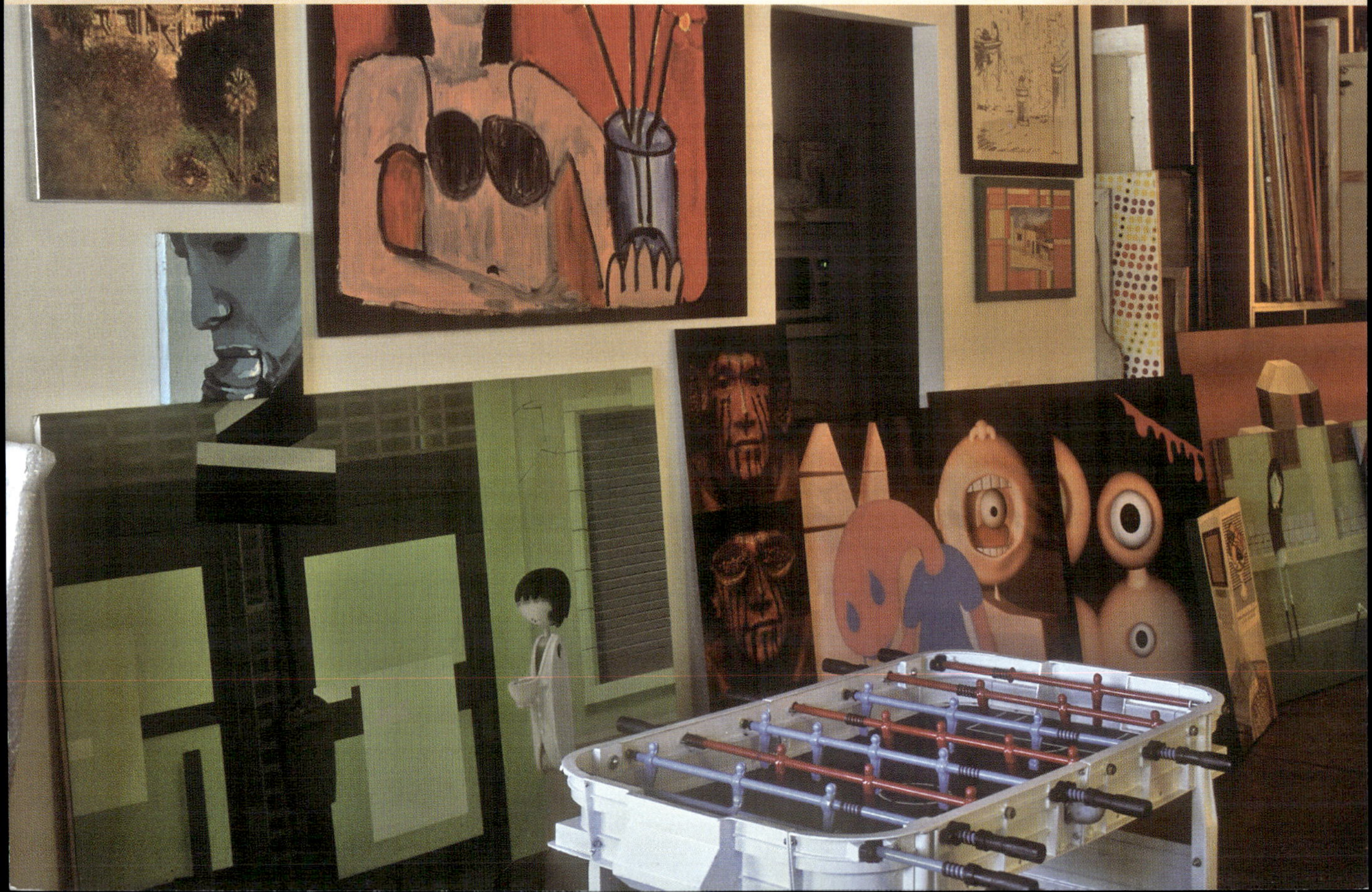

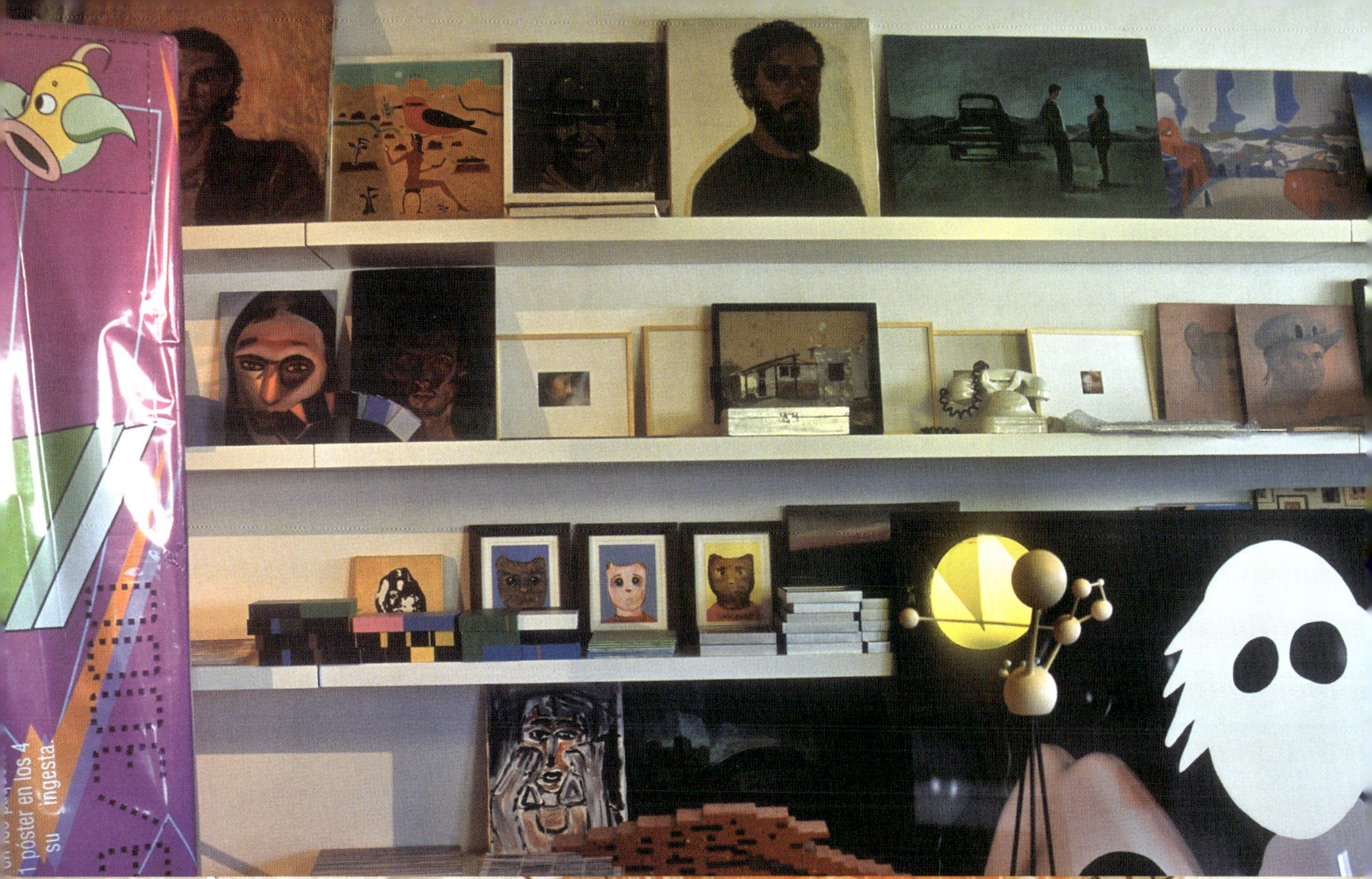
1 póster en los 4
su ingesta.

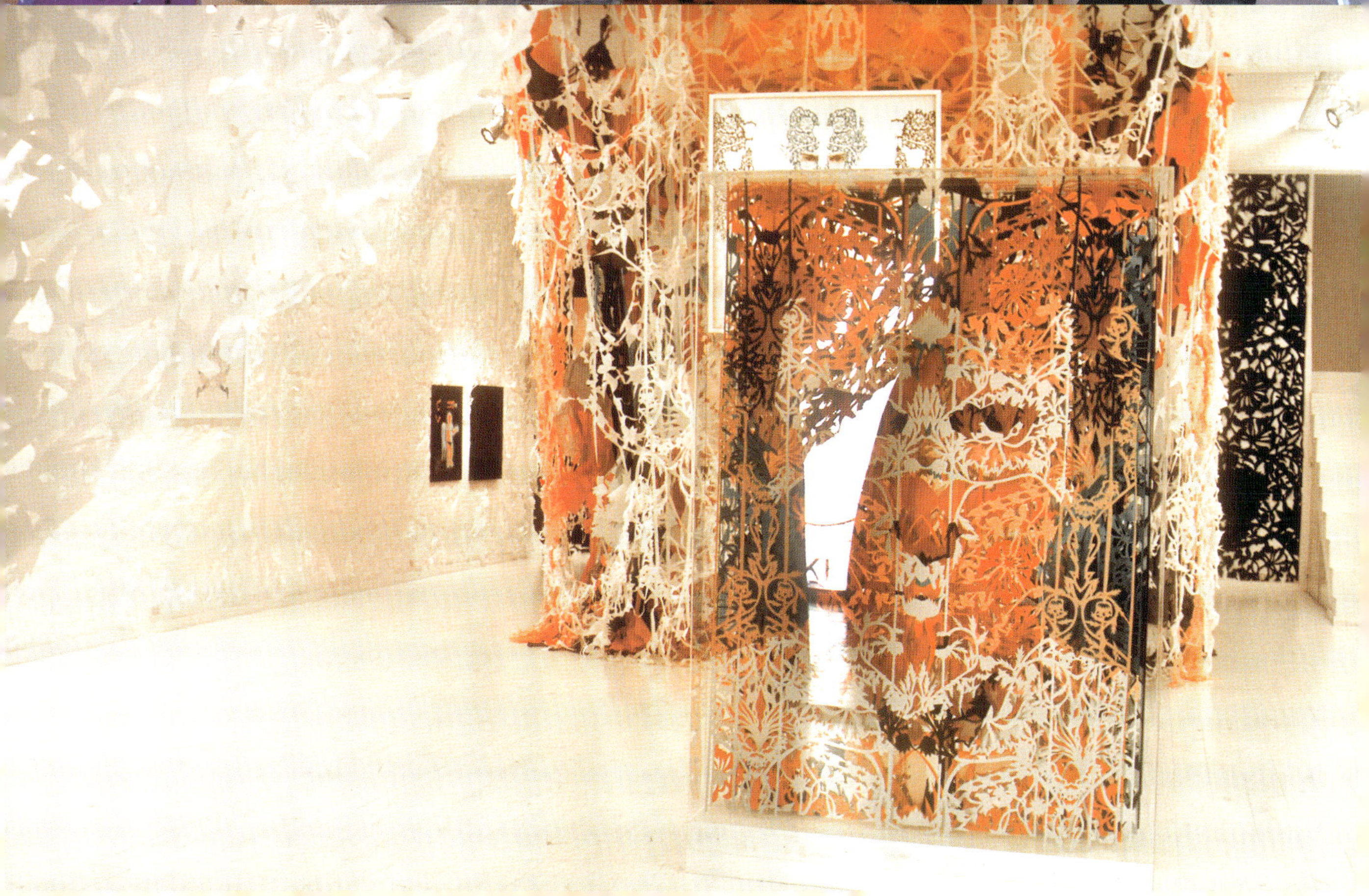

Braga Menéndez Arte Contemporáneo
Humboldt 1574
Palermo Hollywood
47 75 55 77
www.galeriabm.com

braga menéndez

DELIGHT

The enormous door is pristine white. And, on top of that, entering an art gallery is usually intimidating. But it's good to know that at **Braga Menéndez Arte Contemporáneo**, the experience will become simple and pleasant, more than even a neophyte might expect. Probably because of this art dealer's undeniable and omnipresent pedagogical vocation or perhaps because of the particular identity of her curatorial project and her artistic line. The truth is that this white cage assures intense, creative exhibits. On Saturdays, from 2 p.m. to 8 p.m., the visit might become an impromptu gathering to get a keen insight on the universe of artists, curators, critics, and collectors. These get-togethers usually take place in the backroom over a cup of tea. Stories of the week and the never-ending gossip of the art world mix —without prejudice— with art theory and philosophy. Meeting place for artists, pre-sale day, it all seems to happen in this colorful, buzzing, art-cramped first floor.

Occasionally, the stable group of thirty artists —which includes the work of Mariano Galperín— has the addition of some international guests. Braga Menéndez permanently organizes collective and individual shows as well as courses, debates, and concerts that give this gallery an institutional air but without losing its independence and strong sense of self-awareness. Vernissages convoke an interesting fauna of *porteños*, in between intellectual and chichi. The lack of a specialized media that announces this type of events compels beginners to search in web pages or subscribe to the gallery's mailing list.

A priceless ease to find parking spaces, wide and tranquil sidewalks, and numerous restaurants make a stroll along Humboldt St, in Palermo Hollywood, an excellent plan for Saturday afternoon *flâneurs*. And also, an unquestionable advantage for an art gallery, it becomes a must-see spot of a hip hangout. Let the intense colors and the erotic shapes shake up the siesta rhythm! The energy that vibrates in this venue stems from the passion, dedication, and obsession for work that has led Florencia to implement a weekend service. Available twenty-four hours, she receives calls on her mobile 15 4174-8230 setting appointments to help friends with last-minute needs or foreign collectors with limited time.

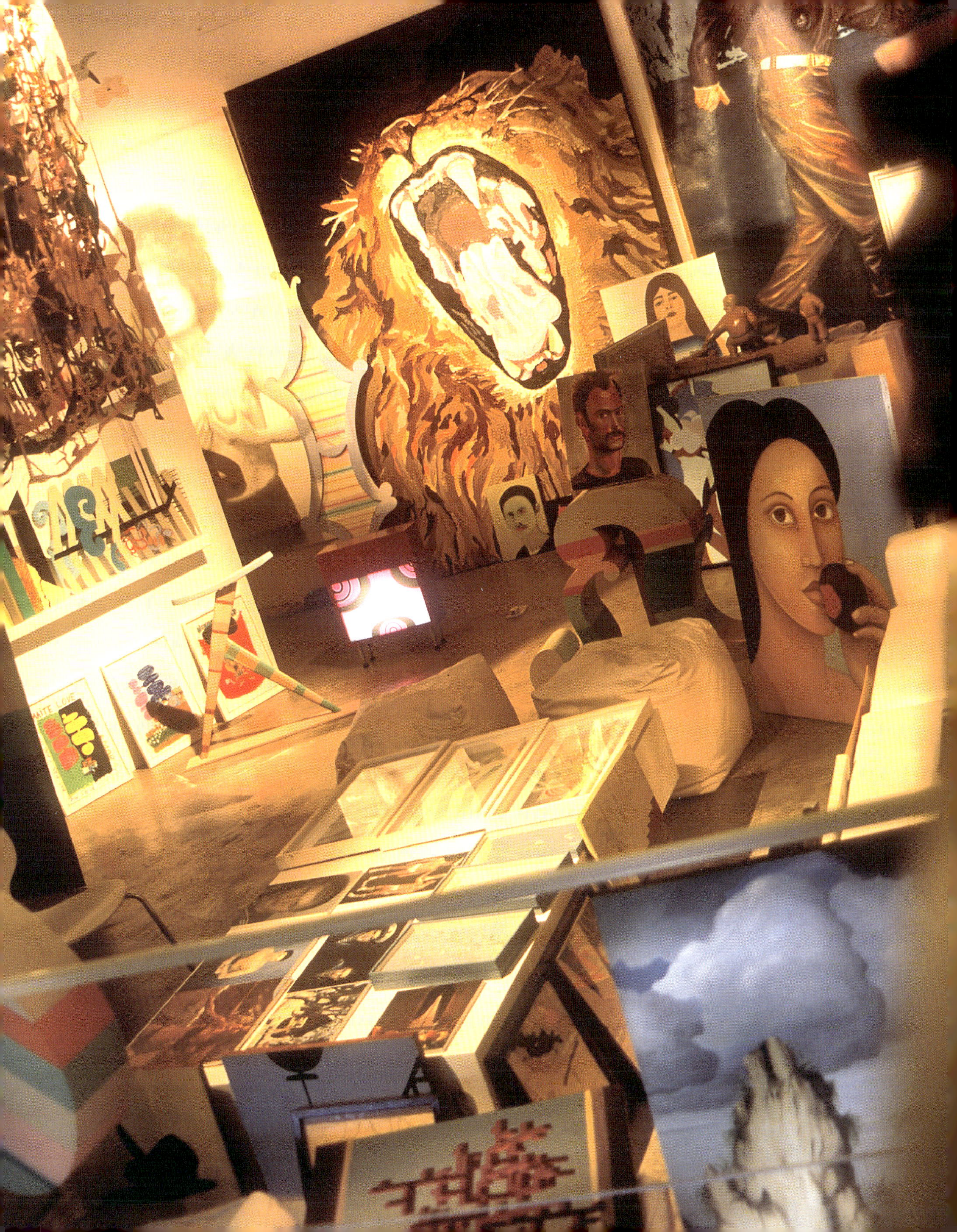

LA VUELTA
LA POSADA DEL FARO
HOTEL
Antonio Diaz
PROPIEDADES
PARADISO

Club de Mar
(598) 486 2172
www.gustavomachadopropiedades.com.uy

El Tercer Ojo
(598) 486 2411

La Huella
(598) 486 2279

josé ignacio

VIAJE

En un punto preciso bajo los trópicos, de Capricornio o de Cáncer, **José Ignacio** es el balneario más *in* de la costa. Es una punta de piedra de un kilómetro que entra al mar ¿De qué país? ¿De qué provincia? Lo mismo da. Alcanza con que sea justo al borde del mar, no importa cual. En José Ignacio exactamente es donde hay que estar. Y para que el slogan "aquí sólo corre el viento" se haga realidad, nada mejor que *squatear* una propiedad ajena fuera de temporada: alquiler de fin de semana en el **Club del Mar**. Con el pueblo casi vacío, nadie impide sentirse amo y señor de sus costas y horizontes, y de las mansiones nuevas. Y comer sin reservas ni esperas en **La Huella** y en **El Tercer Ojo**, que abren todo el año. A las históricas y famosas *omelettes* de algas marinas, se le han ido sumando varias ofertas gastronómicas interesantes.

Repitiendo la exitosa fórmula geográfica de Punta del Este, en José Ignacio se formaron dos bahías naturales; así perdura la vieja costumbre de aprovechar la playa brava cuando no hay viento, y migrar a la mansa a ver la puesta del sol. Su elevación natural permite que el faro, las rocas y el mar siempre aparezcan como imagen de fondo. Los habitantes estables, que no llegan al centenar, ven la arena poblarse de apacibles paradores de madera y restaurantes refinados. Las barcas y los quinchos siguen en la orilla; distintos, porque mirados con cierto misticismo. Los europeos que se aventuran hasta estas latitudes sienten haber encontrado el paraíso en la tierra; ¡hasta el cambio de moneda los favorece! Ni se venden postales, ni hay cómo enviarlas. Con cierta ingenuidad se puede esperar que el secreto perdure.

Los adeptos argentinos fueron sumándose casi de a uno: escapar de la *petite* Miami en que se convirtió Punta del Este fue el origen del éxodo. La cultura de la neo-bohemia huye de los enclaves turísticos demasiado regulados y con infraestructura *ad hoc*. El *jet set* vernáculo -*anche* internacional- buscó horizontes más nuevos a tan sólo 30 kilómetros. Distancia suficiente para acallar el ruido y reencontrarse con algo de paz y tranquilidad. Poner cierta distancia está en boga en los tiempos que corren, y en este caso se materializa en el abrupto cambio del asfalto a un ripio fino y parejo a la entrada al pueblo. Hay una tendencia a preservar la fisonomía, con discusiones que se agitan cada inicio de temporada. ¿Concesiones en las playas? ¿Espacios para publicidad? Por ahora la invasión llega hasta el asfalto, ¡ojalá que esto dure para siempre!

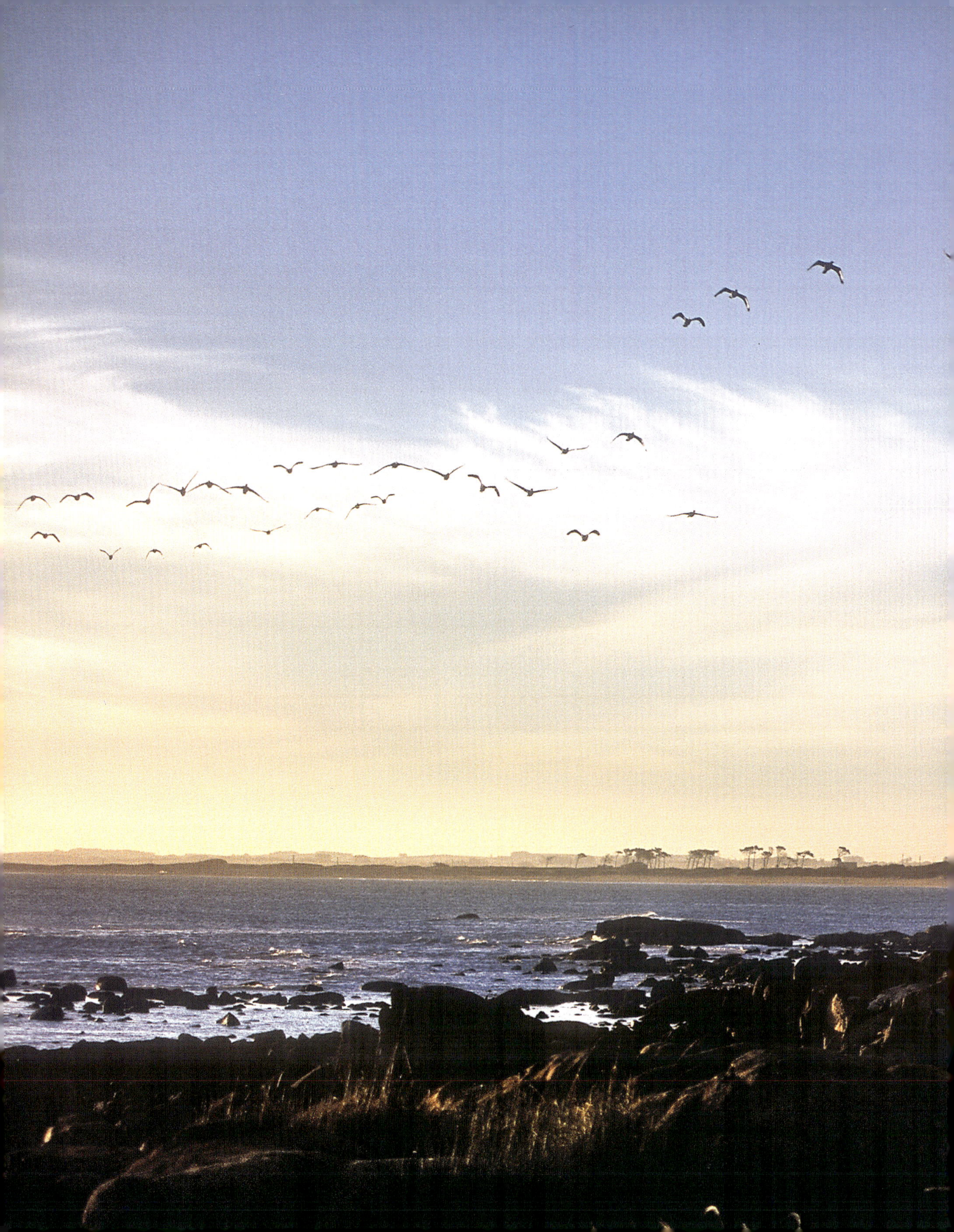

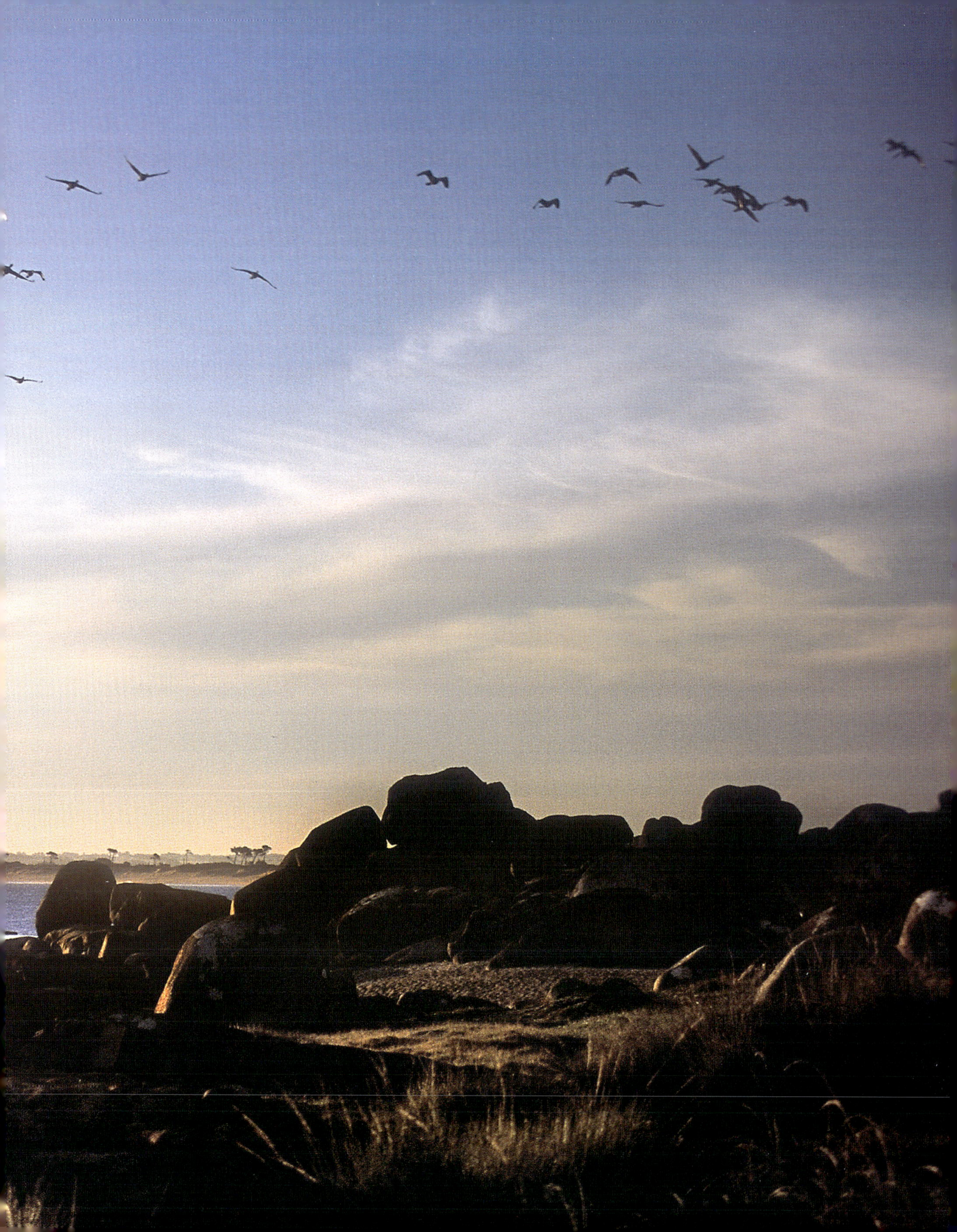

En El Tercer Ojo se puede comer pollo orgánico, pescados y pastas, en un ambiente simple y rústico. Mariana, porteña disidente y bohemia, abre siempre, aún durante los inviernos más desolados.

In the simple ambiance of the Tercer Ojo one can enjoy organic chicken, fish, lamb and pastas. With her boho style, Mariana, who migrated from BA, opens all year round. Even on the coolest winter.

El Club de Mar cuenta con canchas de tenis, pileta y una playa con más privacidad. Es posible alquilar sus casas, a través de Gustavo Machado, por unos días o un fin de semana aún fuera de temporada.

Club de Mar has amenities such as: tennis courts, pool, and a more private beach. It is possible to rent its houses just for a few days or during the weekend, even during the low season.

Club de Mar
(598) 486 2172
www.gustavomachadopropiedades.com.uy

El Tercer Ojo
(598) 486 2411

La Huella
(598) 486 2279

josé ignacio

SHORT TRIP

In a precise point under the tropics of Cancer and Capricorn, **José Ignacio** is the top beach destination. One kilometer of rocks that penetrates the sea. In what country? In what state? That is not the question. What counts is that it is on the sea, no matter which. José Ignacio is exactly where one has to be. And so that their slogan: "Only wind blows here" comes true, nothing better than to let a property in the low season. During weekends one can rent a house at **Club de Mar**. In a practically empty town, one feels lord and owner of the coasts, horizons, and new mansions. Eating —with no delays— at **La Huella** or **El Tercer Ojo**, open on weekends throughout the year, is a tempting offer. The historical and famous local seaweed omelettes have received the addition of new and exciting culinary proposals.

Repeating the successful geographic formula of Punta del Este, José Ignacio has two natural bays. And so the old habit of enjoying the Brava beach when there is no wind and migrating to the Mansa for the sunset, can last forever. Its natural elevation allows the lighthouse, the rocks, and the sea to appear as background scenery. The permanent inhabitants —probably fewer than one hundred— watch how tranquil wooden *kioscos* and chic restaurants are built over the sand. The fishing boats that remain on the shore acquire a new mystical look. Europeans that dare come to this coast feel they have found paradise on earth. Even money exchange favors them! No postcards are sold and there is nowhere to send them from... The secret might last.

The Argentine fans grow one by one. Escaping Punta del Este —which has turned into a petite Miami— was the origin of their migration. The new boho-chic culture breaks away from the overly regulated tourist spots and into more peaceful lands. The vernacular jet set —and even the international— looked for new horizons only 30 kilometers away; distant enough to lower the noise and offer a soothing atmosphere. Responding to the tendency of spending summers in remote places, the asphalt becomes fine soil when entering the small town. There are a few who want to preserve the physiognomy of the place and before the high season starts, there are many discussions on this issue. Beach concessions; public spaces for advertising... So far the summer invasion is tolerable. There is hope it will continue that way.

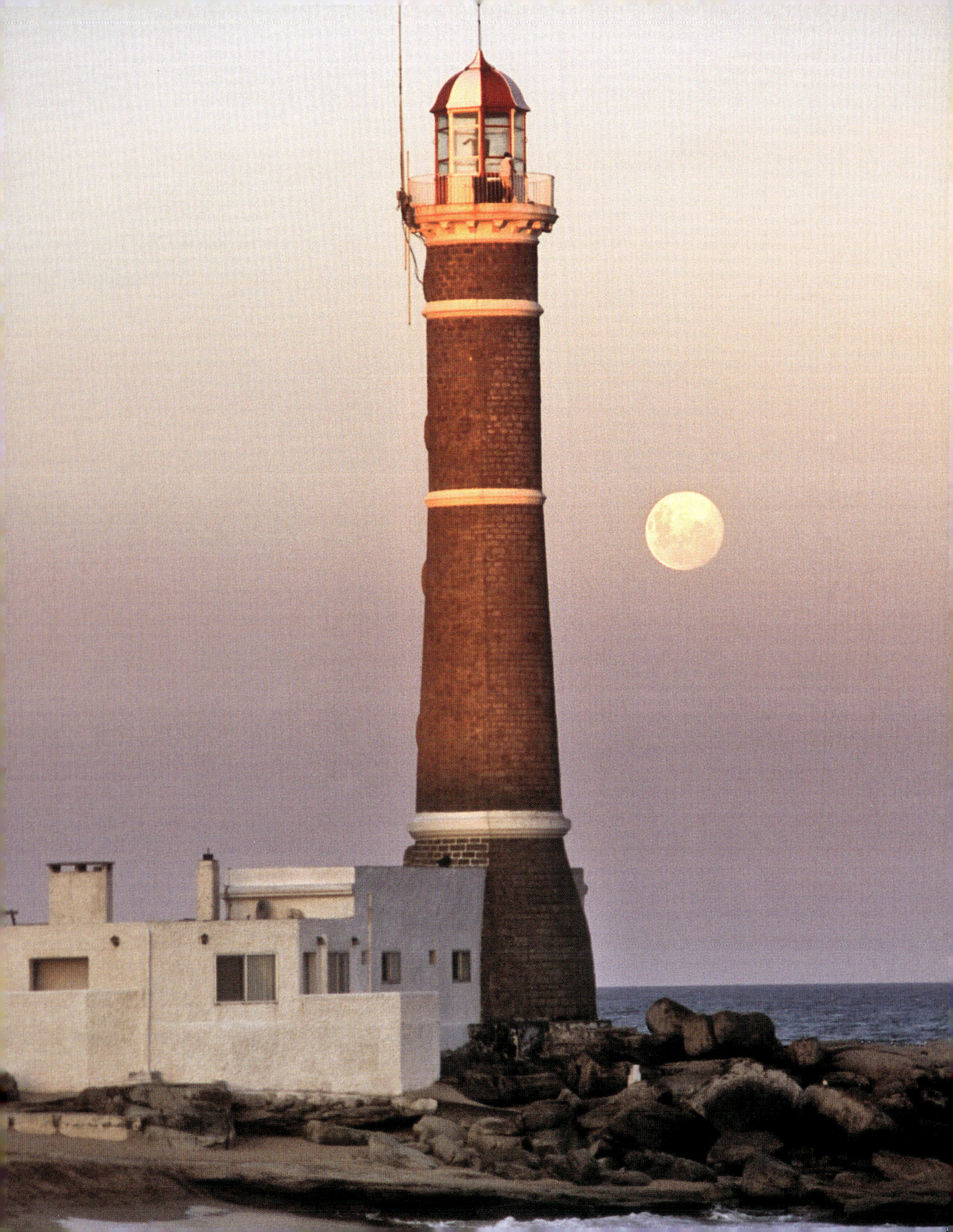

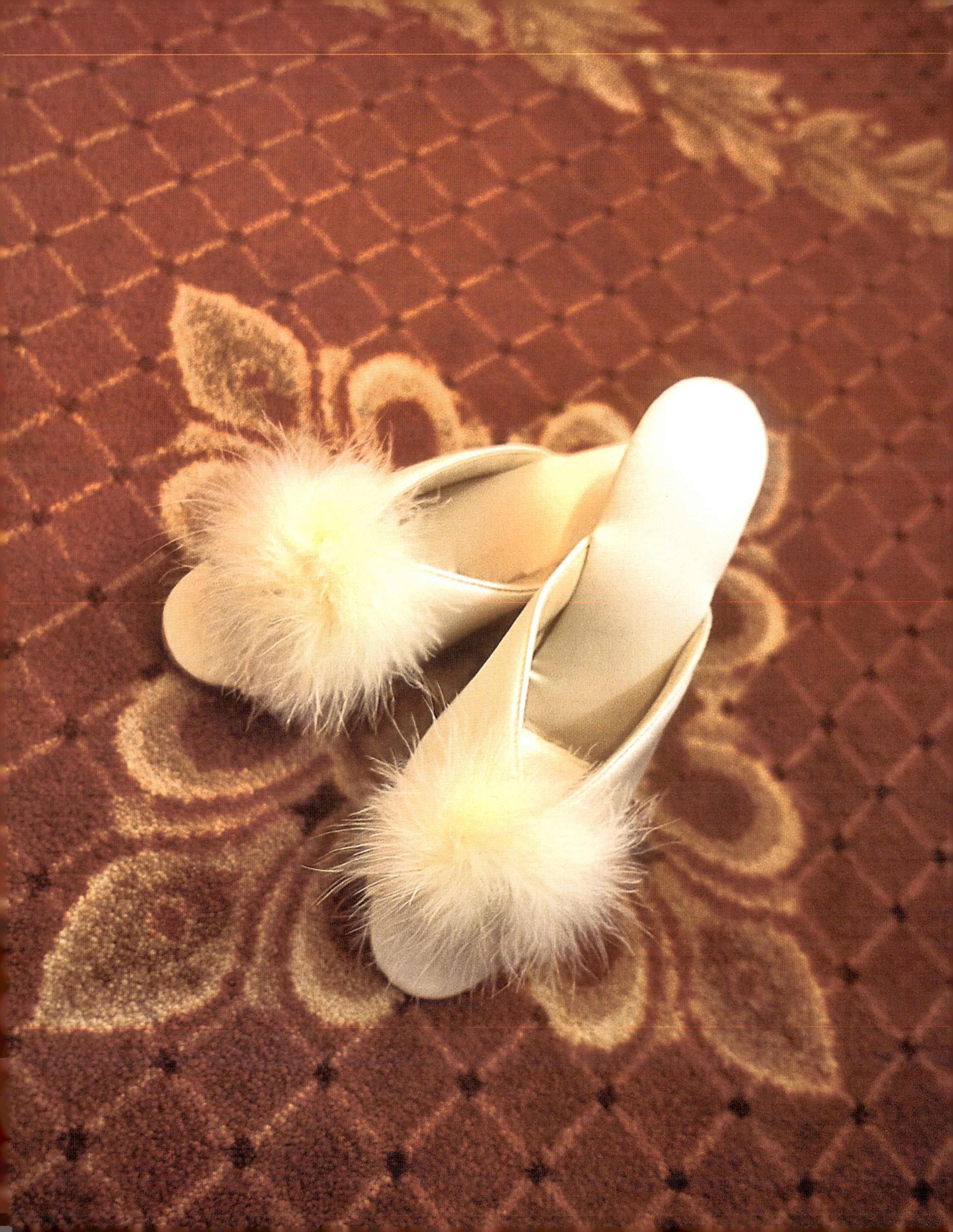

Galería Promenade Alvear
Av. Alvear 1883
Recoleta

promenade
CAPRICHO

Un paladar entrenado podría descifrar los *blends* y los toques sutiles que componen cada taza de té de Tealosophy. Pero basta con tener cierta disponibilidad de espíritu para que las sensaciones y los recuerdos se abran paso entre aromas y sabores, y percibir, sobre la grandilocuente alfombra roja y dorada de la **Galería Promenade Alvear**, cómo flota esa atmósfera aterciopelada de siempre, suspendida en el tiempo. Tal vez la sostengan las enormes columnas, tal vez cuelgue desde la doble altura junto a las lámparas de cristal. O simplemente anide en la memoria de los porteños.

No se percibe en el primer tramo de vidrieras opulentas y vista al lobby del Alvear Palace Hotel. Es tras el primer codo cuando el encanto decadente de la galería se presenta en toda su extensión. El barcito brinda la comodidad necesaria para observar, mientras un *scone* con dulce artesanal se deshace en la boca. De un lado, los prolijos jardines franceses del pulmón de manzana; del otro, una mixtura compleja y divertida. La tienda de tapices se oculta al fondo a la derecha. Revitalizada por la nueva tendencia -tener un hobby-, la compra incluye la lección para quienes desconocen los secretos del *petit point* y el punto cruz. Sobre un estante de acrílico transparente, las inefables pantuflas con pompón de plumas y taco chino, que nunca han faltado en esta galería, podrán desprenderse de prejuicios y desplegar todo su glamour. Vintage B.A. recibe visitas de modernos mientras el platero Pallarols sorprende al turista. Anticuarios y tacos de polo terminan de conformar, junto a otros inclasificables, este fenómeno en que se ha convertido la vieja Galería.

Curioso remanso donde algo indescifrable perdura intacto y permite, a quienes pasaron los cuarenta, volver a aquel tiempo encerrado en el sabor de un té con masas o en la propia memoria… L'Enfant Gâté y el vestido de punto smock, la salida elegante o las clases de taekwon-do de Kumasawa. Mientras tanto y como siempre, vienen y van personajes que merecen, desde todo punto de vista y sin discusión, atención y análisis. Mirar con curiosidad y dejarse sorprender, de eso se trata. El fluir calmado de caminantes depara, con una frecuencia que nunca defrauda, *looks* desopilantes, personajes de antología y varios casos que disparan la imaginación, y conducen a las mentes más despiertas hacia planteos filosóficos profundos.

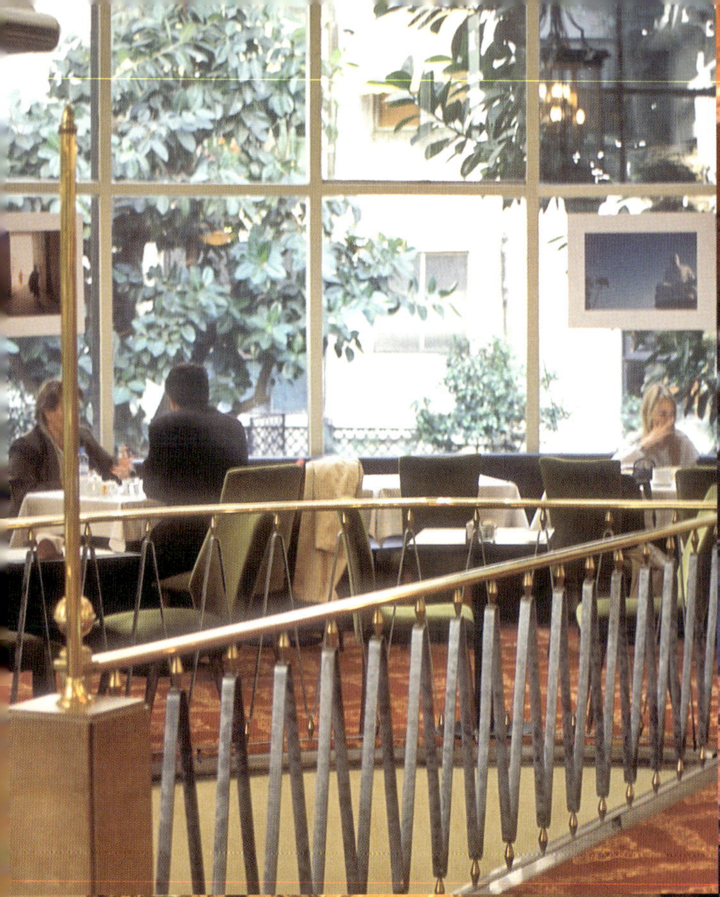
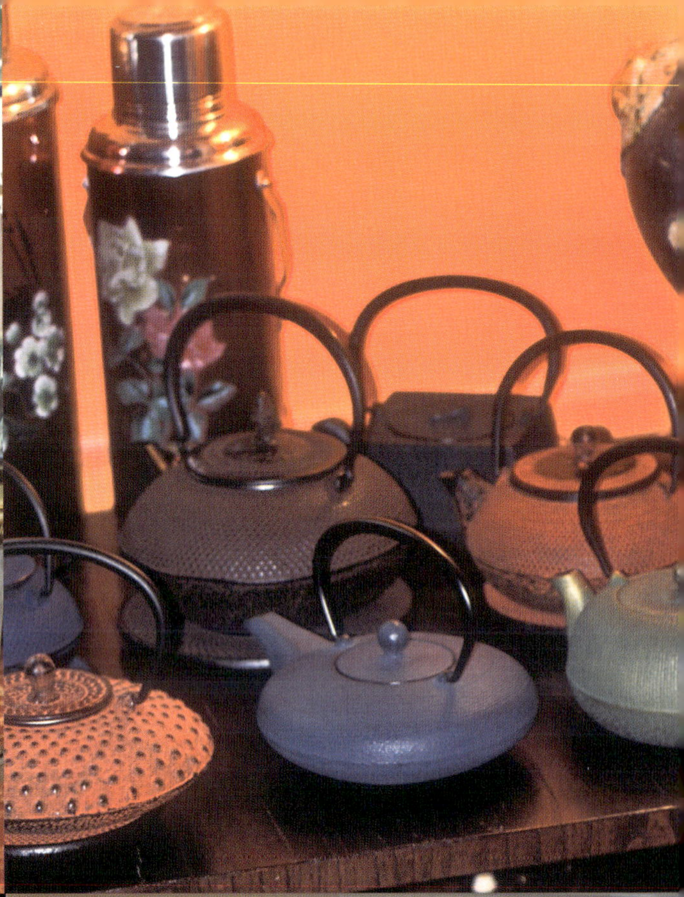
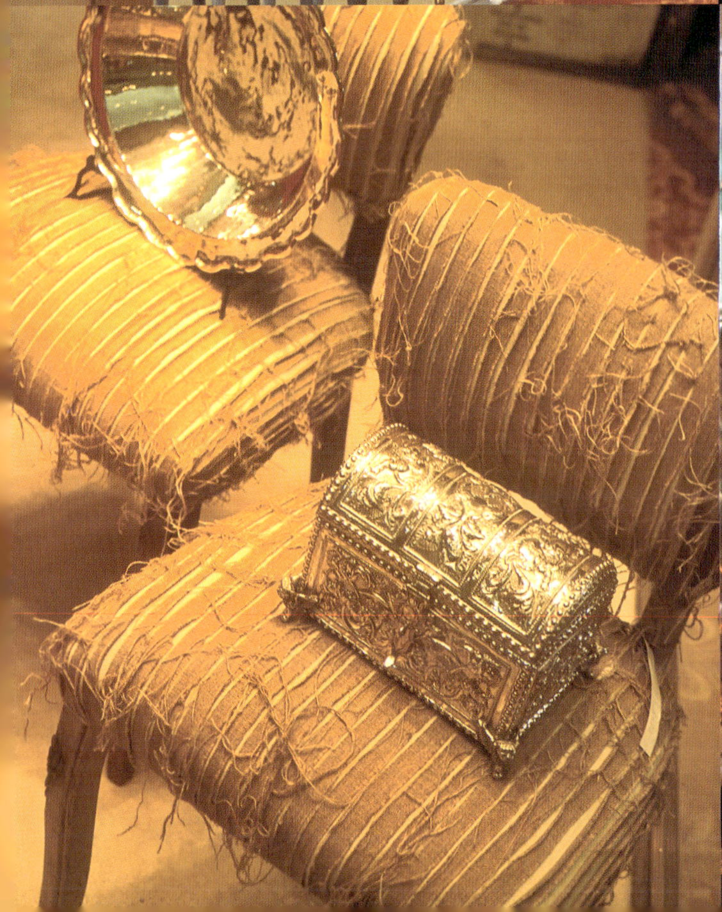
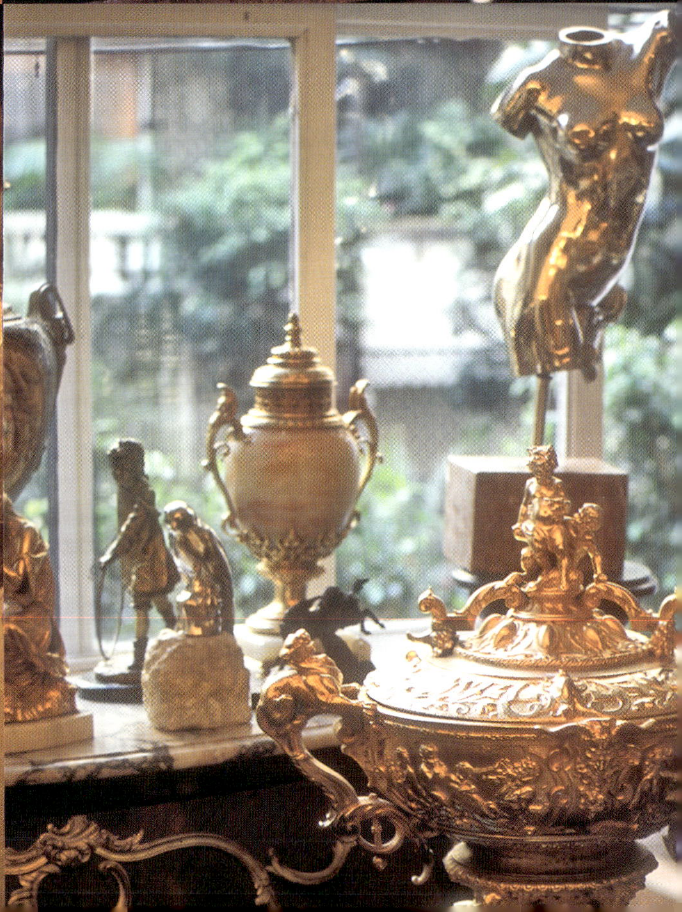

HORA del Té

Patisserie con hebra
Scons con dulces caser
Sandwiches Gourm

Todos los exclusivos te
en hebras
Tealosophy
by Inés B

Galería Promenade Alvear
Av. Alvear 1883
Recoleta

promenade
DELIGHT

A savvy palate might perceive the blends and subtleties that go into each cup of tea at Tealosophy. But intelligent eyes and an open mind are all one needs for sensations and memories to spring up along with aromas and flavors. Suspended in time and space, the old-velvet atmosphere reappears on top of the grand gold and red carpet of **Galería Promenade Alvear**. Perhaps it is sustained by the vast columns or hung at the double height ceilings from the crystal chandeliers. Or just in the memories of *porteños*. This unapologetic full-on decadence is not palpable in the first fragment. It is past the first bend where the enchantment and sculptural dimensions show themselves fully.

Once in the café, a scone with homemade marmalade is all that's needed to get comfy. On one side, the view of the tidy inner French gardens and on the other, an eclectic yet entertaining mix. The tapestry store is hidden at the back to the right. Revitalized by the stylish trend of having a hobby, this shopping decision includes a lesson for those who are not familiar with the secrets of the *petit point* and the cross stitch. Nearby, on an acrylic shelf, pompon slippers —that have been forever sold at the Gallery— escape prejudice and confirm their glamour. Vintage B.A. attracts a modern clientele while silversmith Pallarols surprises tourists. Do not feel intimidated by the, at times, overly formal window at Nomykos, it often hides unique treasures for the experienced shopper. Antiquaries and polo mallets among other unclassifiable objects complete the scenery at this old gallery that has become an urban cool spot!

For inhabitants over 40, the Promenade has turned out to be the perfect memory-recovery venue. Something in the air remains untouched. L´Enfant Gâté and beehive-stitched dresses, the elegant promenades, or Kumasawa´s taekwon-do lessons… reminiscences of the past. Meanwhile, and as always, people-watching warrants attention and analysis. Curious observation will surprise! The calm stream of walkers steadily reveals extravagant looks, memorable characters, and specimens that awaken the imagination and lead the sharper minded to develop exotic philosophical theories.

UNA
LOS VINOS
por Copa
ESMERALDA
Cabernet
Chardonnay
Saint Felicien
Malbec
Chardonnay
PROMENADE ALVEAR

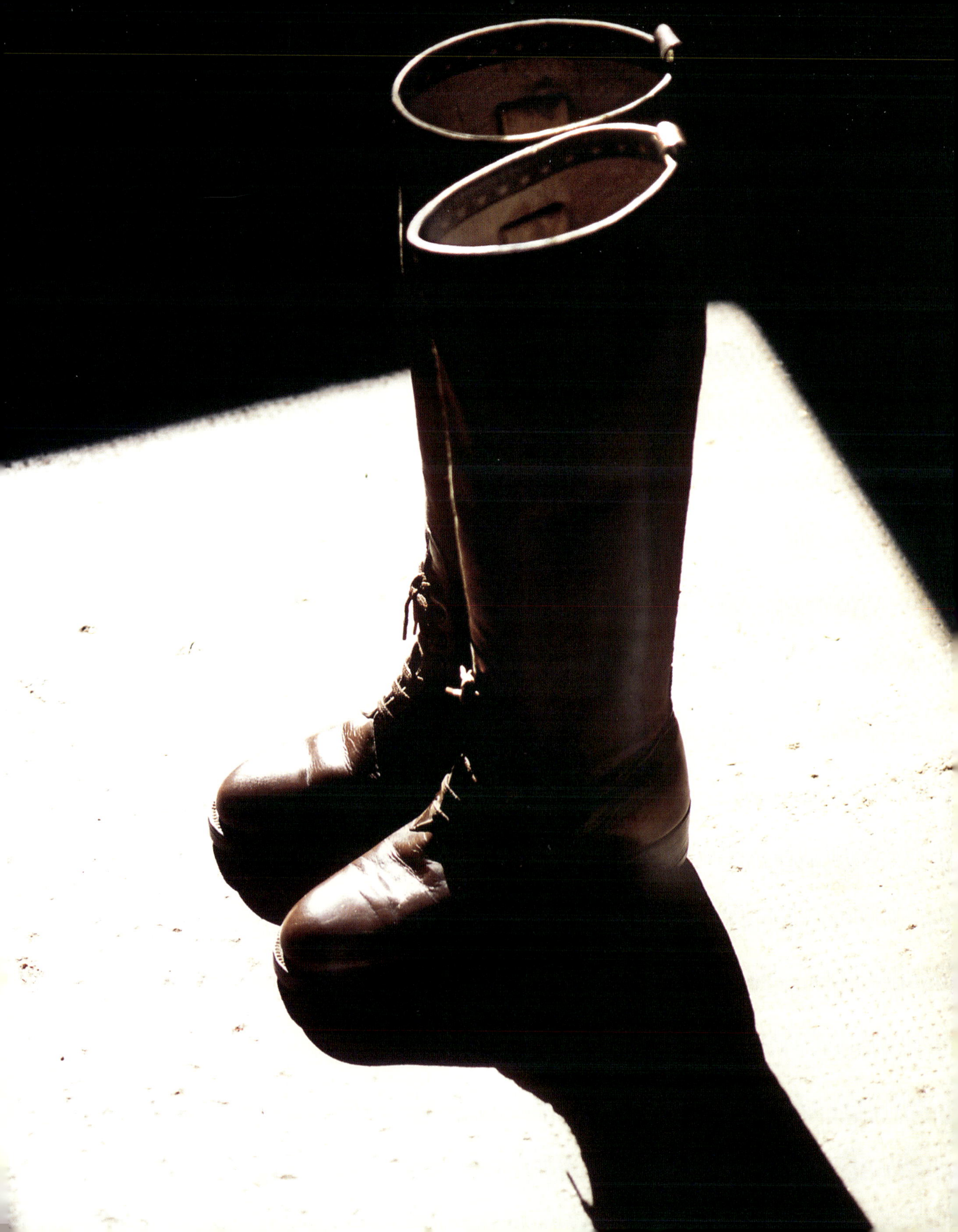

Fagliano
Tambo Nuevo 1449
Hurlingham
46 65 01 28
www.fagliano.com.ar

fagliano
CAPRICHO

Que la sofisticada clientela: los príncipes de Inglaterra, el Rey Juan Carlos de España o el Maharajá de Jaipur, no genere ilusiones vanas. La puerta de la sencilla casona de fin de siglo XIX, justo frente a la estación de tren Rubén Darío en Hurlingham, deja bien claro que lo lujoso de la tienda no radica en su decoración. El cuero tapiza las mesas, el pasillo y los rincones, y perfuma un aire que parece llegar directo desde 1892, inmutable. A 25 kilómetros del Obelisco, las botas de mayor fama en América -y tal vez en el mundo entero- son fabricadas en el taller de los **Fagliano**.

Humildad y dedicación como legado familiar, y un mate que nunca falta. El abuelo Pedro vino desde el Norte de Génova, y sus "botas de quinta" empezaron a venderse en varias zapaterías de Buenos Aires. En 1929, la fidelidad de algunos clientes los convirtió en los primeros habitués; en la calle Tambo Nuevo 1449 los modelos se hacían a medida. Por aquel entonces, el estrellato era compartido por los zapatos, los botines *jophurs*, las botas de cacería y las *western*. Las criollas -con contrafuerte bajo y caña blanda- también tenían sus *fans*. Pero quienes divulgaron el secreto de este taller fueron los polistas. Cuando el polo de estancia se mudó a la ciudad, los Fagliano se encargaron de realizar la primera copia de un par de botas de polo traídas de Inglaterra. Hoy, todo jugador local o extranjero, cualquiera sea su *handicap*, debe calzar estas botas, que valen desde 650 dólares en adelante. Los más osados permiten a Eduardo -el menor de la dinastía- desplegar coloridas iniciales y distintivos de equipo.

Cueros de vaca, de caballo, de búfalo o de chancho; rarezas como avestruz africana curtida en Italia, o cocodrilo importado por la Casa Anchorena. Cada tanto, un cliente cazador provee la materia prima para estos artesanos de estirpe. El curtido se hace al estilo vegetal, cromo o mixto; y las hormas mil veces usadas que tapizan las paredes, las máquinas y las herramientas gastadas participan de un proceso meticuloso y creativo. Ajeno a su propia fama y a la de sus parroquianos, este taller de manos curtidas y orgullosa tradición familiar tiene en el desorden su único rey. Como los definió el *playboy* Porfirio Rubirosa: "Las carpetas de los Fagliano, un fichero donde estampan sus plantas los habitués, son algo así como el Teatro Chino de Hollywood: ningún pie más o menos famoso ha dejado de figurar impreso".

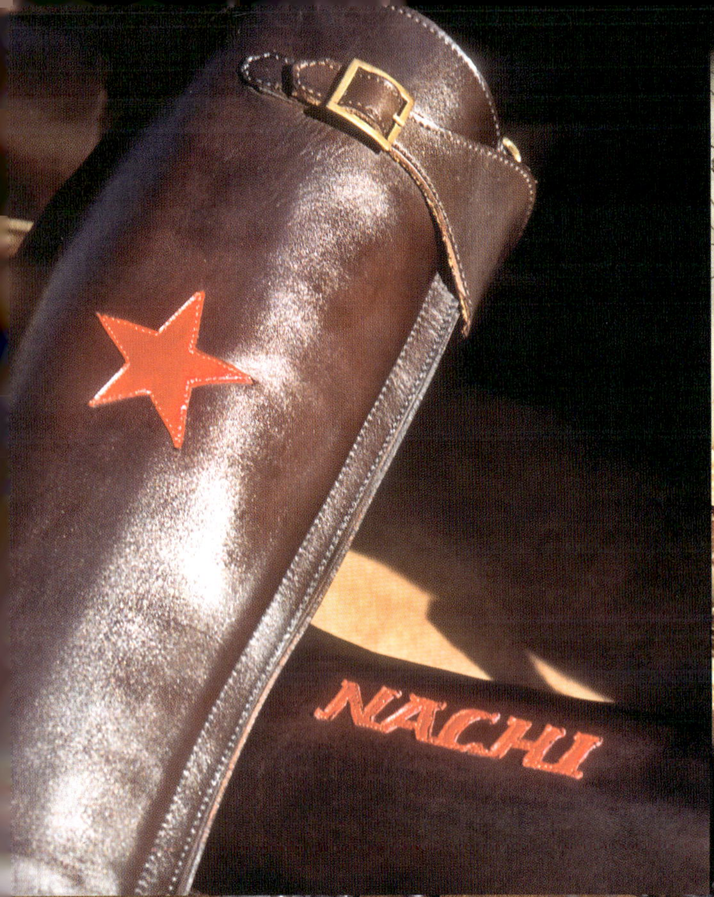
NACHI

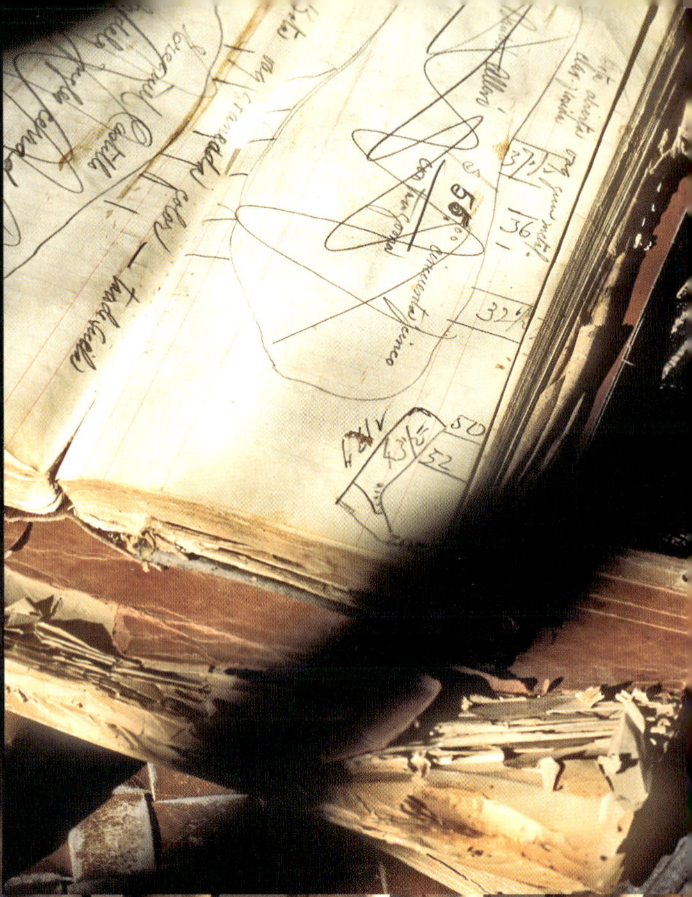

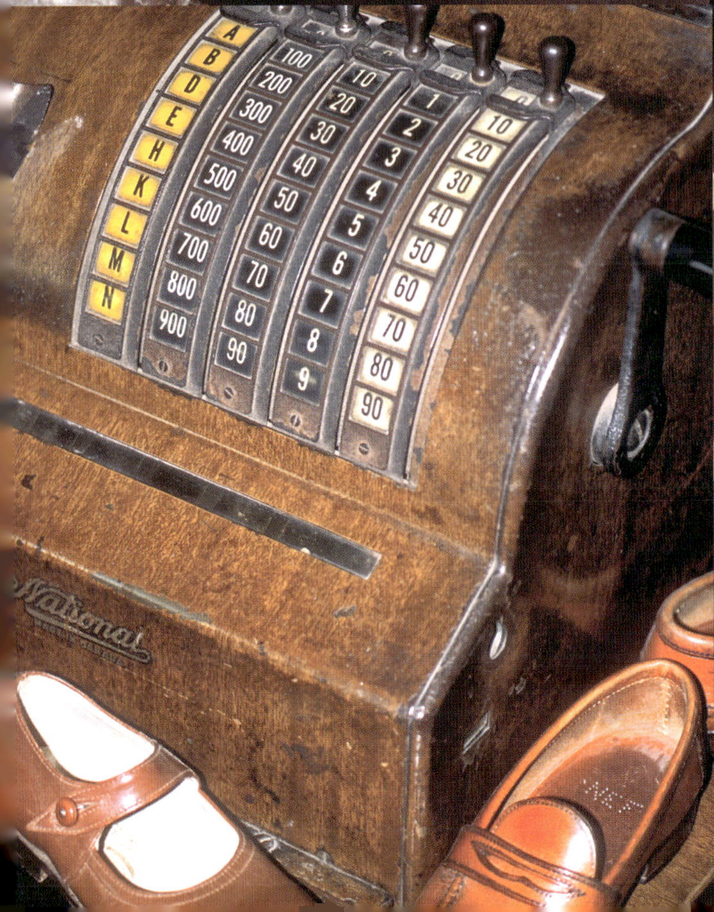
National

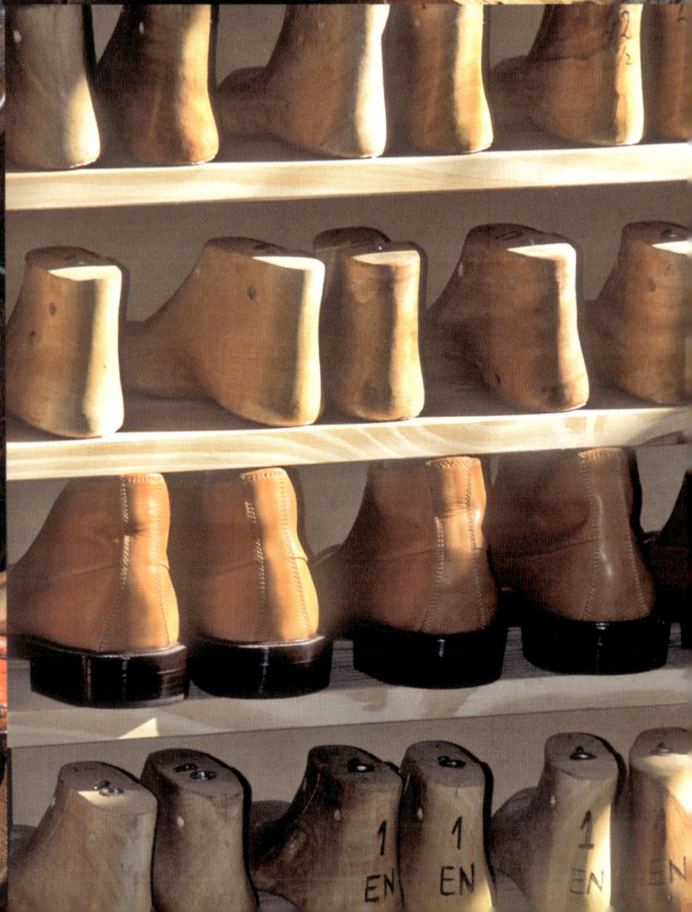

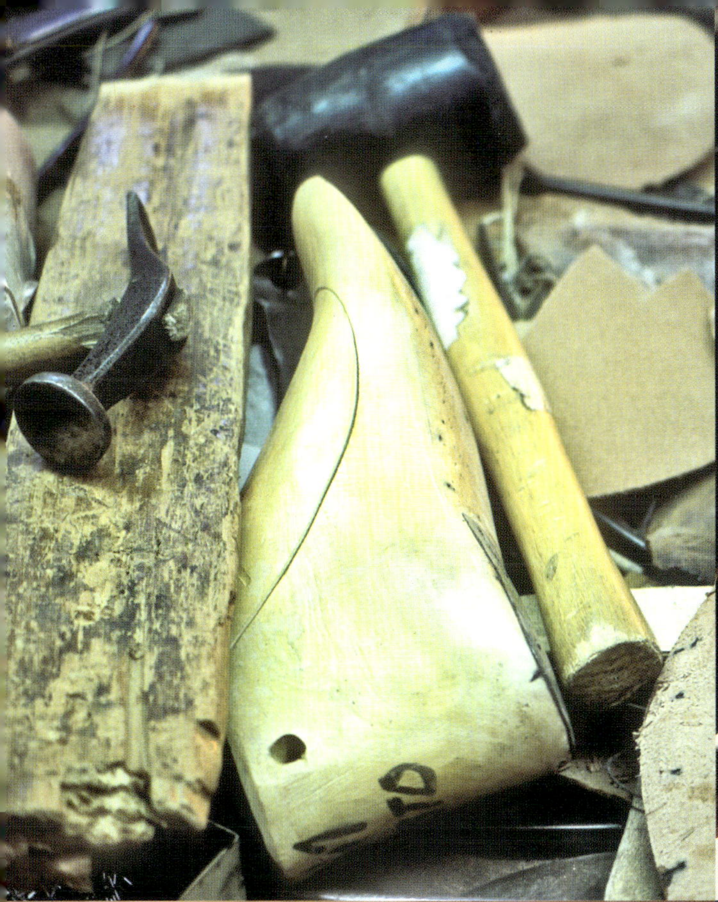
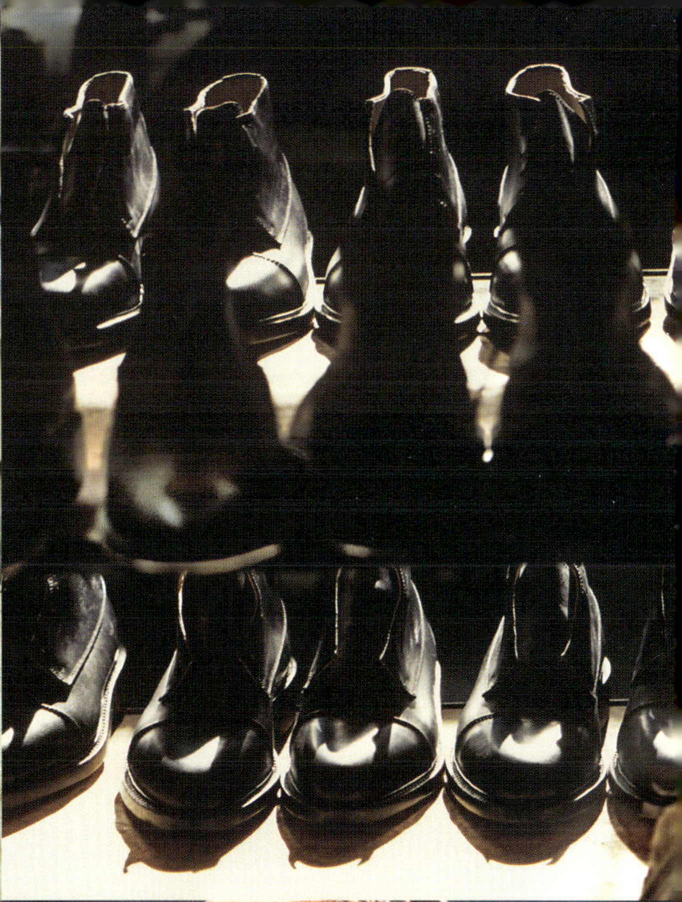
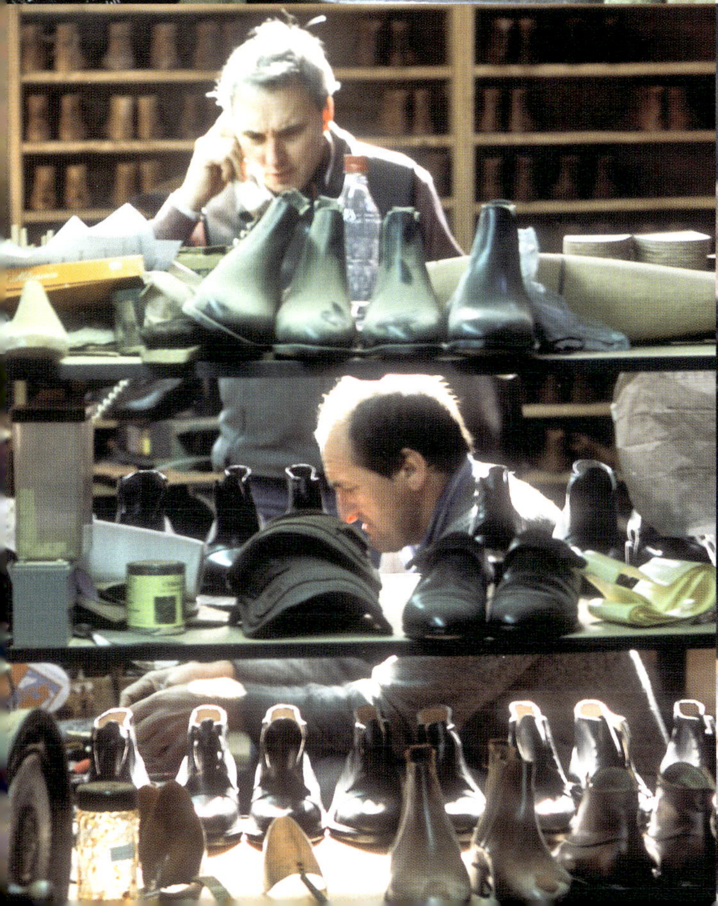
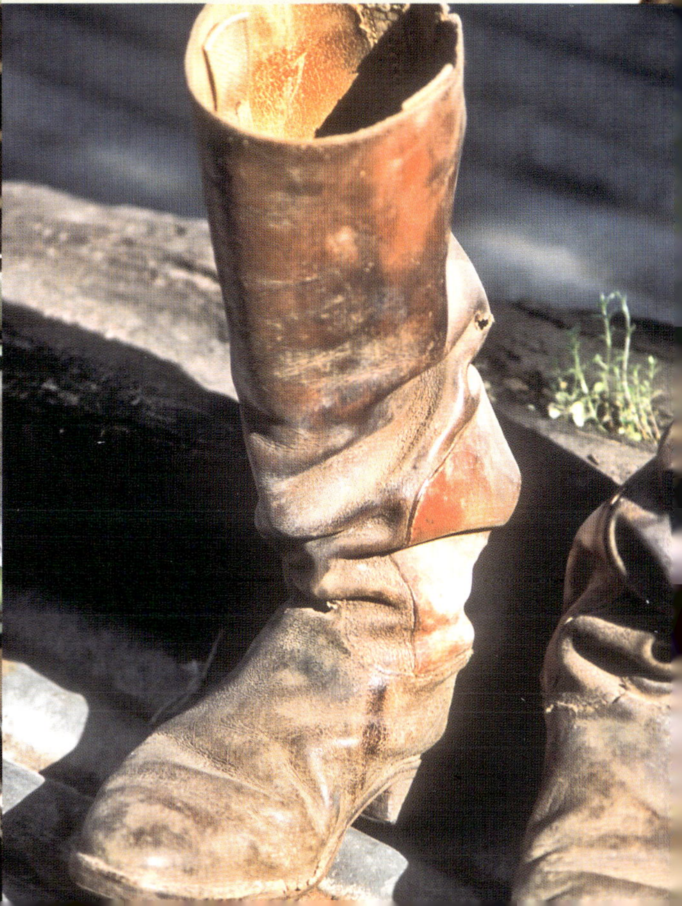

Fagliano
Tambo Nuevo 1449
Hurlingham
46 65 01 28
www.fagliano.com.ar

fagliano

DELIGHT

Do not let the sophisticated clientele —Juan Carlos, King of Spain; the Princes of Wales; or the Maharajah of Jaipur— create false expectations. The door of this simply styled house, located in front of the Rubén Darío train station in Hurlingham, makes it clear that its luxury does not rely on the boutique's décor. Leather occupies tables, hallways, and corners... and it perfumes the air that seems to remain immutable since 1892. Twenty-five kilometers from the Obelisco, the most famous boots in America —and probably in the whole world— are made at **Fagliano**.

Humbleness and dedication are family traditions and the steaming *mate* is never absent. Grandfather Pedro came from the North of Genoa and he soon began selling his weekend boots at Buenos Aires shoe boutiques. In 1929, the high faithfulness of some customers drove them to visit his workshop. Soon, there were more than just a few regulars. In 1449 Tambo Nuevo Street, models were custom-made. Back then, shoes, jodhpurs boots, hunting boots and cowboy-style boots all shared the popularity. The *criollas* —with low heel stiffeners and soft uppers— also had its fans. But, not until polo players revealed the secret of this atelier did it become well known. When country polo moved into the city, the Faglianos managed to make the first copy of a pair of polo boots that was brought from England. Today, every player —local or foreign, with low or high goal handicap— must have these boots that cost 650 dollars or more. Some audacious ones let Eduardo —the youngest of the family— display colorful initials and team symbols.

Cow, horse, buffalo or pig leathers; rare ones such as African ostrich tanned in Italy, or crocodile imported by Casa Anchorena... Once in a while a hunter-client provides his own leather to these lineage-artisans. The tan has various styles: *vegetal*, *cromo* or *mixto*; molds that have been used a thousand times cover the walls, and along with the worn-out machinery and tools participate in a meticulous, creative, and stunning process. Unaware, not only of their own, but also of its patrons' fame, this place of hard-working hands and proud family tradition has untidiness as its king. As playboy Porfirio Rubirosa defined: "The folders of the Fagliano, documentation on which the clients stamp their feet, are comparable to Hollywood's Chinese Theater. There are no famous feet missing from their records."

Casa FAGLIANO
CALZADOS de CALIDAD
BOTAS de POLO y MILITARES

"HIJOS DEL TRABAJO"

Eternautas. Viajes históricos
43 84 78 74
www.eternautas.com

eternautas
PASEO

Aquellos que piensan que la historia fue hecha para los historiadores deberían vivir aunque sea una vez la experiencia que proponen **Los Eternautas**: tres profesionales que sumaron a sus años de estudio en la Universidad de Buenos Aires un proyecto creativo y, pasado un tiempito, una buena terapia para poder seguir trabajando en grupo… Lograron así hacer que funcione desde 1999 un servicio turístico y cultural con estilo propio y un alto contenido informativo. Convencidos de que no sólo en las aulas y en los libros se aprende la historia, buscan acercarla a la realidad cotidiana. Por las calles de Buenos Aires, los viajes de Los Eternautas se dirigen directo hacia las experiencias de otros tiempos.

Los distintos recorridos se desarrollan a partir de una temática central, basada en lo que la ciudad deja leer de su pasado. Durante estas clases a pie o sobre ruedas se abren nuevas dimensiones de Buenos Aires, que ve crecer su capacidad de fascinar y sorprender, aún al más porteño. El mundo de un inmigrante se reconstruye visitando un barrio ferroviario de Barracas. Logias masónicas, proyectos civilizadores, antiguos hospitales o acciones de damas de caridad resurgen en plazas, en viejas fachadas y en construcciones singulares. Se conoce el período de la República Conservadora a través del impacto visual que produce el entorno de la Plaza San Martín. Los viajes que recorren la historia de Evita y del tango son un *must* para los turistas. Y un éxito entre los neoyorkinos: Buenos Aires judía, develando Villa Crespo y Once.

Caminando o en combi y cualquiera sea el viaje que se elija, el eternauta a cargo presta su voz y sus conocimientos para que la historia, la arquitectura, el arte, la política y la cultura hablen por sí mismas. Fechas y nombres se suceden con precisión académica. Sobre un muro, bajo un árbol o tras una puerta asoman utopías con destinos sorprendentes. Esquinas de encuentros clandestinos, lugares de reuniones secretas, barrios de trabajo y sindicatos… casi nada era lo que es hoy. Sin embargo, todo va adquiriendo sentido en una explicación que satisface. Esta travesía es reveladora y permite innumerables descubrimientos… y los viajeros en el tiempo, extasiados, descubren que de tan íntima, de tan privada y de tan sabiamente conducida, propicia el encuentro de cada uno con la Historia.

Eternautas. Viajes históricos
43 84 78 74
www.eternautas.com

eternautas

OUTING

Those who consider that history is only for historians should live, at least once, the proposal of the **Eternautas**. With the idea of working together, these three professionals added a creative project to their degrees from the Universidad de Buenos Aires. Since 1999, they have been offering personality-packed cultural city tours with loads of interesting info. Convinced that the past should not only be relived in the classroom, they manage to bring dates and facts closer to real life. Strolling around BA streets, the Etenautas make the times of yore come alive.

The different tours each center around a specific theme. Either walking or on wheels, one can discover unknown dimensions of BA that fascinate and surprise even in-the-know locals. The life of an immigrant can be reconstructed through a visit to the railroad neighborhood of Barracas. Masonic lodges, urbanism projects, former hospitals, and charity societies become evident in parks, old facades, and peculiar edifices. The period of the República Conservadora is explained by using the visual impact of the surroundings of Plaza San Martín. The Evita and Tango experiences are a must for visitors. A one, very popular among New Yorkers, is the one revealing the Jewish districts.

On each tour, an Eternauta lends his voice and knowledge so that history, architecture, arts, politics, and culture can reveal what they have to say. The dates and exact places where battles or revolutions took place are told with academic precision. The destiny of earlier utopias —that would surely surprise their creators— is tangible on the high walls, under a tree, or behind an old door. Today, the life-style of years past surprises many... Spots where secret meetings were held, corners where clandestine encounters occurred, working class and labor union neighborhoods recover their meaning through the explanations of these experts. An encounter that allows numerous discoveries. The time travelers are delighted to realize that this intimate, private, and wisely conducted experience sets them face to face with history.

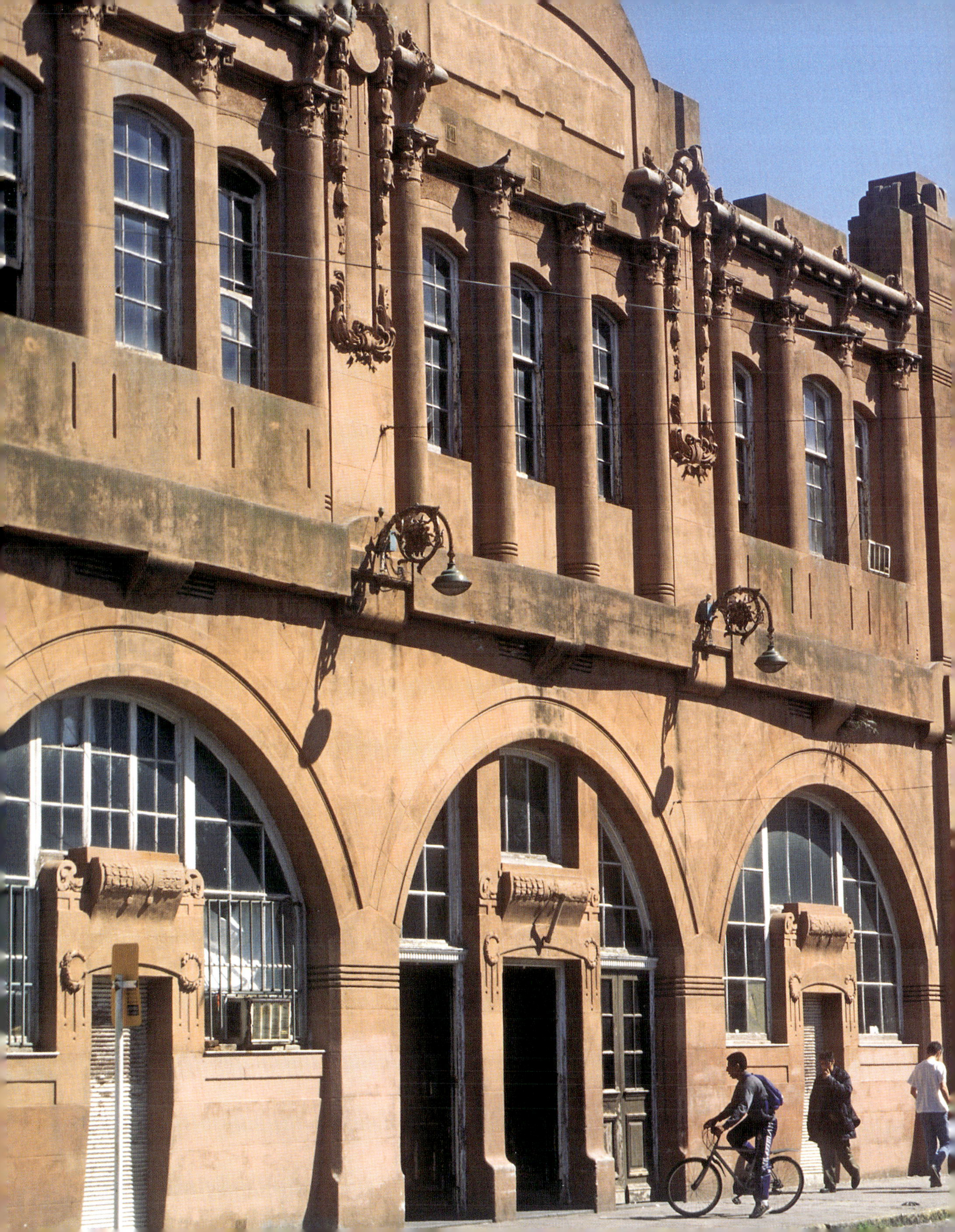

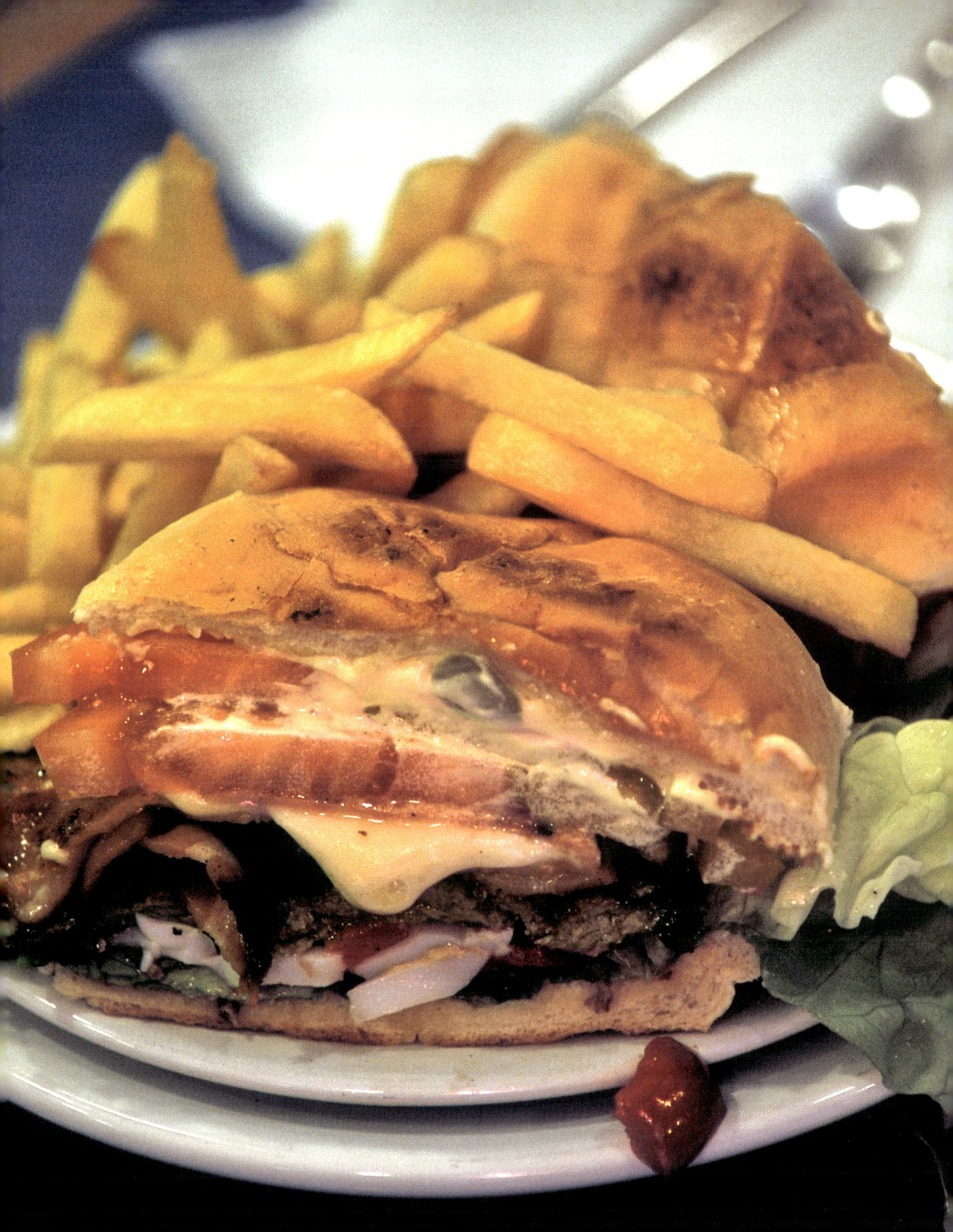

Bodega Bernardi
Ruta 1 Km. 171.5

Pulpería Los Faroles
Misiones de los Tapes 101

colonia
PASEO

Sobre la margen oriental del Río de la Plata, **Colonia del Sacramento** fue, durante la época colonial, un centro de contrabando y de tráfico de esclavos. Su primera urbanización la hicieron los lusitanos en el siglo XVII. Los callejones todavía siguen empedrados y sin veredas. Fue pensada para defenderse de los ataques desde la costa y protegerse contra los vientos; los pilares de piedra, el puente tendido sobre el foso y su fuerte dan cuenta de su origen. Rivales históricos del Imperio Español, los portugueses se encargaron, junto a navíos holandeses, franceses e ingleses, de desarrollar artimañas y burlar el control virreinal. Tejidos, artículos de uso doméstico, herramientas, aceites y bebidas alcohólicas eran las mercancías más apetecidas por los vecinos porteños, quienes desde entonces tienen un gusto desmedido por lo extranjero. Hoy el viaje a Colonia es en ferry, sin piratas ni aventuras. Y para satisfacer esa inclinación ancestral por las cosas importadas, en el *Free Shop* de a bordo espera un botín de mercancías siempre codiciadas.

Las bicicletas o los autitos de golf que alquilan, brindan la autonomía necesaria. En las playas de arena blanca y fina, rodeadas de bosques, reinan la paz y la tranquilidad. Las canteras del Calabrés y de Ferrando, con piletas de agua cristalina, ofrecen cursos de buceo, con certificado. Encarar para el campo charrúa promete horizontes suavemente ondulados. Al salir de Colonia por la Ruta 1 hacia Montevideo, la bodega **Bernardi** produce grapas tradicionales, de merlot y de tannat, -un *must*-. En algunas viejas pulperías las sirven, y amenizan un itinerario etílico que cuenta cada vez con más adeptos.

Down town Colonia o paseando por sus alrededores, es necesario saber que, a la hora del hambre, en territorio uruguayo no hay discusión posible: a comer chivitos. Dónde comerlo, en la **Pulpería Los Faroles**, en La Pasiva o en cualquier puesto de comidas, es anecdótico y aleatorio. Cuenta la leyenda que su creador, Antonio Carbonaro, murió en Punta del Este sin poder registrar su invento: un pan partido al medio -pebete para los argentinos, tortuga para los locales- que sostiene a duras penas todo lo que se le ocurra al cocinero. No se trata de carne de chivo, sino de vaca cortada en finas lonjas, apaleadas hasta la ternura y cocidas a la plancha. Con panceta, queso, tomate, lechuga, mayonesa, huevo duro, morrones asados, cebollas y papas fritas, el placer invade paladares y enciende las ganas de volver.

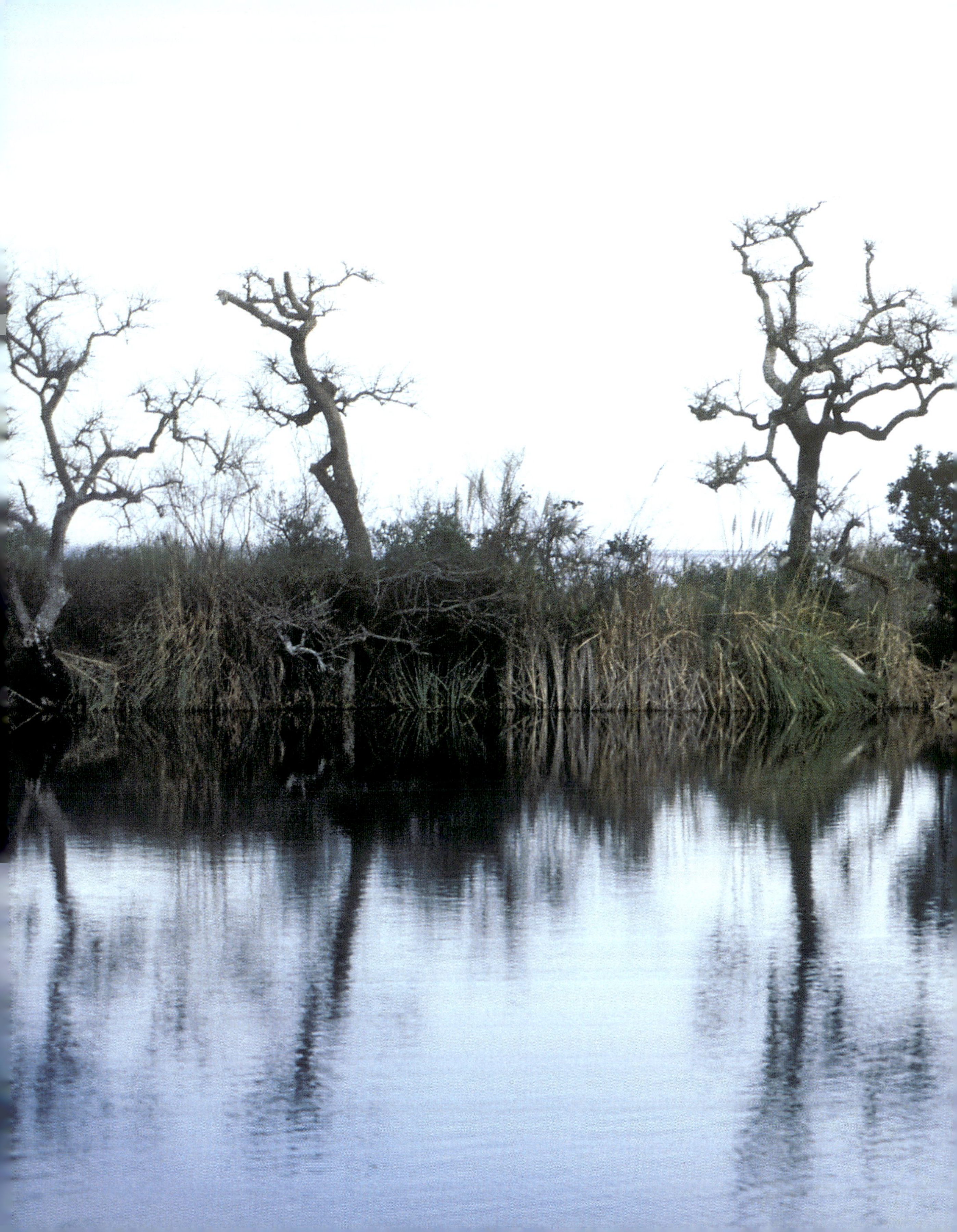

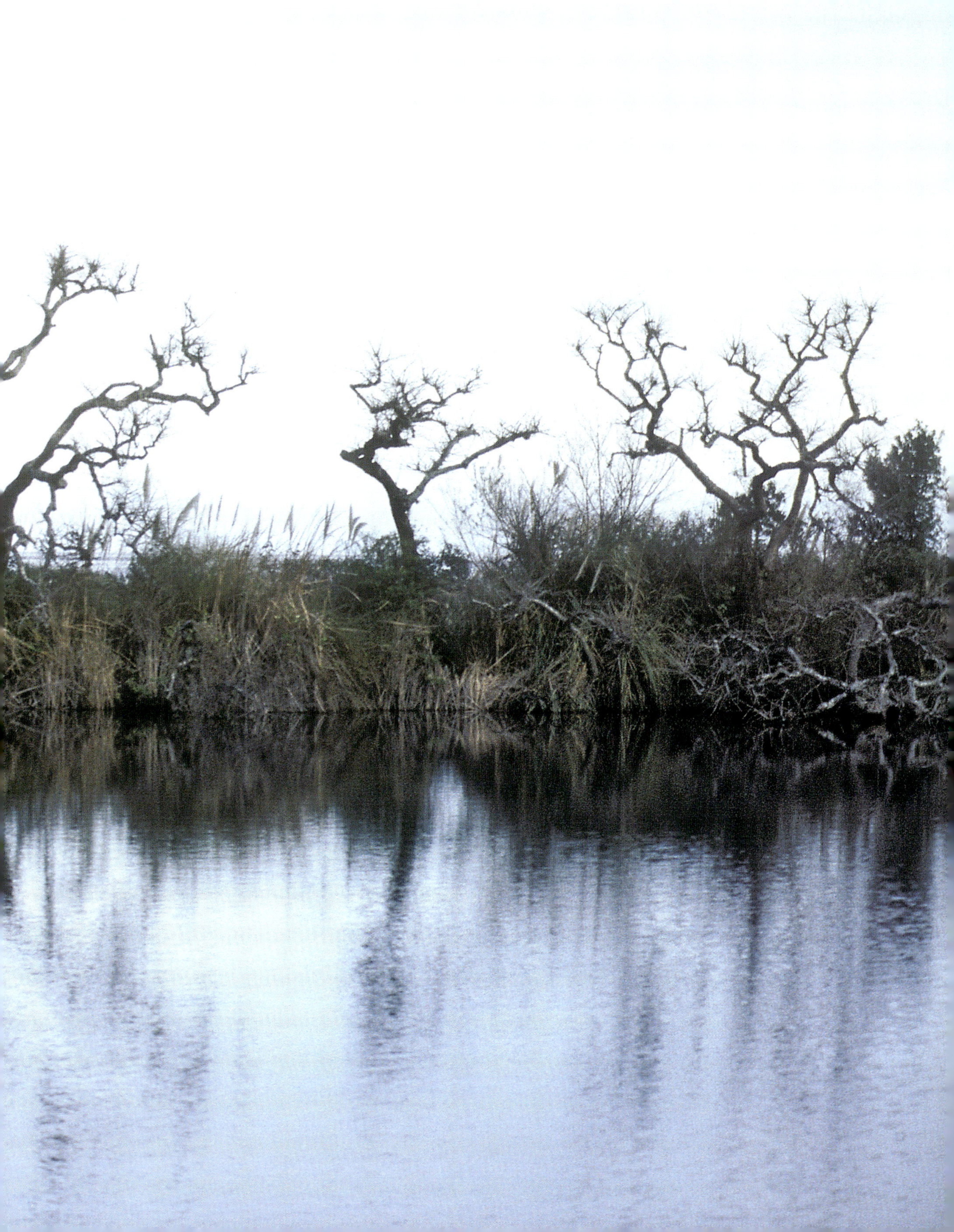

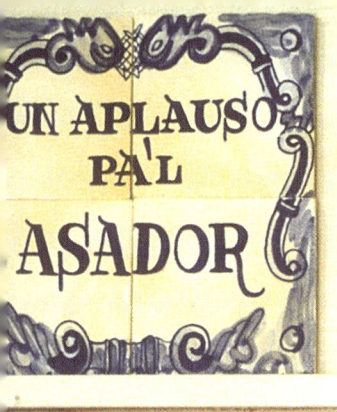

UN APLAUSO PA'L ASADOR

CALLE D LOS SUSPIROS

PATIO D LA MOROCHA

AVE MARIA PURISIMA

Se Vende
URUGUAY
A·1324

MAPA DE LA COLONIA DEL SACRAMENTO 1762

Bodega Bernardi
Ruta 1 Km. 171.5

Pulpería Los Faroles
Misiones de los Tapes 101

colonia

OUTING

On the eastern coast of the Rio de La Plata, **Colonia del Sacramento** was, during regal times, the center of slave-smuggling. The first quarter was built by the Portuguese during the seventeenth century. The cobblestone alleys, devoid of sidewalks, remain the same. Stone pillars, a bridge over the trench, and a fort were all built as defenses against coast attacks and wind. Historic rivals of the Spanish Empire, the Portuguese, along with the Dutch, English, and French ships managed to come up with strategies for fooling the Viceroy´s controls. Fabrics, kitchenware and other objects for the home, tools, oils, and alcoholic beverages were among the most desired by the *porteñan* neighbors, who have always had an immeasurable penchant for shopping sprees abroad. Today, there are no pirates or adventures included on the ferry crossing to Colonia. But the onboard Free Shop calms the craving for intercontinental supplies.

A bicycle or golf cart —rentals available— grants freedom. A soothing vibe, fine-white sand beaches, and woods make it a laid-back retreat. The Calabrés and Fernando quarries, with natural pools of crystal-clear waters, offer weekend diving courses. A trip to Uruguay's countryside will deliver lovely undulating green horizons. On Route 1, that leads the traveler out of Colonia on to Montevideo, the **Bodega Bernardi** produces grappas, traditional Merlot, and Tannat —a must—! These are served at some of the old eateries, and the number of devotees is growing fast!

When visiting Colonia or its surroundings, it is necessary to know that when one gets peckish, in Uruguayan territory there is no doubting: stop for a *chivito*. Where? At **Pulpería Los Faroles**, La Pasiva or any other place... it doesn't matter where. Legend has it that its creator Antonio Carbonaro died in Punta del Este without having registered his invention. A bun open in halves
—*pebete* for Argentines or *tortuga* for locals— that has a hard time holding in everything the cook comes up with. In spite of the name it's not goat, but juicy, tender, finely sliced grilled beef. With ham, bacon, fried onions, cheese, tomato, lettuce, egg, red peppers, and French fries. Pleasure invades palates and triggers the desire to return.

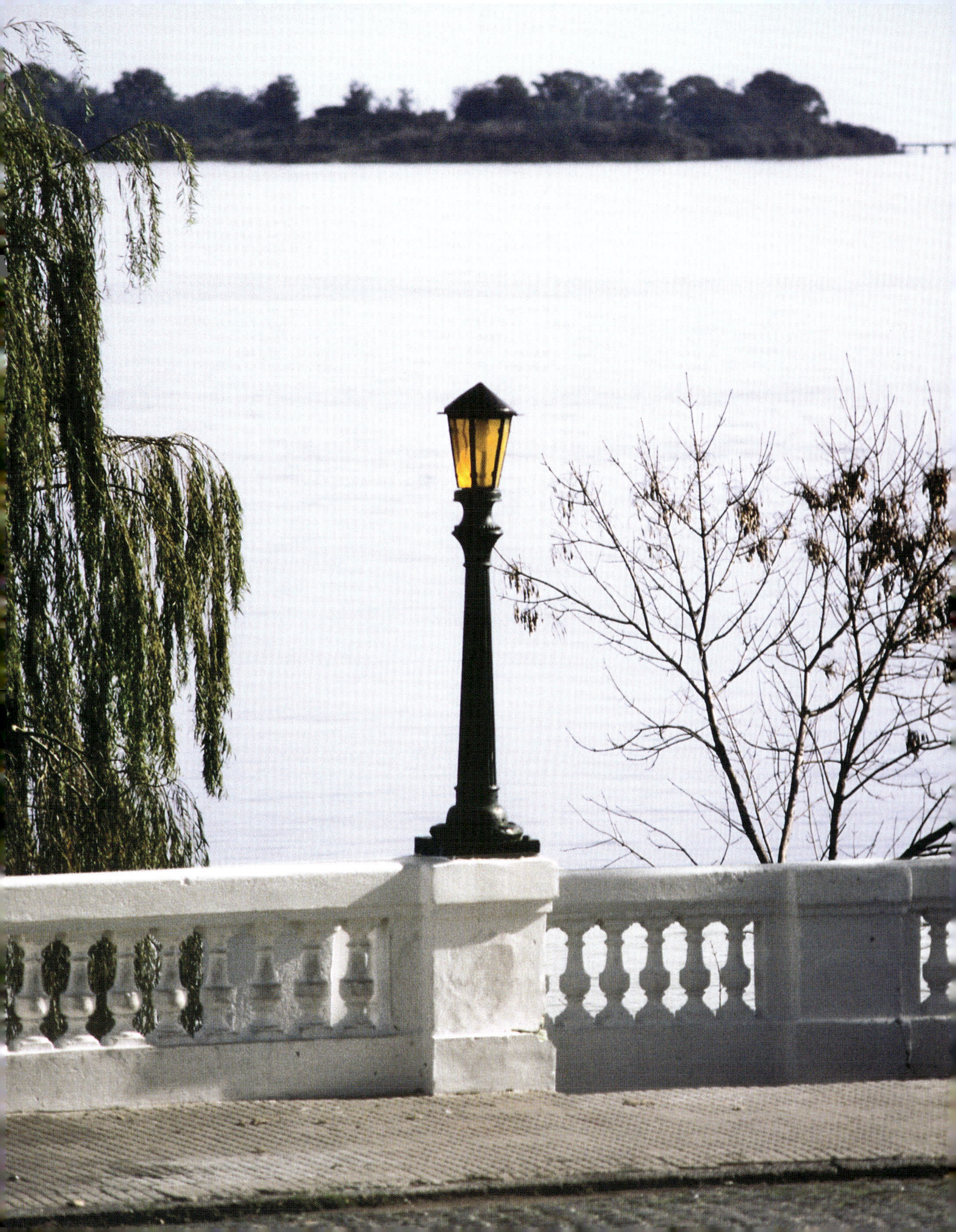

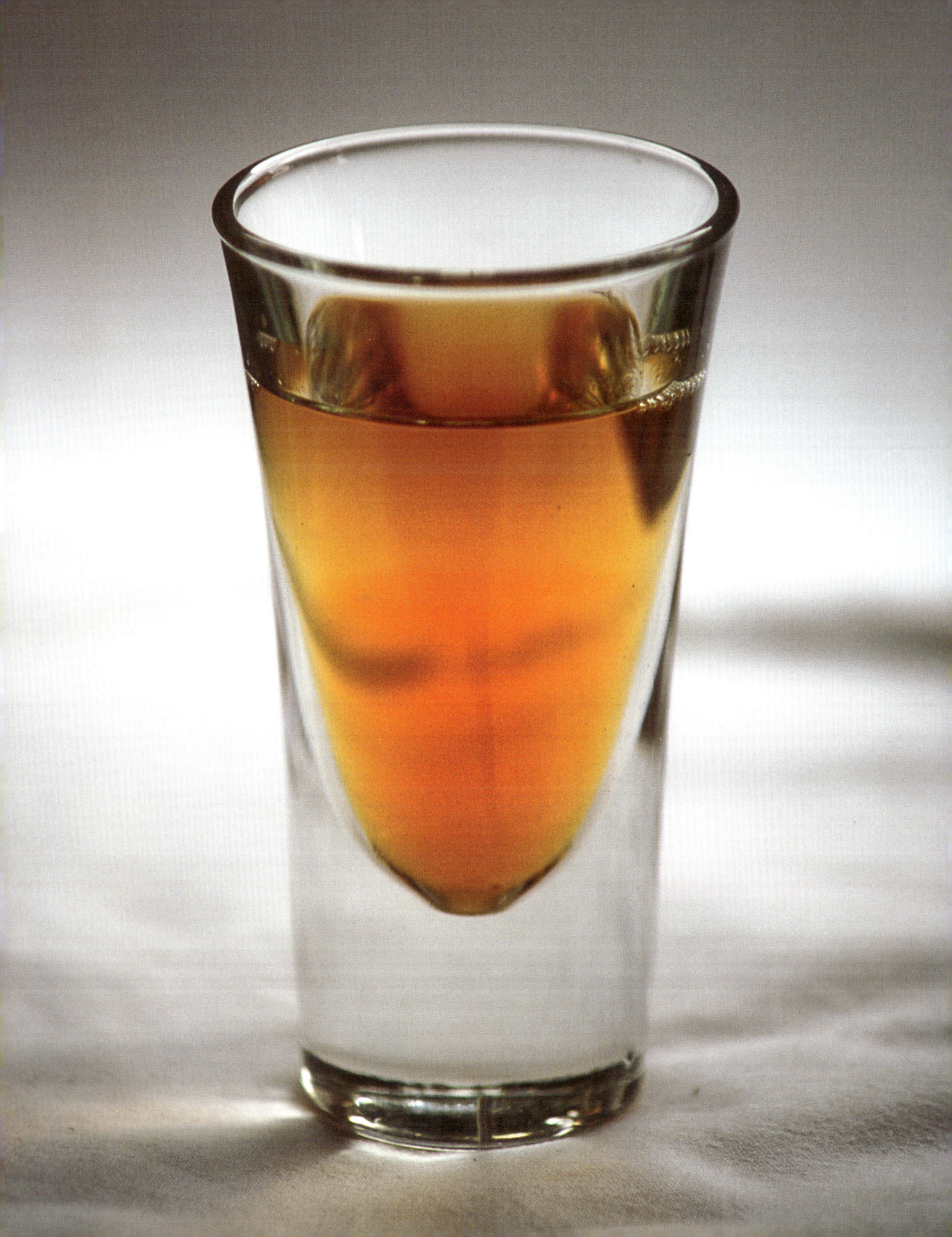

Bar de Roberto
Bulnes 331
Almagro

bar de roberto

GUSTO

Filosofar sin horarios, jugar a las cartas todas las tardes, un vermut tempranito, don Osvaldo cantando unos tangos y después, una ginebrita y amigos hasta la madrugada… esto debe ser el paraíso. Sin dudas lo es para Roberto, que ve cada día la humedad en las paredes, las fotos viejas que de ellas cuelgan, y el tiempo encerrado -y muy a gusto- en su propio boliche, bien porteño, de Bulnes y Cangallo. El techo es de bovedilla; el largo mostrador de estaño pasó a ser de madera, y ocupa la mitad del salón. Fue almacén y despacho de bebidas desde 1884. 1930 trajo el cambio de nombre: **Bar de Roberto**, el que jura que nació y quiere morir ahí mismo, donde todo puede pasar…

En este boliche la palabra "barra" sigue aludiendo a un grupo de amigos fieles, y no a una superficie donde apoyar tragos y codos. Está justo en diagonal a la plaza Almagro; a la vuelta trabajaba Carlos Gardel, en una imprenta. Fue el reducto preferido del músico Osvaldo Pugliese, y Roberto Medina le escribió una letra de tango. Hoy, las corbatas se mezclan con clientes engominados, motoqueros y rockers, músicos, cantores aficionados y profesionales. Noctámbulos crónicos u ocasionales, pero esencialmente reos porteños. Son todos tangueros, aun aquellos que, por ahora, no lo saben. Dicen que Carlitos pasó por acá, y que Alfonsina Storni solía venir… La mitología de Buenos Aires hace lo suyo y, sumada al crédito local -Osvaldo el cantor genial de 71 años- y a un boca a boca inevitable, hacen que el local desborde las noches de peña, entre amigos y a partir de las dos de la madrugada. Es uno de los últimos lugares, junto al Bar El Chino de Pompeya, donde el tango se canta, no se baila. Una energía muy especial se crea cada noche, en un espacio intelectual y físico interesante e impredecible.

Siempre satisface escapar de aquellas áreas de la ciudad demasiado habitadas por turistas. Un boliche que nunca fue pensado ni construido para el turismo hace que la pesadilla, ya no tan futurista, de ciudades idénticas, medidas y controladas, se esfume ante algo genuino; se siente sólo con entrar. Mientras los vasos de vino o Fernet se vacían, florecen cantantes, poetas y grupos de tango, que encuentran oídos atentos y aplausos entre los pelados, los vecinos, los pasados de copas y los de veinte años. Y para quien quiera sumarse, la calle Cangallo hoy se llama Perón.

Bar de Roberto
Bulnes 331
Almagro

bar de roberto
TASTING

Philosophizing without a timetable, playing cards every afternoon, drinking early vermouths, listening to one of Don Osvaldo's *tanguitos*, followed by gin and friends till dawn might sound like paradise! And it certainly is for Roberto, who finds charm in the damp walls and old pictures that hang from them, and happiness in the time spent inside his *porteñan boliche* on Bulnes and Cangallo. It has an arched ceiling and the old-tin bar —now wooden— takes up half of the tavern. It was a market from 1894 till 1930 when it became the **Bar de Roberto**. The owner swears he was born and wants to die here, where anything can happen.

Instead of being a space where one sets down drinks and elbows, this old-fashioned bar is about friends getting together. Located virtually opposite Plaza Almagro, this reduct is around the corner from the printing shop where Carlos Gardel worked. It was the hangout for musician Osvaldo Pugliese and Roberto Medina wrote a tango song in its honor. Today, ties mix in with gel-styled hair, bikers, rockers, musicians, and amateur or professional singers. Chronic or occasional night-lovers; essentially *reos porteños*. Every single one a *tanguero*, even those who are still unaware of it. It is said that Carlitos and Alfonsina Storni used to come to this bar... Vernacular mythology plus local star, seventy-one-year-old singer Osvaldo, and great word of mouth fame, make Thursdays and Saturdays *peñas* overflow with friend-packed audiences —starting at two in the morning—. Bar de Roberto and Bar El Chino are the only places left in BA where tango is sung but not danced. Flowing energy gives each night a unique intellectual and physical feel. Though fights in this bar are hushed, they are nevertheless a common scenery.

The certainty of escaping the touristy areas in town is a comfort for many. The nightmare —now not so futurist— of identical cities disappears when one encounters this genuine bar —that was never thought of for foreign clients—. Poets, singers, or tango groups are acknowledged with non-stop clapping from the glass-emptying crowd of balding neighbors, drunkards, and young attentive ears. And, for those who want to be a part of this audience, Cangallo Street is now called Perón.

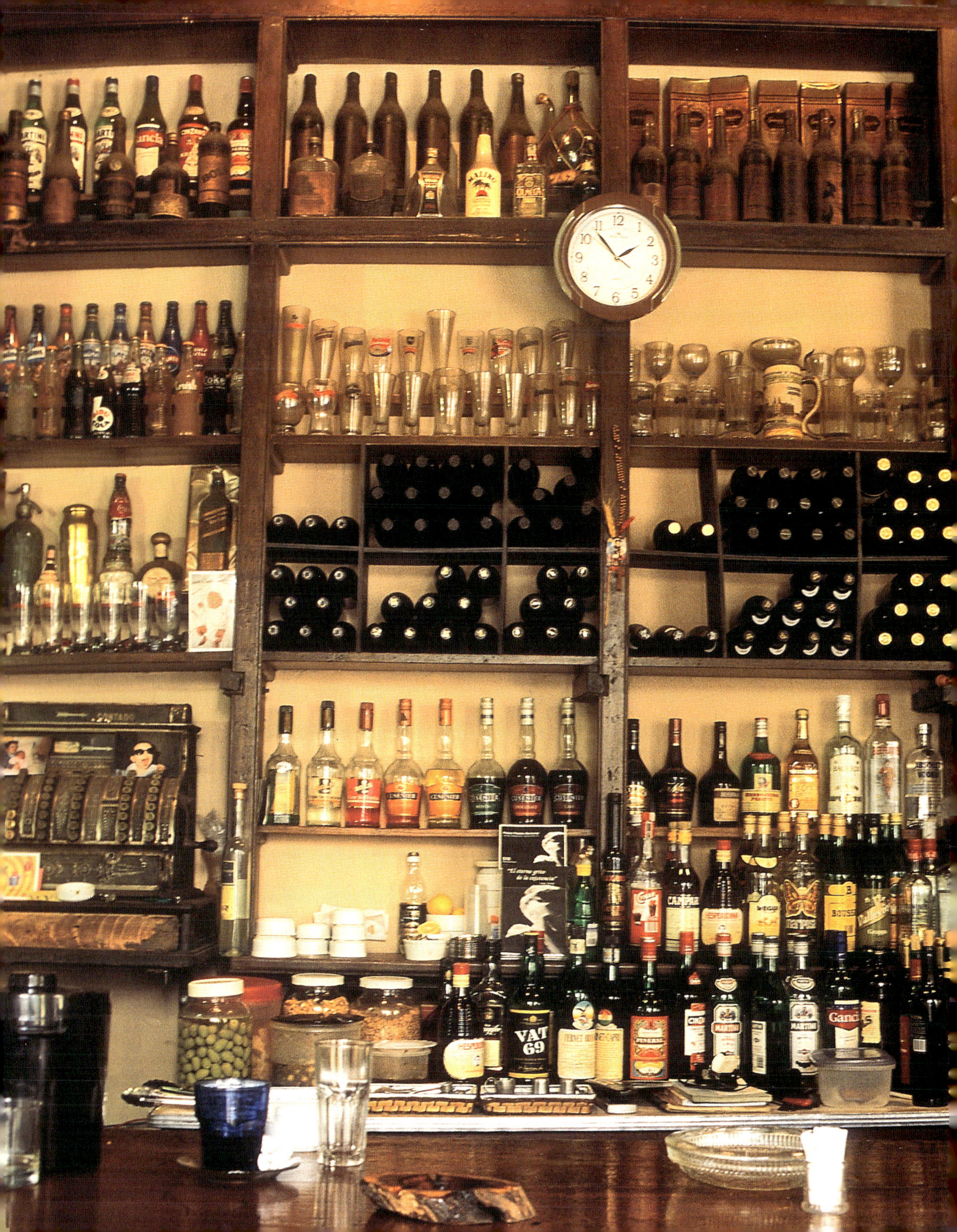
VAT
69

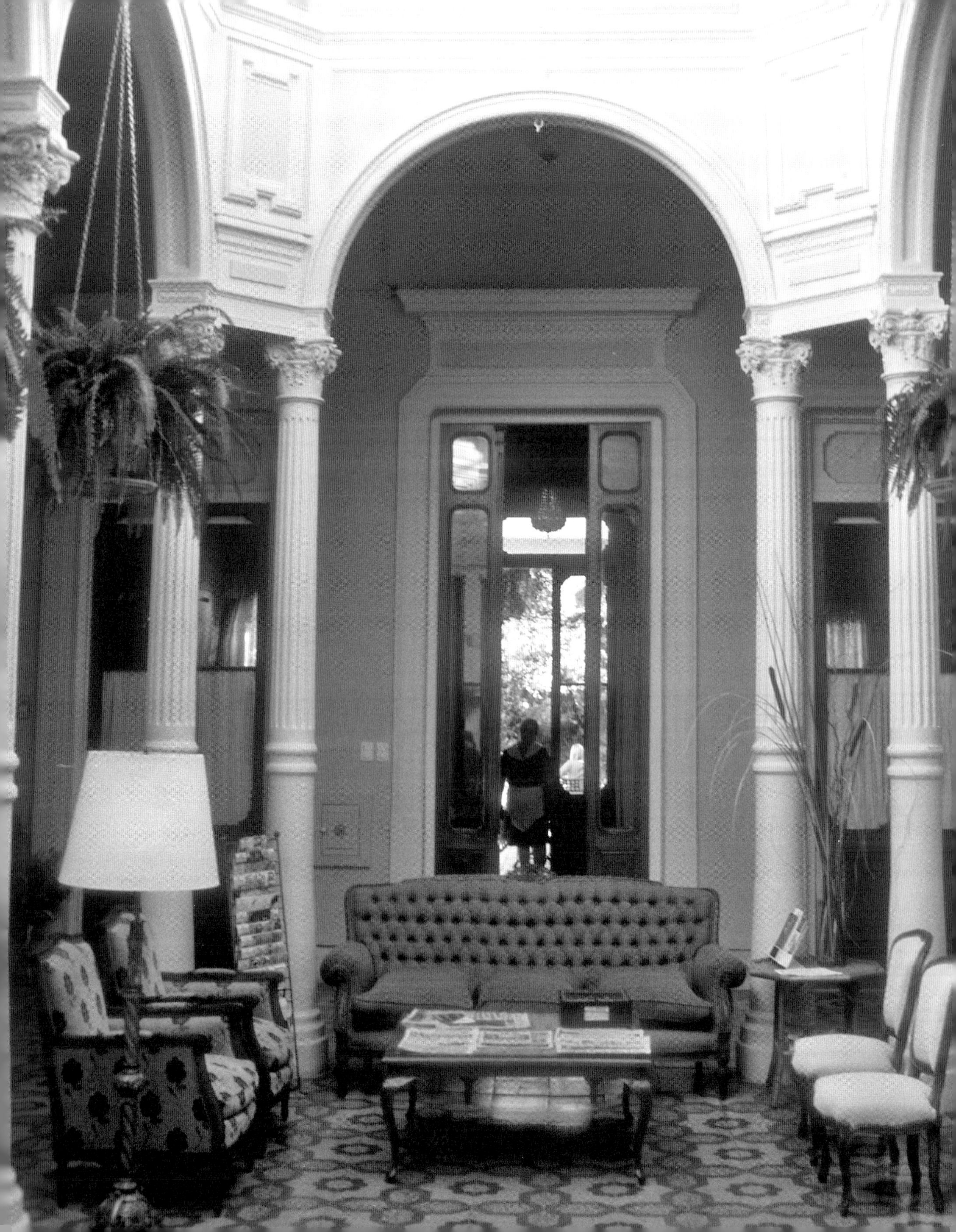

Hotel del Casco
Av. del Libertador 16170
San Isidro
47 32 39 93
www.hoteldelcasco.com.ar

el casco

VIAJE

A las tierras del Pago de la Costa o del Monte Grande las repartió Don Juan de Garay allá por el año 1580. Destinadas en principio a la labranza, se transformaron en lugar de descanso para las familias de la aristocracia porteña. Sus residencias con inmensos jardines permiten que San Isidro cuente la colonia como pocos; uno de los lugares top donde refrigerarse durante los veranos calientes de la historia argentina. Para bautizar sus calles alcanzaron los nombres de vecinos ilustres de los siglos XVIII y XIX. Para recorrerlas, un auto se convierte en estorbo; se impone el tren que recorre la costa. El viajecito puede estirarse, el Dutch Café y la Feria de Antigüedades de Acassuso tientan desde el andén.

Una vez subida la barranca de la Plaza Mitre, las tipas centenarias que refrescan el aire comparten las alturas con la Catedral. Construida sobre los cimientos del sueño que en 1707 tuvo el Capitán Domingo de Acassuso, fue testigo de un pasado elegante. Enfrente, el **Hotel del Casco** ocupa una palazzo edificado en 1892. Las vicisitudes de su historia permitieron a su arquitectura mantenerse sin alteraciones. Se puede disfrutar su patio interior adornado con columnas neoclásicas, y mirar el cielo a través del sorprendente lucernario móvil. Centro de operaciones ideal para estudiar los usos y costumbres de los habitantes actuales del tradicional San Isidro. Sin lugar a dudas víctimas de una tipificación caprichosa, desde la década del 70 se los denomina chetos: de familia típica, compuesta por Mamá, Papá -quien detiene el poder absoluto y jugó al rugby de joven- y 7 u 8 hermanos. Todos educados en colegios privados, y pertrechados con muletillas tales como "¿viste?", "gordo", "tipo", "campo" para luchar por su supremacía sobre grasas y amantes de la cumbia.

La náutica y el rugby definen zona. En la "Capital Nacional del Rugby", está bien visto ser fan de cualquiera de sus dos tradicionalísimos clubes: el CASI o el SIC. La rivalidad está latente, pero resulta casi inaccesible para un foráneo. Se puede palpitar cada sábado, frente al desayuno con lectura de diarios en el bar Los Pumas. Y para quienes las musculaturas esculturales interesan más que el deporte propiamente dicho, el Club Social y Deportivo El Ribereño ofrece la oportunidad de comer ravioles o milanesas codeándose con los recién bañados y entrenados rugbiers.

Hotel del Casco
Av. del Libertador 16170
San Isidro
47 32 39 93
www.hoteldelcasco.com.ar

el casco

SHORT TRIP

Juan de Garay distributed the lands of the Pago de la Costa o Del Monte Grande in 1850. Originally intended for agriculture, they became a weekend destiny for the aristocratic *porteñan* families of the time. Manors with immense gardens make San Isidro the ideal setting to relive colonial times. During the hot summers of Argentine history, it was one of the most chic places to cool off. The surnames of the illustrious neighbors of the eighteenth and nineteenth centuries sufficed for naming the streets. Today, a car becomes a hindrance if one wishes to wander around this vicinity. The train that travels through the coast constitutes the perfect solution. Although San Isidro is near the capital, this short journey might stretch out because the Dutch Café and the Feria de Antigüedades de Acassuso entice from the station platform.

Once over the hill of the historical Plaza Mitre, the centenary tipu trees share their height with the cathedral. Built over the foundations of Captain Domingo de Acassuso's 1707 dream, it witnessed an elegant past. Opposite to the church, the **Hotel del Casco** is housed in an 1892 palazzo. The vicissitudes of its history have allowed it to maintain its original architecture. One can enjoy the inside patio with its neoclassic columns and look into the sky through the astonishing moving skylight. An ideal setting to get acquainted with the habits of the current dwellers of traditional San Isidro. Without a doubt, victims of a whimsical stereotyping that started in the seventies, those living in this locality have been known as *chetos*. Usually part of a family with mom and dad —who has absolute authority and was a rugby player when young— and seven or eight brothers and sisters. All educated in private schools and familiar with the use of words such as: "*viste?*", "*gordo*", "*tipo*", "*campo*" to maintain their supremacy over *grasas* and *cumbia* lovers.

Two activities define this quarter: water sports and rugby. In the "National Capital of Rugby", it is accepted to be fan of either of the two long established clubs: CASI or SIC. The rivalry between them remains alive, but it is not evident to an outsider. During Saturday breakfast, while reading a newspaper at the bar Los Pumas, it becomes palpable. For those with a stronger interest in the well-sculpted muscles than in the sport itself, the Club Social y Deportivo El Ribereño offers a chance to eat *ravioles* o *milanesas* right alongside the just-bathed players.

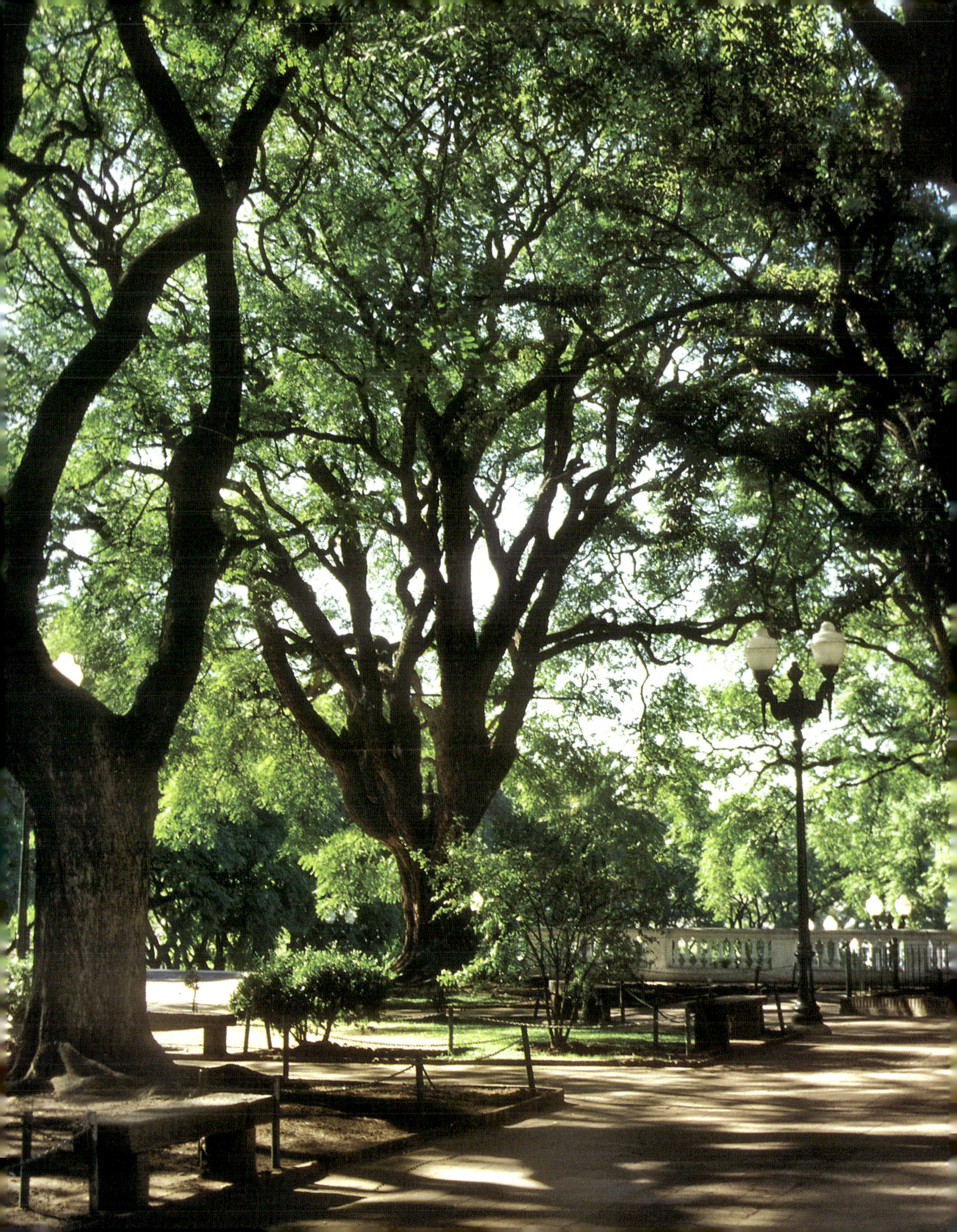

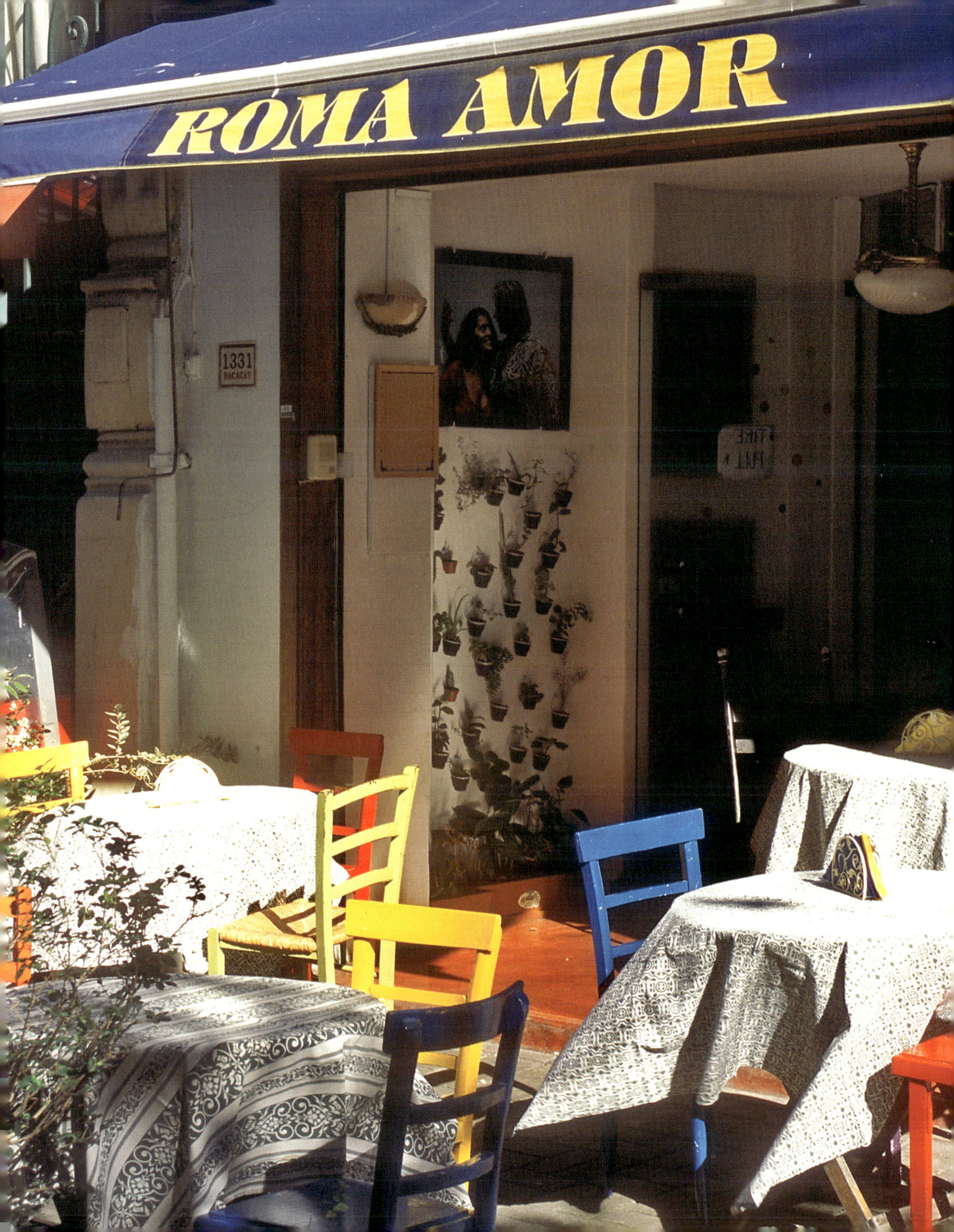
RÓMA AMOR
1331

Roma Amor
Bacacay 1331
entre Peatonal Sarandí y Buenos Aires

Belmont House
Av. Rivera 6512
(598) 26 00 04 30
www.belmonthouse.com.uy

montevideo
VIAJE

Cruzar el charco en cualquier época del año es fácil y sólo exige un peaje dialéctico. A saber: batata se dice boniato, sí se dice ta, championes quiere decir zapatillas y bizcocho, factura. También hay que recordar que el mate se toma en movimiento, al ritmo de esta ciudad, que es bien pausado. Algunos dicen que el tiempo se detuvo allá por la década del sesenta, pero más bien parece demorado. Otros tiempos, otra ciudad… Desde Buenos Aires, unas pocas horas de ferry alcanzan para convertirse en extranjero. Y aunque Montevideo deja que uno se sienta inmediatamente a gusto, como en casa, sigue siendo una desconocida llena de secretos, con callecitas que incitan a descubrirlos.

Temprano los fines de semana, la Ciudad Vieja está igual de sola que a otras horas más tardías. En algunas esquinas se ven simultáneamente tres ángulos distintos del Río de la Plata. No hay nadie, ni siquiera una sombra. Pero no hay que dejarse engañar, que Donatella anda por el barrio agitando el ambiente. En su restaurante **Roma Amor**, trata a todo el mundo en italiano, sin hacer ninguna distinción de origen. Desde ahí invade con pizza margherita, ravioli, tiramisú y ristrettos la calle Bacacay, entre Sarandí y Buenos Aires. Justo frente al Museo Torres García, esta artista culinaria italiana y contemporánea compone y dirige a su antojo, durante el tiempo que dure la comida, la vida de sus clientes.

Desde la escollera Sarandí, que se interna largamente en el Río de la Plata, se empieza a presentir el mar. Montevideo es una ciudad abierta y serena, con casi veinte kilómetros de rambla con playa que serán siempre la envidia de los porteños. Para Buenos Aires el río permanece oculto, ignorado. Y la pregunta inevitable es: ¿Por qué? ¿Por qué Buenos Aires está al revés? Siguiendo por el amplio frente costero hacia el este, se dibuja sobre la costa del Mar Dulce de los navegantes españoles el Gran Hotel Casino Carrasco, imponente y casi siempre en etapa de restauración. En este barrio elegante y apacible, las grandes mansiones y calles arboladas invitan a vagabundear, a pie o en bicicleta. Estas tierras fueron adjudicadas en la época de la colonia a Don Sebastián Carrasco; para su posterior desarrollo el Dr. Alfredo Arocena se inspiró en la ciudad europea de Ostende. Las tres esculturas de mármol blanco por él traídas en 1916, los jardines y la playa cercana aumentan los atractivos que rodean al **Hotel Belmont House**, elegante y victoriano, donde sábados y domingos se sirve el más inglés de los *five o´clock teas*.

Le Corbusier lo bautizó "el postre más alto de Sudamérica". Diseñado por el arquitecto milanés Mario Palanti, el Palacio Salvo es desde 1927 un símbolo de Montevideo. El tiempo ennobleció su eclecticismo.

Le Corbusier baptized it "the tallest dessert of Latin America". Designed by Italian architect Mario Palantti, the Palacio Salvo is, since 1927, an urban symbol of Montevideo.

El museo fue creado por la viuda de Joaquín Torres García a los 106 años. El resultado de una vida de búsqueda y reflexión, sintetizado en el Universalismo Constructivo. En el centro histórico de la ciudad.

The widow of Joaquín Torres García created this museum. A life of search and reflection that was synthesized in the movement: Universalismo Constructivo. Situated in the historic part of town.

Roma Amor
Bacacay 1331
entre Peatonal Sarandí y Buenos Aires

Belmont House
Av. Rivera 6512
(598) 26 00 04 30
www.belmonthouse.com.uy

montevideo

SHORT TRIP

Any time of the year, a dialect toll is paid when crossing the river to Montevideo. Although very similar to Argentine vocabulary, there are a few words that vary. *Batata* is called *boniato*, instead of *si* one can say *ta*, *championes* mean *zapatillas* and *bizcocho* is used as a replacement for *factura*. Also remember that here, *mate* is drank while on the go, at the rhythm of this city, very easygoing. Some say that time stopped in the sixties, but it actually looks more like it has just been delayed. A few hours on ferry from BA suffice to become a foreigner. And though Montevideo makes one instantly feel at home, it is still a secret-full town, with streets waiting to be discovered.

At early hours on weekends, the Ciudad Vieja is as quiet and lonely as at later hours. At some corners, one can simultaneously view three different angles of the Río de La Plata. There is no one, not even a shadow. But do not be fooled, because Donatella is always there, shaking up the rhythm of this neighborhood. In her restaurant **Roma Amor**, she talks to her clientele in Italian. Pizza, ravioli, and tiramisu pervade Bacacay Street. Right across the Museo Torres García, the restaurant is the place where this culinary artist leads at will the lives of her patrons.

From the breakwater Sarandí, which goes deeply into the Río de La Plata, one begins to perceive the sea. Montevideo is a serene urban space, with almost twenty kilometers of riverside promenade and beaches that will be forever envied by *porteños*. In Buenos Aires the river is hidden and ignored. And the inevitable question is: why? Why is BA facing backwards? Continuing eastward along the immense coast, in the Mar Dulce of the Spanish sailors, the horizon sketches the figure of the Gran Hotel Casino Carrasco —today, and almost always, in restoration—. In this elegant and quiet quarter, the mansions and tree-lined streets are an invitation to stroll. For its metropolitan development, Dr. Alfredo Arocena found inspiration in the European city of Ostende. The three white marble sculptures —brought by this man in 1916—, the gardens, and the nearby beach broaden the number of attractions surrounding the elegant Victorian **Hotel Belmont House**, where on Saturdays and Sundays, the most British of *five o´clock teas* is served.

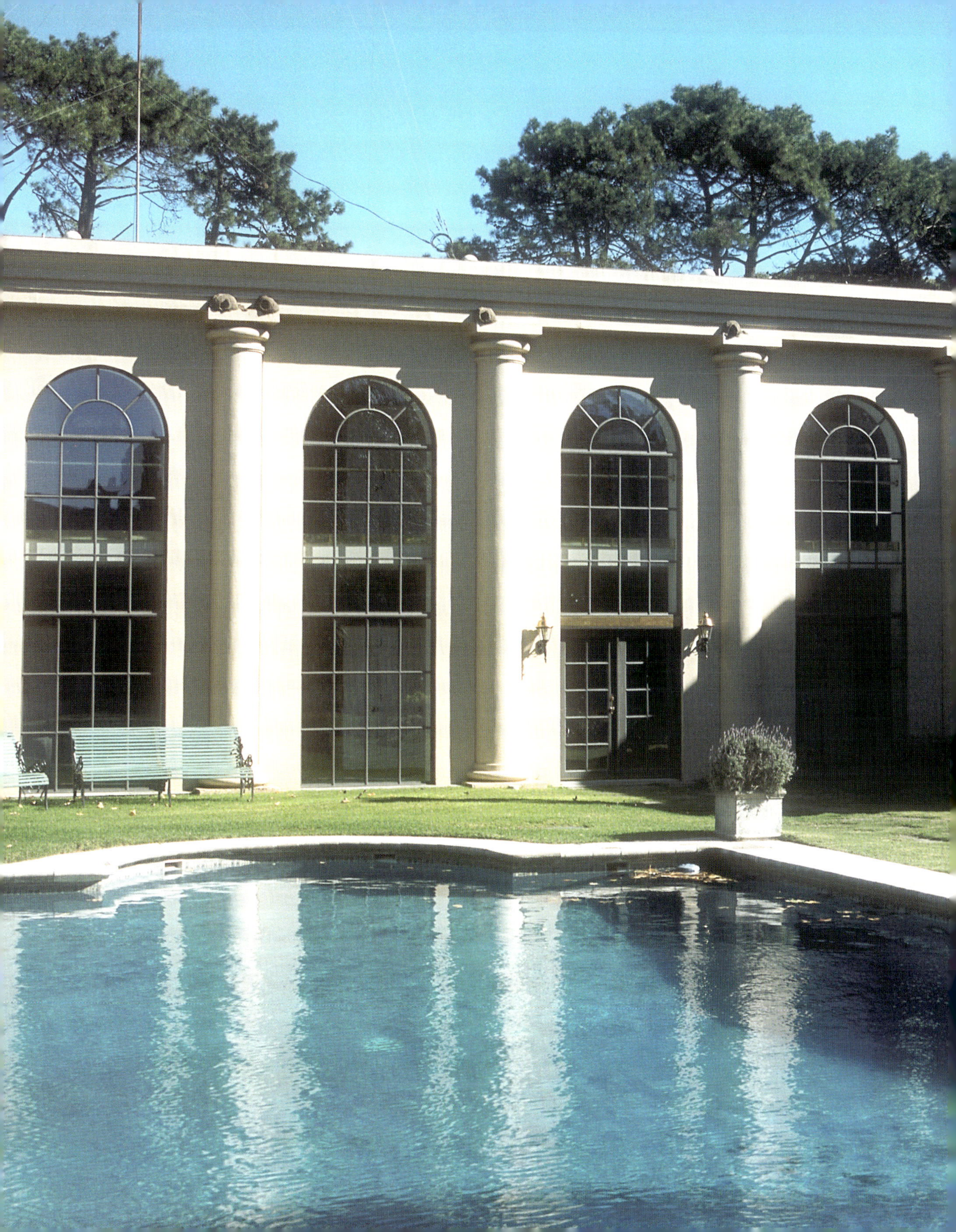

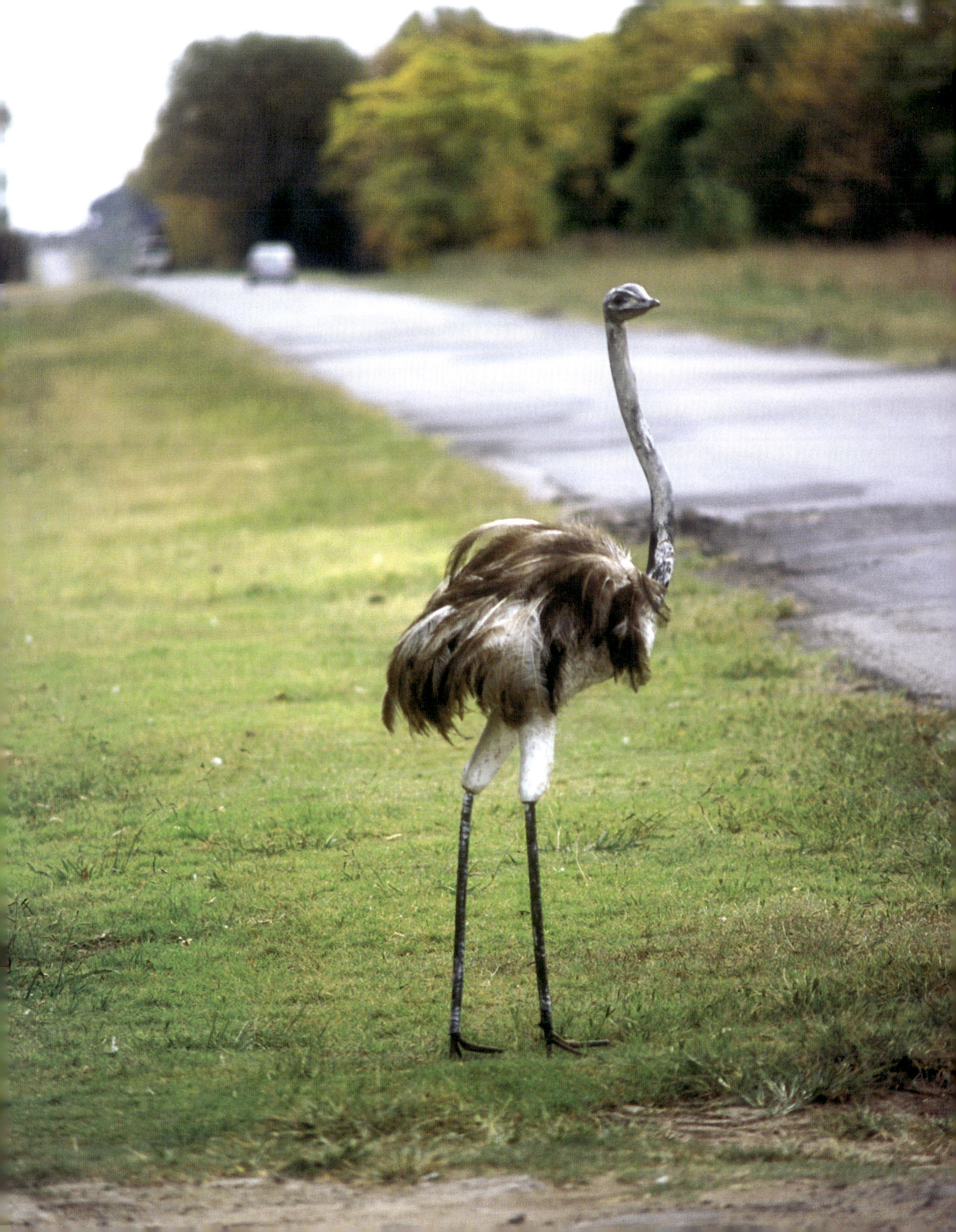

Carlos Keen
Por Acceso Oeste Km. 72
Partido de Luján

Vuelo Máximo
15 53 07 72 01
www.vuelomaximo.com.ar

carlos keen
PASEO

Las imágenes satelitales ayudan a comprender las urbes del siglo XXI; los dibujos litográficos mostraban la ciudad el siglo XIX. Ninguna de las dos actividades está al alcance del turista promedio. Volver entonces al siglo XX, la era de la fotografía aérea, es válido si de mirar el pueblo de **Carlos Keen** desde el cielo se trata. La experiencia exige coraje e instrucción, y depara adrenalina, un silencio inefable y vistas cinematográficas. El clima y la orografía de la zona, donde a falta de montañas remolcan los aladeltas con un sistema especialmente diseñado, permite llegar a los 600 metros de altura y ver lo mismo que vería un pájaro.

A ras del suelo, el paisaje prolijo de este pueblo de campo es una escenografía ideal para invadir los fines de semana, con ilusión de aire libre, viaje al pasado, calma y buena comida. Los interiores tienen pisos de madera que cruje; las veredas son de ladrillo rojizo. Su atmósfera provinciana encierra tanta fantasía tan cerca de Buenos Aires que, de no ser por su historia y tradición, el origen podría atribuirse a algún Disney vernáculo. Pero se debe más bien a vecinos como Aniceto Gutiérrez, que de panadero e impulsor del cinematógrafo en el pueblo, pasó a tener una fábrica de dulce de leche que todavía funciona. Poco a poco, algunas casas fueron ocupadas por anticuarios y mueblerías con un marcado estilo de campo. Otras mutaron en posadas y restaurantes; comida casera, parrilla y venta de productos regionales se entremezclan en un mismo ámbito. La transformación se tomó su tiempo. Así, el almacén de ramos generales pasó a ser un restaurante; La Casona de Carlos Keen tiene 123 años. Hasta la granja y hogar Camino Abierto, donde trabajan con jóvenes y niños en situación de riesgo, siguió la tendencia: su comedor Los Girasoles abre sus puertas para almorzar empanadas, carne y pastas.

Nadie sabe si Don Carlos Keen alguna vez pisó estos parajes. Lo que sí es seguro es que no tuvo tierras ni vivió en la zona. El pueblo que lleva su nombre está cerca de Luján y creció gracias al tendido de redes del Ferrocarril. En la década del setenta las cuatro vías dejaron de usarse, y sólo 400 habitantes quedaron para ver cómo el tiempo se detenía en este pueblo fantasma. Ninguna plaza aglutina municipalidad, banco e iglesia; desperdigadas a los lados del camino y de las calles de tierra, la estación, la iglesia de San Carlos Borromeo y las viejas casas flotan en una quietud de otros mundos.

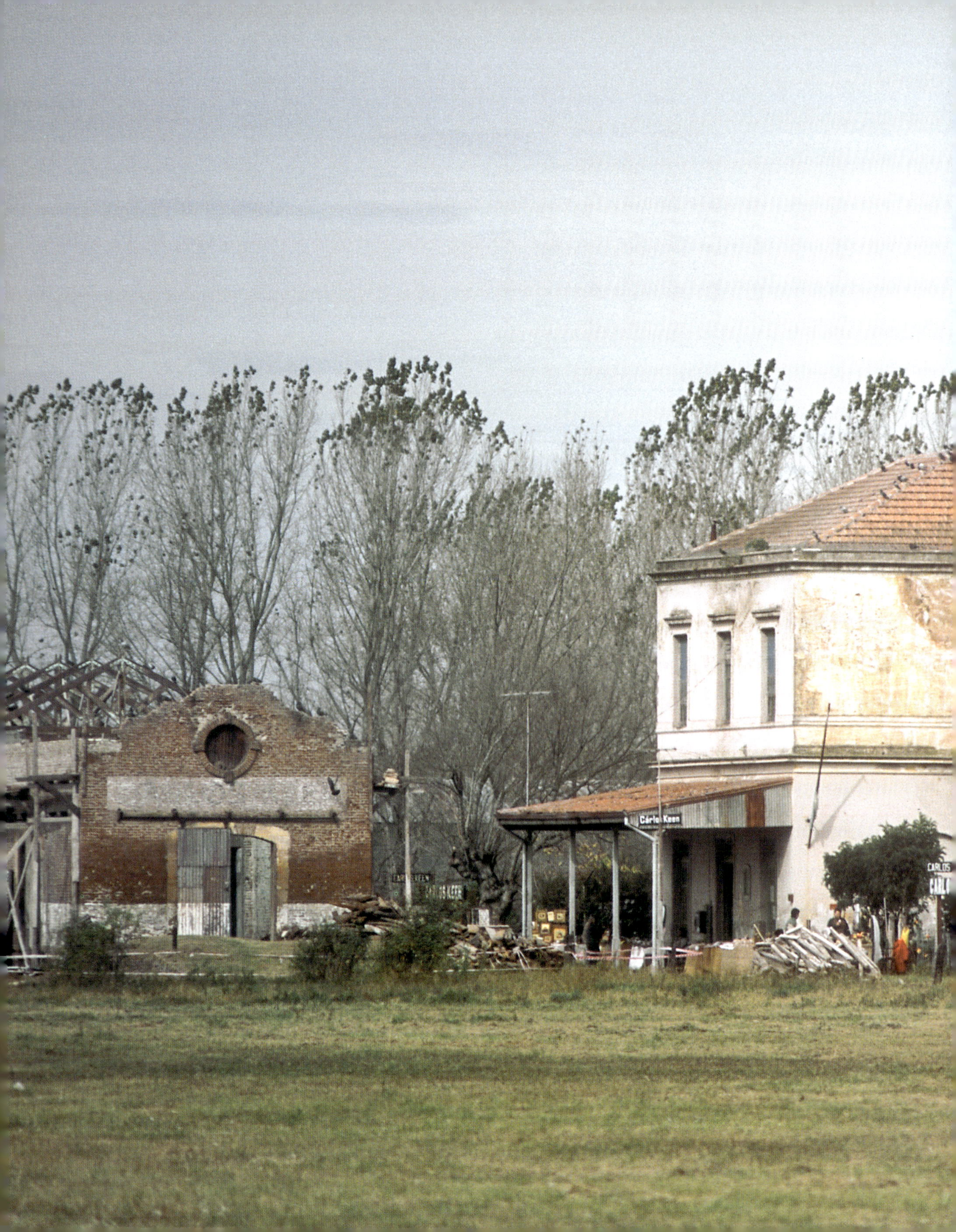
Keen
CARLOS

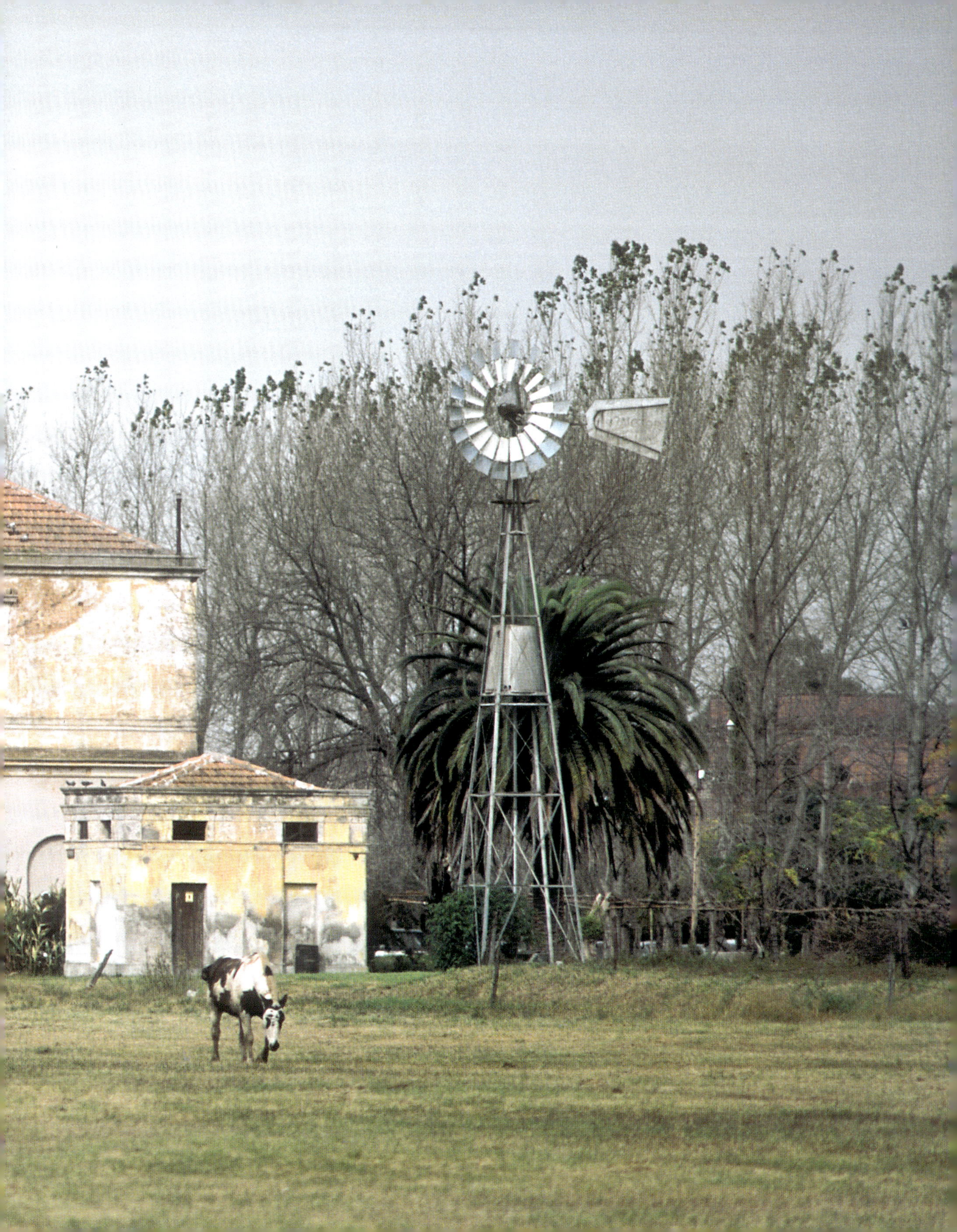

Carlos Keen
Por Acceso Oeste Km. 72
Partido de Luján

Vuelo Máximo
15 53 07 72 01
www.vuelomaximo.com.ar

carlos keen

OUTING

Satellite images help one understand twenty-first century metropolis; nineteenth century lithography shows the cities of those days. Nevertheless, none of these seem to be options for the tourist. Although going back to the twentieth century —the era of air photography— becomes valid to get a sky-view of **Carlos Keen**. The experience demands courage and following instructions is inevitable. But, it assures adrenaline, absolute silence, and cinematographic views. The climax and geography of this region —that has a special system to tow hang gliders since there are no mountains— allows one to get as high up as 600 meters and share a bird's view. This is an appealing experience that justifies a trip to this destination.

On the ground, the scenery of this country-town becomes an ideal weekend setting. Fresh air, a trip to the past, pared-down atmosphere, and good food. Interiors have creaking-aged wooden floors and outside, red-bricked sidewalks. If not for its history and tradition this small town —located quite close to the capital— might raise suspicions of a vernacular Disney World. But neighbors such as Aniceto Gutiérrez, former baker and renowned local cultural promoter —who today owns a *dulce de leche* factory— confirm this is the real thing. At a snail's pace, some houses were transformed into antique and furniture boutiques —all with a deep country style—. Others became bed & breakfasts or restaurants that offer home cooking and *parrilla* along with other regional products. The former 123 year-old Ramos Generales shop has become La Casona de Carlos Keen, another eatery. Even, Camino Abierto —an institution that works with needed children— has gone along with the trend: Los Girasoles open their doors for lunch. They offer *emapanadas*, meat, and pastas. But these transformations still lurk for more creativity.

There is no certainty that Carlos Keen once stepped on this ground. But, one thing's for sure; he didn't own land nor lived in this region. This settlement named after him —near Luján— grew because of the railway activity. During the seventies, the railroad was no longer used, and only 400 people were left to see how it became a ghost-town. There is no emblematic square that gathers the bank, the church, and the town hall. On the side of the road, the train station, the beautiful San Carlos de Borromeo church, and old residences float in the serenity of other worlds.

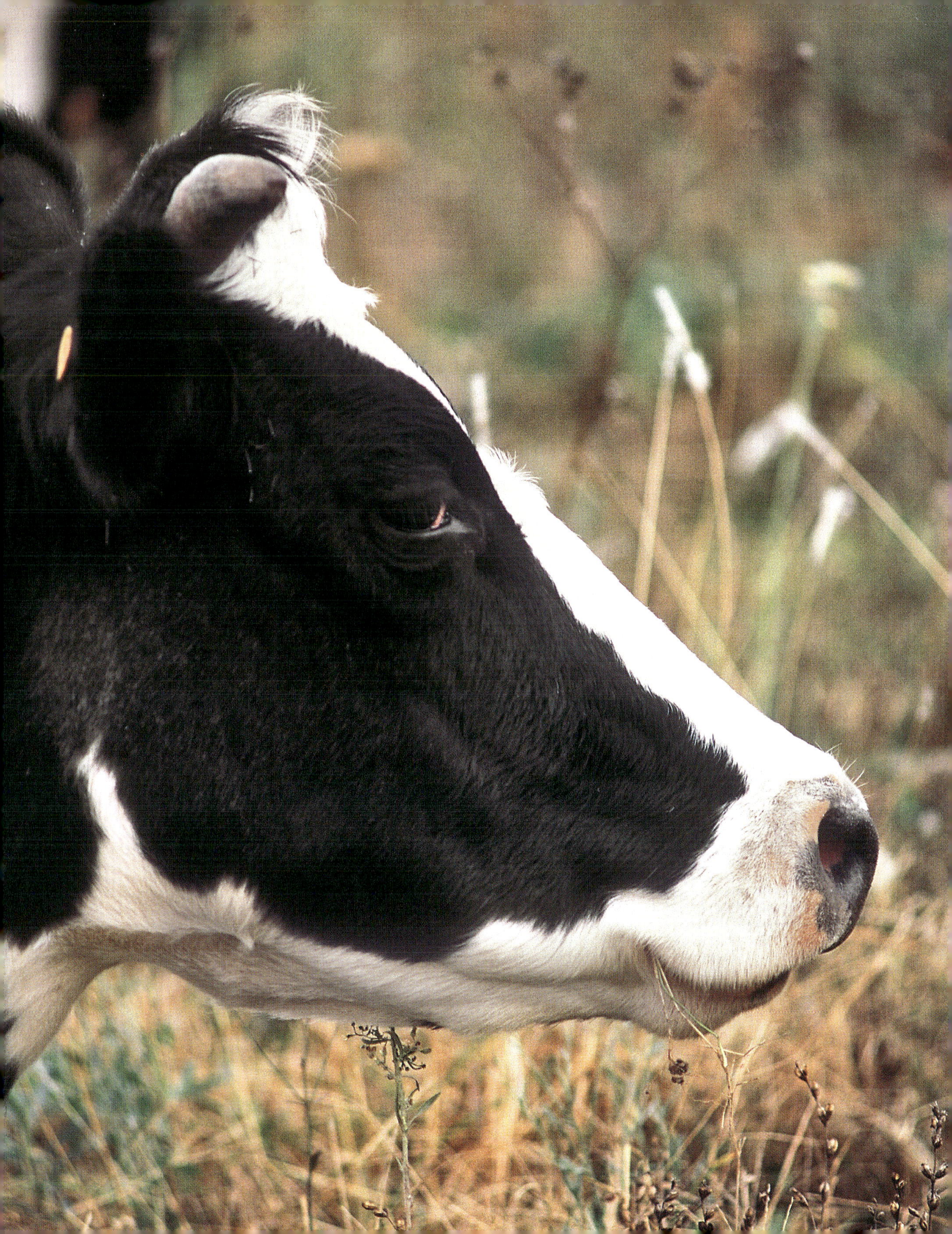

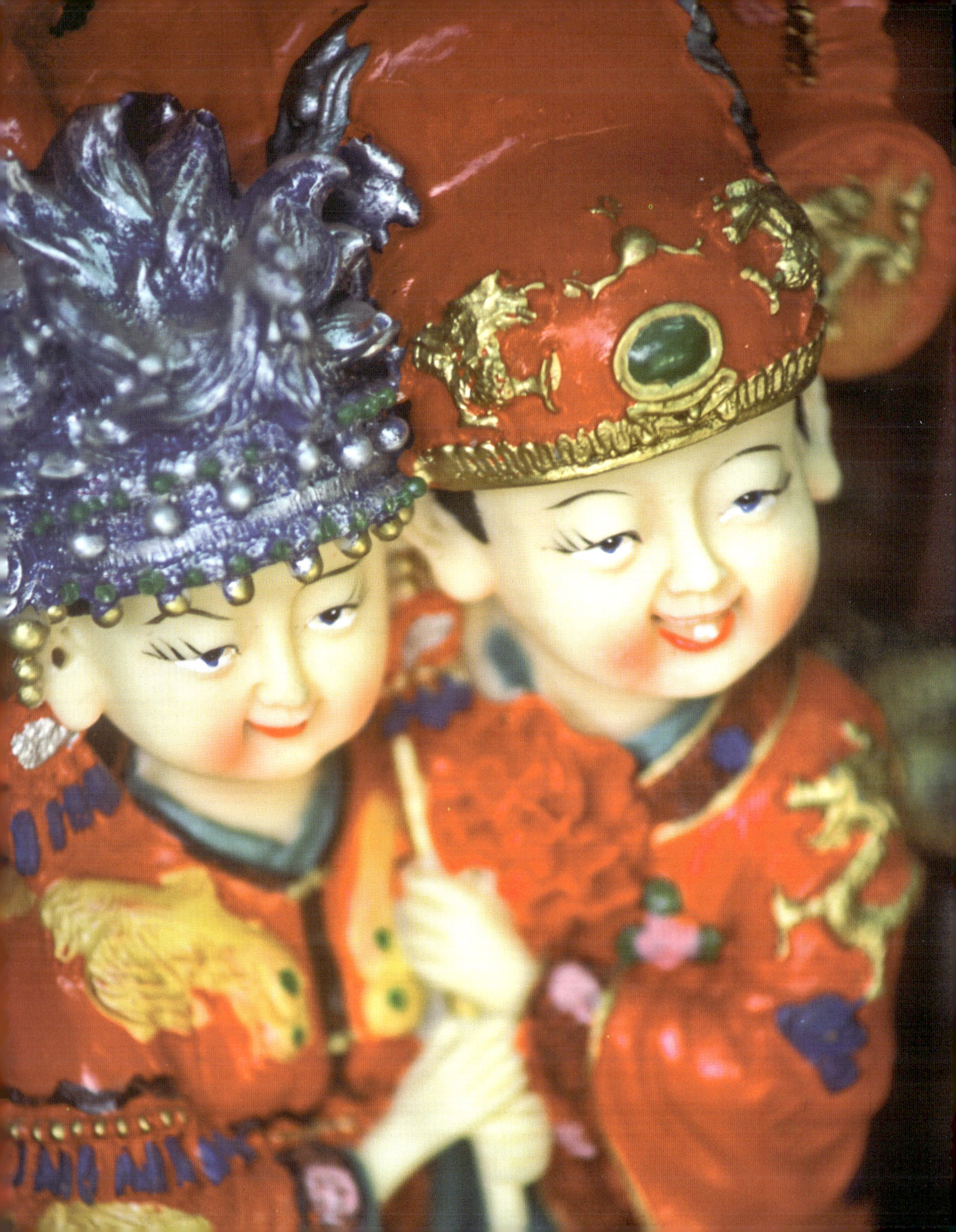

Barrio Chino
Arribeños y Juramento
Bajo Belgrano

barrio chino
CAPRICHO

El tren se detiene en la Estación Belgrano C, a las puertas del **Chinatown** porteño. Son escasas cuatro cuadras -aunque en expansión- que mantienen un sabor de barrio donde se trabaja y se estudia; se ve que la gente comparte las idas y vueltas de sus vidas. Ésa es la imagen. Para desmentirla habría que entender de qué hablan todos. El centro cultural de la calle Mendoza dicta cursos de chino para todos los niveles, los sábados. Una vez dominado el idioma se podrá tener un panorama más claro de todo lo que pasa alrededor, y también alquilar mangas, que son las historietas chinas y japonesas para adultos. Chicas sugerentes y guerreros armados anuncian historias de detectives, fantásticas o románticas. Otro beneficio directo de estos cursos será asociarse a alguno de los videoclubes. Todo lo nuevo que sale de Taiwán está a disposición, incluyendo telenovelas que se alquilan completas, de a treinta *cassetttes*, para lagrimear a gusto y en casa.

Durante el siglo XX, muchas tazas de té de jazmín y potes de arroz blanco lograron una extraña y muy efectiva colonización del mundo entero. Entre ambos encierran una esencia viajera inasible, cuyo poder traslada mágicamente a Sydney, a San Francisco o a New York, México D.F. o a Vancouver; haciendo sentir al viajero en terreno conocido, como si estuviera paseando por su propio Barrio Chino. Y a los locales los traslada a otra cultura, experimentando la vida cotidiana de sus miembros. Los *chinatown* ya tienen su propia entrada en diccionarios y enciclopedias, y como toda entidad poseen ciertas cualidades fácilmente discernibles, sea cual fuere el país en el que se encuentran. Mientras los sentidos reconocen olores y colores que hacen sentir como en casa, la razón se encarga de recordar el nombre de la ciudad por la que los pies caminan.

Las fronteras invisibles son múltiples, pero invitan a ser cruzadas y experimentar. Como la dialéctica, que cobra cuerpo cada vez que alguien dice "no entiendo"; o las letras que no alcanzan para develar de qué gusto será la bebida enlatada. Todas desaparecen en enero, cuando China festeja su año nuevo. Salen a las calles dragones rojos y amarillos, y al ritmo de la música tradicional, el *dragon dancing* se impone para orientales, turistas y locales. Alegría y buena suerte. Todos contentos.

真実喜
112g×24
150各箱 30-

夢幻・愛情
縱億少女
billion girl
Miwa Sakai
酒井美羽
①

Barrio Chino
Arribeños y Juramento
Bajo Belgrano

barrio chino

DELIGHT

The train stops at the Belgrano C Station, at the doors of the local **Chinatown**. Just four blocks, though expanding, of an easygoing ambience where people work and study. One can perceive inhabitants sharing everyday life experiences. That is the image. And to reveal what is truly going on, one would need to understand what people are talking about. On Saturdays, the cultural center at Mendoza Street offers Chinese courses for all levels. Once familiar with the language, it would be easier to have a clearer perspective of what goes on in this side of town, and even renting *mangas* –adult Chinese and Japanese comics– might become a possibility. Sexy ladies and armed warriors herald great police, sci-fi or romantic stories. By understanding Chinese, one could also become a member of the local movie rental shops. Every new production that comes out in Taiwan is available here, including soap operas that are rented complete –thirty cassettes worth– for months and months of sobbing at will in the comfort of one's home.

During the twentieth century, many jasmine tea cups and pots of white rice settled, strangely and effectively, throughout the world. These elements possess a subtle essence that has the power of magical transportation. No matter where: Sydney, New York or San Francisco, Mexico City or Vancouver, one feels in well-known territory, as if walking around Chinatown back home. And for locals, a chance to wander through another culture… While the senses recognize flavors that make one feel in known space, reason recalls the name of the town on which the feet are walking.

There are multiple invisible frontiers, yet they beckon to be crossed and experienced. Like the dialectic boundary that gains meaning every time somebody says: "I don't understand". Or the alphabet, whose letters are never enough to discover the flavor of the canned drink we are holding. The boundaries fade in January when China celebrates its New Year. Red and yellow dragons cover the streets, and –to the rhythm of traditional Chinese music– the *dragon dancing* conquers Orientals, locals, and foreigners. Joy and good luck.

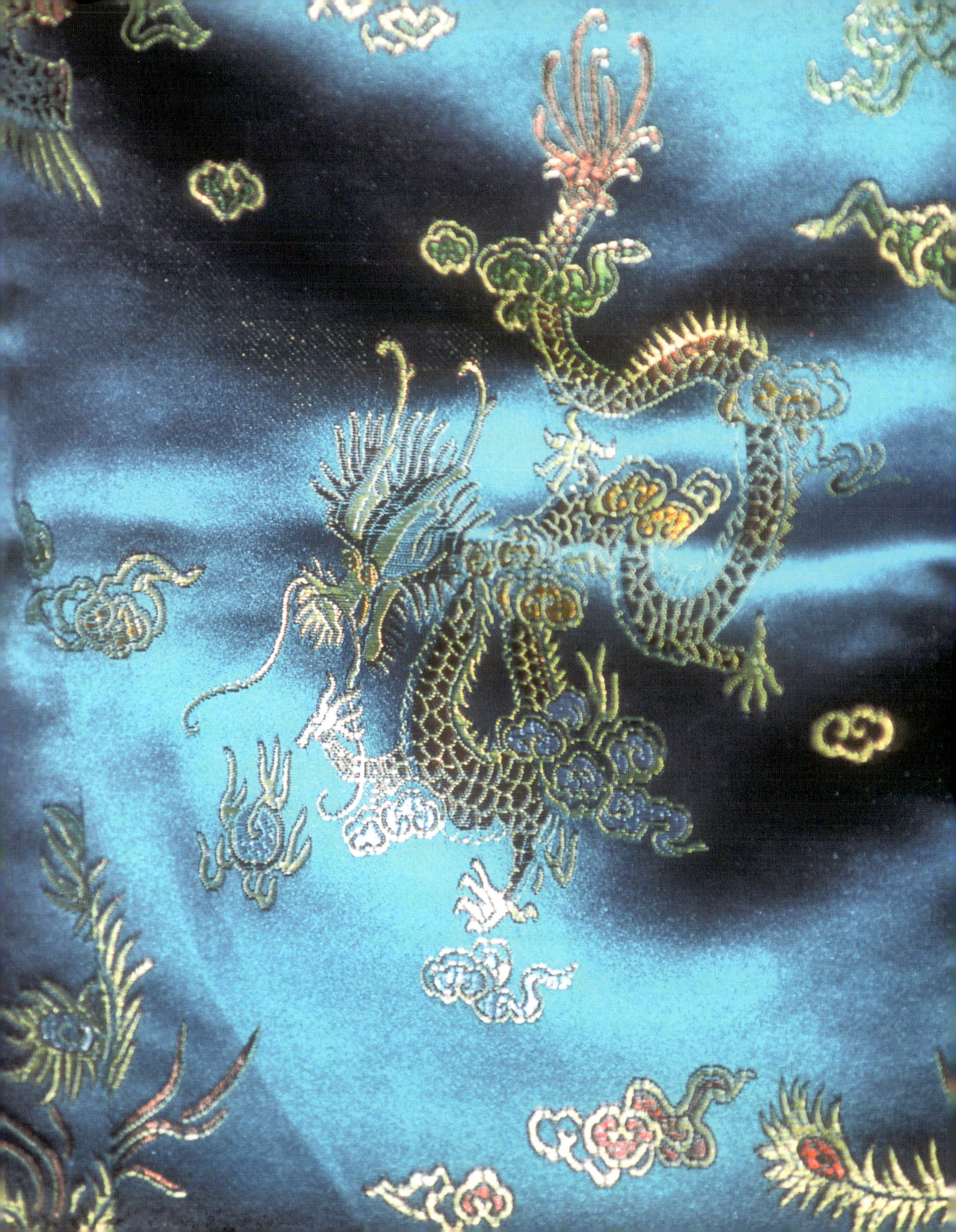

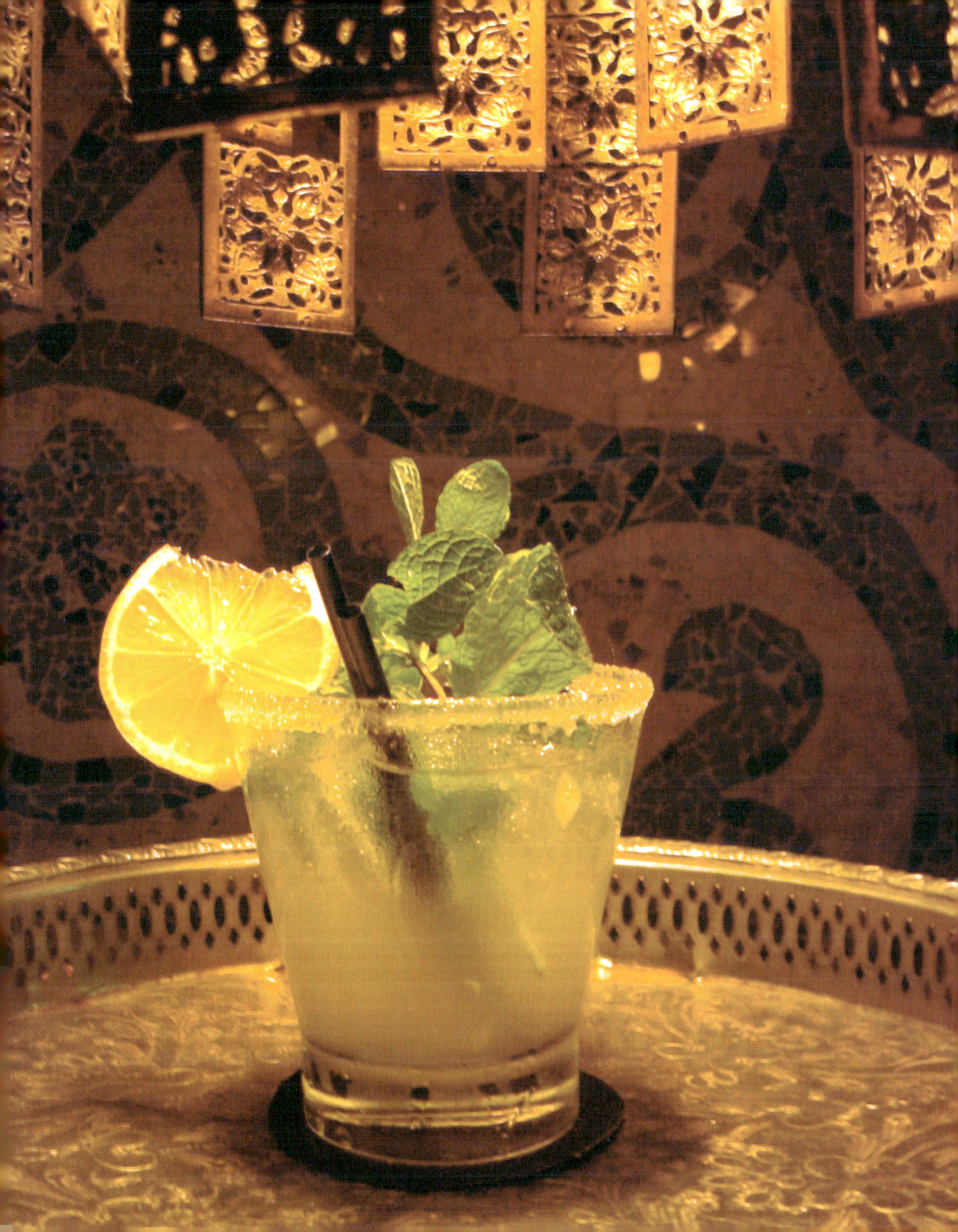

Bereber
Armenia 1880
Palermo Viejo
48 33 56 62

bereber

GUSTO

La puerta se cierra y mantiene la frescura del ambiente. La penumbra gana por un instante, hasta que varias velas encerradas con inteligencia en vidrios, imponen su luz tenue. El restaurante marroquí **Bereber** no está frente a la plaza Djemaa el Fna, sino en pleno corazón de Palermo Viejo. Y en la plaza que le corresponde, sábados y domingos se instalan mercaderes y artesanos que, vistos a través de las rejas de la ventana, participan de esta fantasía que llega de los desiertos del África. Las paredes con colores y azulejos partidos y la calidez en los materiales transitan por la sobriedad, por una simplicidad a la que Buenos Aires no está acostumbrada cuando de abordar lo lejano y exótico se trata.

Como en el Norte de África o *pourquoi pas*, en París, se puede disfrutar un *couscous* auténtico, o un cordero salteado con especias. A los platos tradicionales de la cocina magrebí, se le suman otros, que incorporan elementos locales y sintetizan la fusión entre dos culturas. El cocinero que hace viajar bien lejos es Darío Muhafara. Precede a Bereber su otro restaurante, el vietnamita Green Bamboo, instaladísimo hace rato en Palermo Hollywood.

El programa es estrictamente nocturno durante los días de semana. No así los sábados y domingos, que abre al mediodía. Si la fortuna acompaña, las mesas bajas con pufs y alfombras se convierten en el propio living. Frente a bandejas que ofrecen delicias de la *pâtisserie* marroquí y otras dulzuras sensuales, reclinarse a charlar tiende a prolongarse hasta bien entrada la tarde. Un consejo para disfrutar del *non stop* de masa fila con dátiles, damascos, higos y nueces, canela y especias: las bondades del té de menta. Llamado también whisky bereber, es la bebida de la hospitalidad. Posee mil y una virtudes: desde ayudar a digerir los platos especiados, hasta calmar espíritus angustiados, curar el insomnio, y aliviar los males de la vejez. Se consume a toda hora y no acepta rechazos. El primer vaso es amargo como la vida, el segundo, suave como el amor y el tercero, tranquilizante como la muerte. Los mandatos religiosos que prohíben el alcohol no encuentran eco en la barra porteña de este restaurante, famosa por sus tragos. El Vodka Absolut con té verde conquista nuevos terrenos hacia la integración culutral.

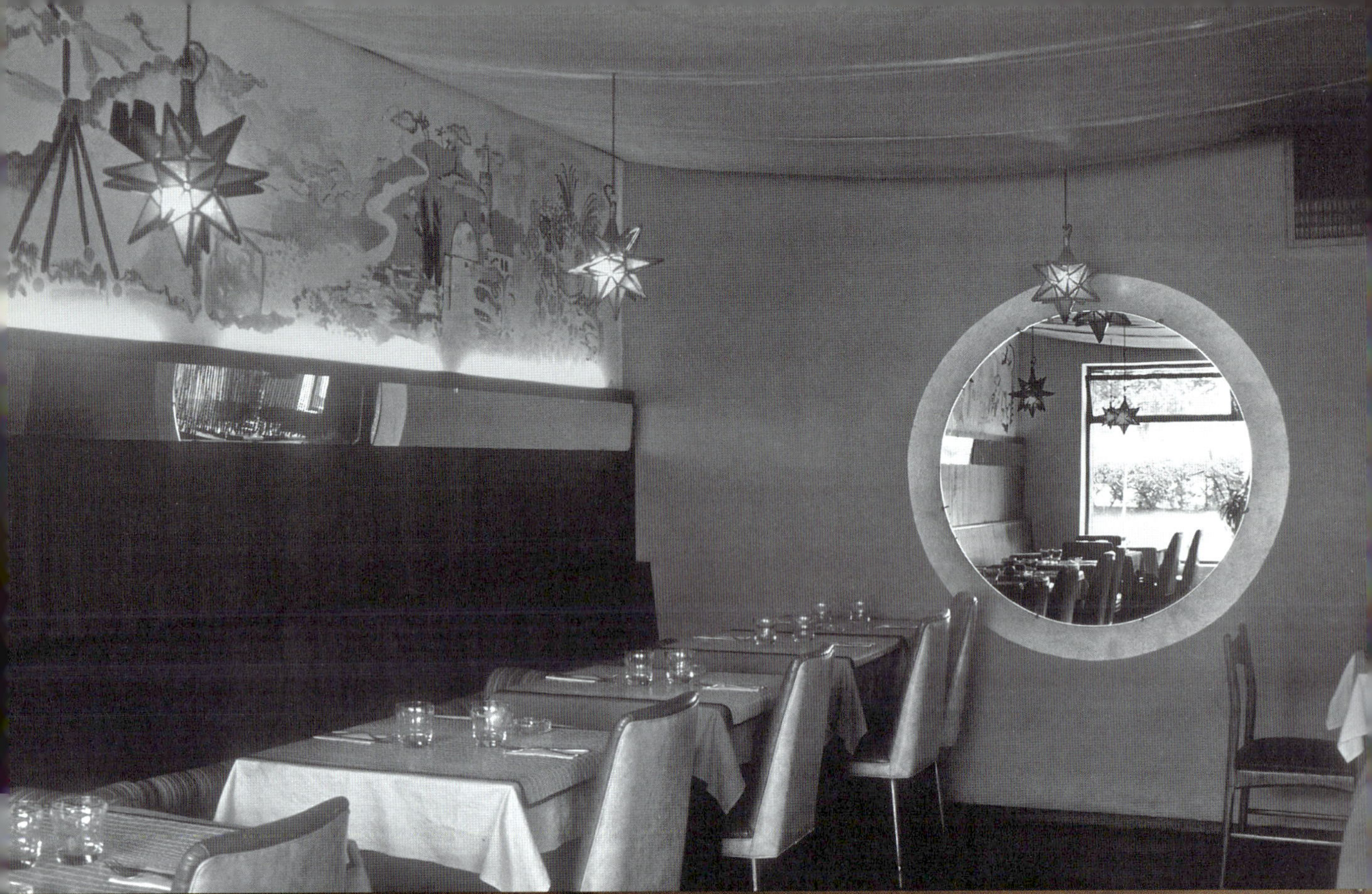
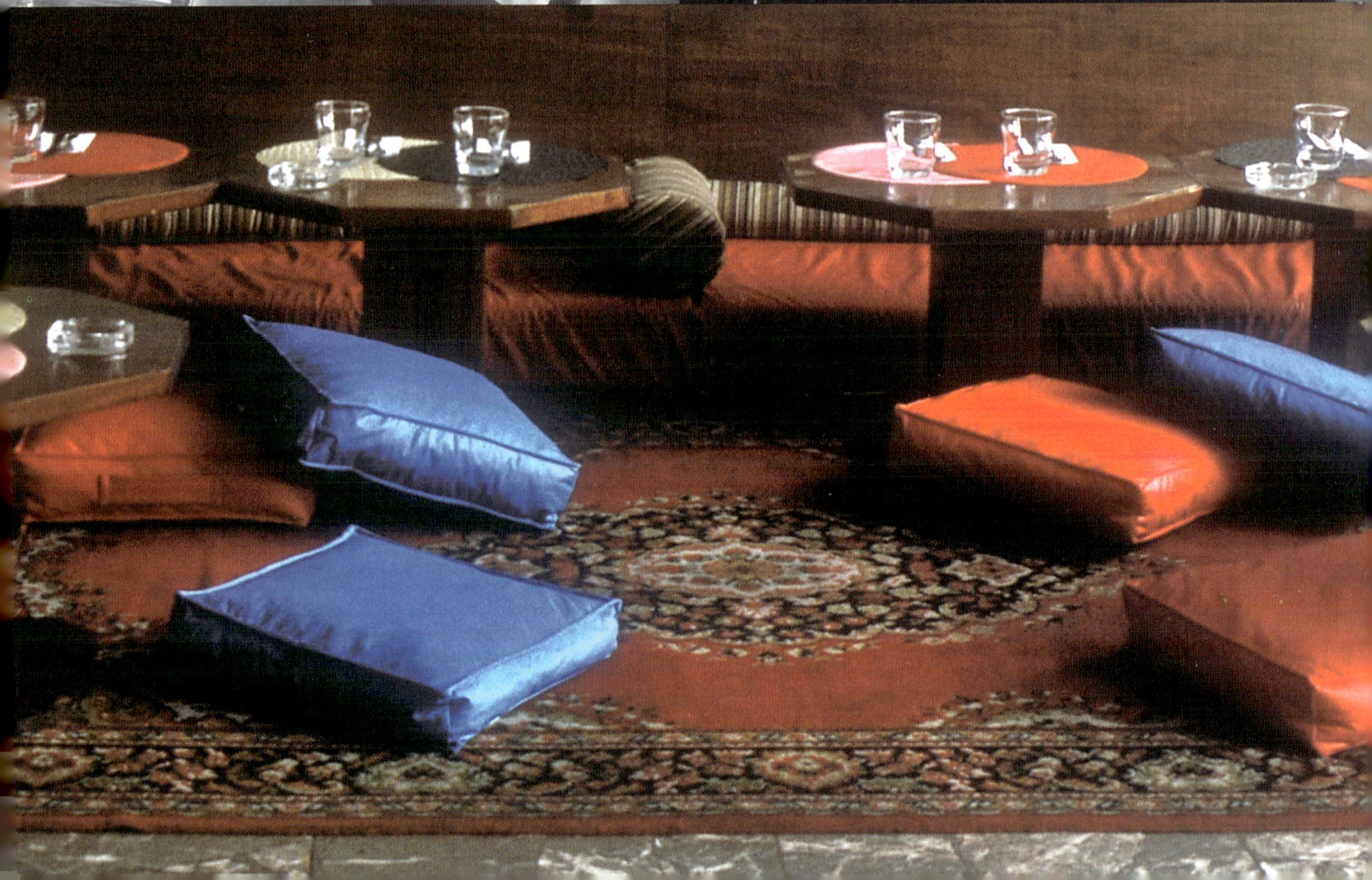

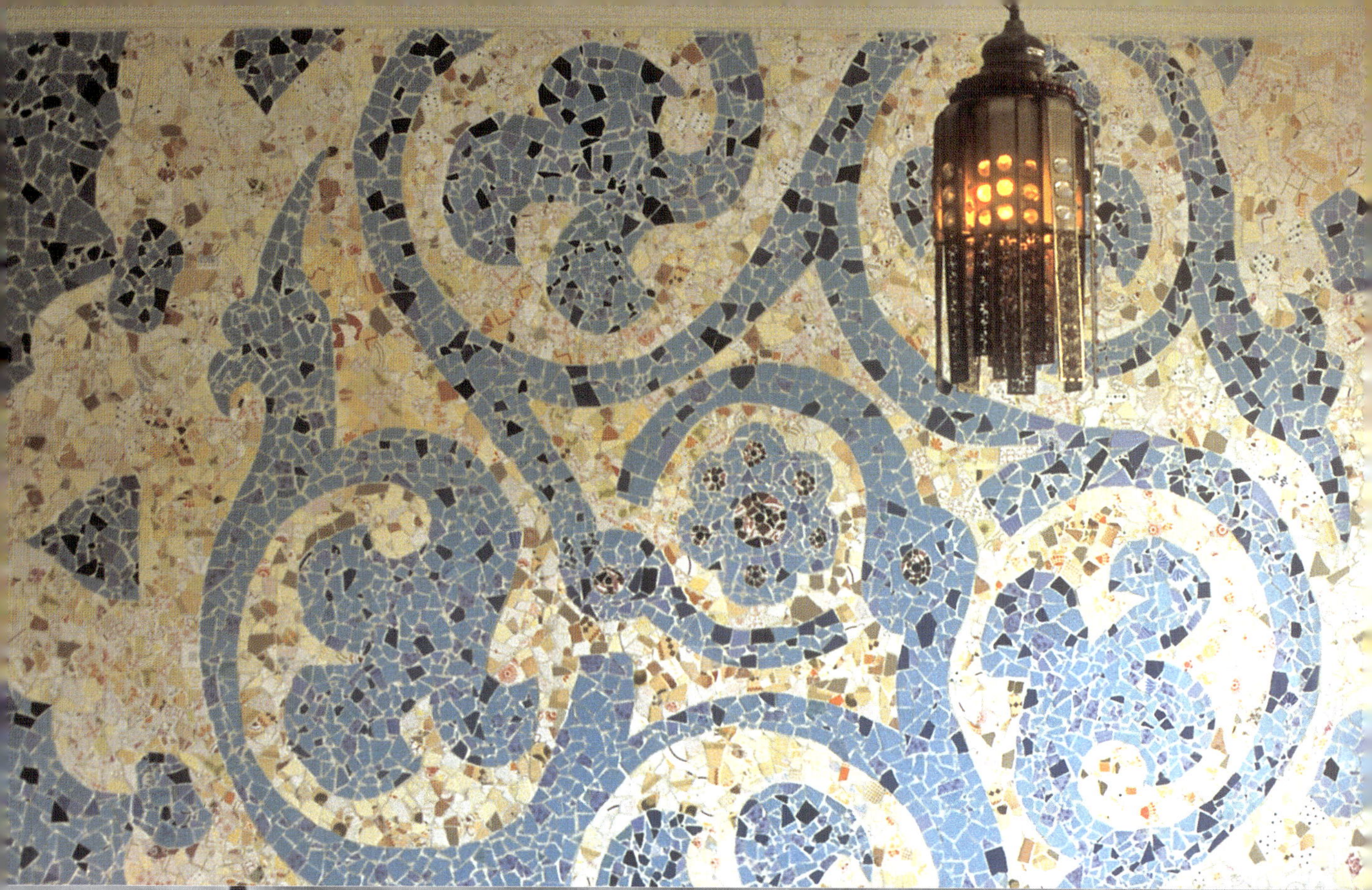

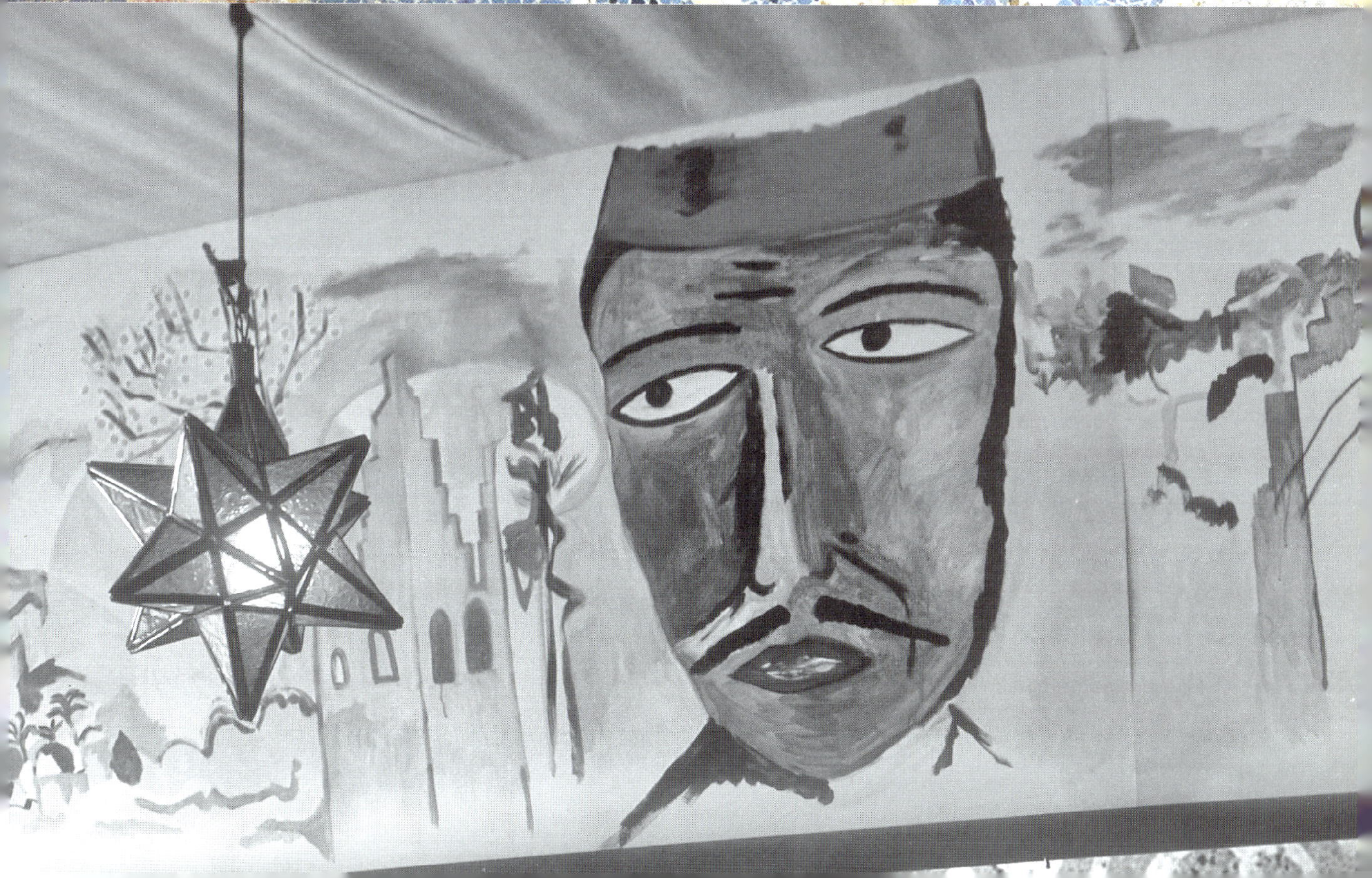

Bereber
Armenia 1880
Palermo Viejo
48 33 56 62

bereber

TASTING

The door closes maintaining the fresh vibe. Darkness conquers the first impression, but slowly locked-in-glass-candles impose, with intelligence, the dim light. The Moroccan restaurant **Bereber** is not in front of Djemaa el Fna Square, but right in the heart of Palermo Viejo. And, on Saturdays and Sundays, the plaza in front of it, is embellished with artisans, that seen through the window grates, become part of the fantasy that comes from African desserts. Candy-colored walls are adorned with broken tiles. The warmth and simplicity of the materials and lighting give this restaurant a sobered look that is not the norm among BA´s idea of exotic, foreign restaurants.

Like in Northern Africa or *pourquoi pas* in Paris, one can enjoy couscous or a well-seasoned lamb. Besides the traditional dishes of Moroccan cuisine, there are others in which local flavors are added to give rise to a fusion of two cultures. Darío Muhafara is the chef that takes the patrons on these magic carpet rides to faraway lands and tastes. His first venue in Palermo Hollywood, the Vietnamese Green Bamboo, has become a classic in this area.

On weekdays, this is strictly an evening experience. But on weekends, Bereber opens for lunch. If one gets lucky, the floor space —with tables, rugs, and pouffes— becomes ones own living room. Lying while chitchatting in front of generous trays of Arabian *patisserie*, tends to last till late afternoon. A piece of advice: peppermint tea is a basic need to keep the non-stop enjoyment of phyllo pastries filled with dates, apricots, figs and nuts, cinnamon and spices. The whisky bereber is known as the house's cutting edge drink. It is supposed to have many virtues: it helps digest spicy ingredients and even calms anxious spirits, cures insomnia and alleviates old age ailments. Any place, any time, this beverage does not accept rejections. The first glass tastes as bitter as life; the second, as soft as love; and the third, as tranquilizing as death. Foreign religious laws, that prohibit alcohol drinks, do not find an echo in the perennial favourite bar of this *porteñan* restaurant. Conquering a new terrain of cultural fusion, Absolut with green tea also enlivens imagination.

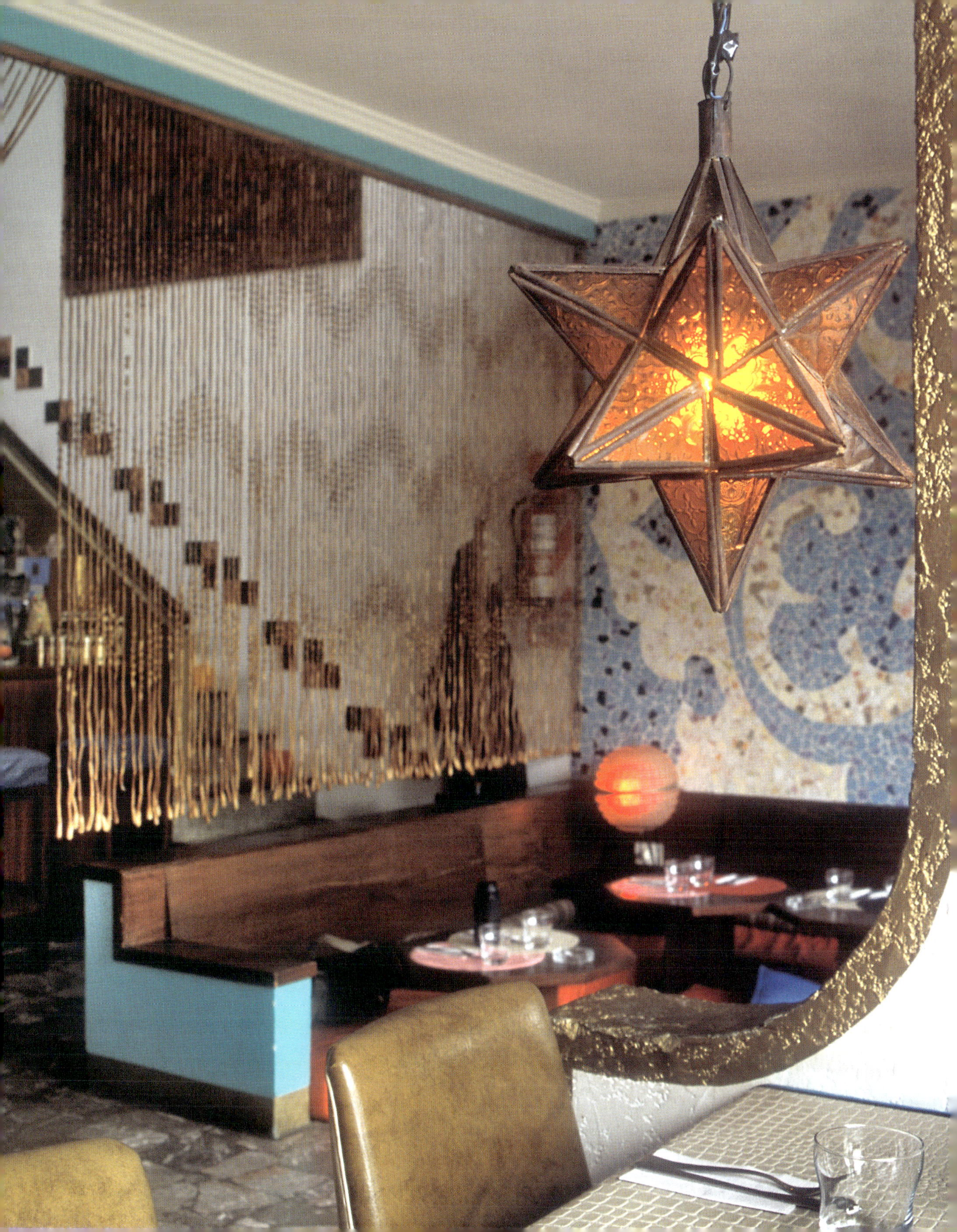

Oui

Oui Oui
Nicaragua 6068
Palermo Hollywood
47 78 96 14

oui oui

GUSTO

La limonada con menta en la vereda, o la perspectiva, novedosa para un porteño, de compartir mesa con un amable desconocido, nutren la paciencia y alivianan la espera. Los días sábados y domingos de 8 a 8, **Oui Oui** organiza *brunch* y té-cena con menú fijo. Los pochitos de humita, el frapuccino y la mus de chocolate amargo comparten el estrellato de una cocina que no conoce fronteras. Rocío se deja ver, anotando el menú en la pizarra, a eso de las 11 de la mañana. Ella escribe mus, así como suena; y sánguches. Viajando y comiendo durante un año entero en Francia, surgió la idea de abrir un lugar en Buenos Aires que conjugara sus dos pasiones. Comer lo que más le gusta y sentirse de viaje. Siempre hay pan y queso, pan y chocolate, libros y diarios de muchos países, y sopas; para llevar, magdalenas y dulces caseros. En su haber cuenta con una pasantía con el chef Germán Martitegui, de Olsen, y participaciones en ferias de cocineros jóvenes que organizaba Narda Lepes.

Que se acepten perros y se admita el descorche no sorprende con semejante nombre; pero... ¿pastas el 29? ¿Tortas fritas cuando llueve? La inspiración es francesa, lo que no implica que deba comerse *en français*! El halo parisino radica en la decoración *à la sans façon* del local, y en su espíritu. Así como en el evidente culto al pasado que rinde Rocío, que sabe encontrar el valor agregado que tienen las cosas cuando perduran en el tiempo. A las ollas de su abuela, las latas heredadas de sus tías o de su mamá y a los picnics de verano en el campo. La costumbre de la sopa, de comer panes y guisos y de tomar el té con las masas más ricas... con recetas que son familiares o inventadas.

Al traspasar el umbral, suntuosas rosas frescas de jardín y muebles simples pintados a mano hablan de una dedicación amorosa. Las rosas secas que cuelgan de las paredes, y los frascos gigantes con *brownies* y galletas, le traen al local ciertos aires de cocina de campo en medio de Palermo Hollywood. Los canales y productoras de cine y televisión del barrio, que proveen a Oui Oui de una clientela bien *fashion* y algunas caras famosas, van moldeando esta zona de casas bajas y galpones viejos. A pocas cuadras, el Mercado de Pulgas de Dorrego, meca de *treasure hunters* y decoradores, se despliega cada día dentro de una estructura metálica de principios del siglo XIX. Por aquel entonces era un centro de concentración de frutos y verduras; hoy es un laberinto de sorpresas y personajes, donde se puede desde restaurar una araña y contratar un carpintero, hasta comprar *pins* o tacitas de café de colección.

Oui Oui
Nicaragua 6068
Palermo Hollywood
47 78 96 14

oui oui

TASTING

A sidewalk lemonade with mint leaves, or the idea —new for the BA inhabitant— of sharing a table with a friendly unknown, nourishes one's patience and makes the waiting easier. From 8 a.m. till 8 p.m., on Saturdays and Sundays, **Oui Oui** organizes brunch and tea-dinner with a fixed menu. The *pochitos de humita*, the *frapuccino* and the *mus de chocolate amargo* share their fame with a kitchen that has no frontiers. Rocío can be seen writing the menu on the chalkboard. And the words are written just like they sound: *mus* instead of *mousse* or *sánguches* for sandwiches. A year of traveling around France gave her the idea of opening a place in town that would combine her passions: eating what she likes the most and the feeling of being on foreign lands. There are always breads and cheese, breads and chocolate, books and newspapers from several countries, and soups… To take home: *magdalenas* and homemade jam. She did an internship with chef Gérman Martitegui, from Olsen, and participated in fairs for young cooks organized by Narda Lepes.

Faithful to its name, it is not surprising that dogs are allowed or that one can bring his or her own wine. But pasta on the 29th? Or, *torta fritas* when it's raining? These are true surprises. French inspiration does not mean that one has to eat *en français*! The French air remains on the *à la sans façon* décor and in the spirit, as well as in Rocío´s worship of the past. She knows how to make the most of old goodies. Her grandmother's pots and pans, cans inherited from her aunts, and the tradition of countryside summer picnics. The habit of soups in winter, eating breads and stews, and having tea with the most delicious pastries… All with her own or family recipes.

Upon walking through the door, freshly cut garden roses and hand-painted furniture reveal dedication and attention to detail. Dried roses hanging from the walls and jars brimming with brownies and cookies bring a farm kitchen vibe to Palermo Hollywood. The TV stations and film companies, that have transformed this neighborhood, bring a fashionable clientele to Oui Oui. Only a few blocks away, the Mercado de Pulgas de Dorrego, the mecca for designers and treasure hunters, displays its wares under a nineteenth century metal structure. Back then, it used to be a produce market. Today, it is a labyrinth of surprises and characters, where one can have a chandelier restored and hire a carpenter, or buy old pins and collectible pieces of china.

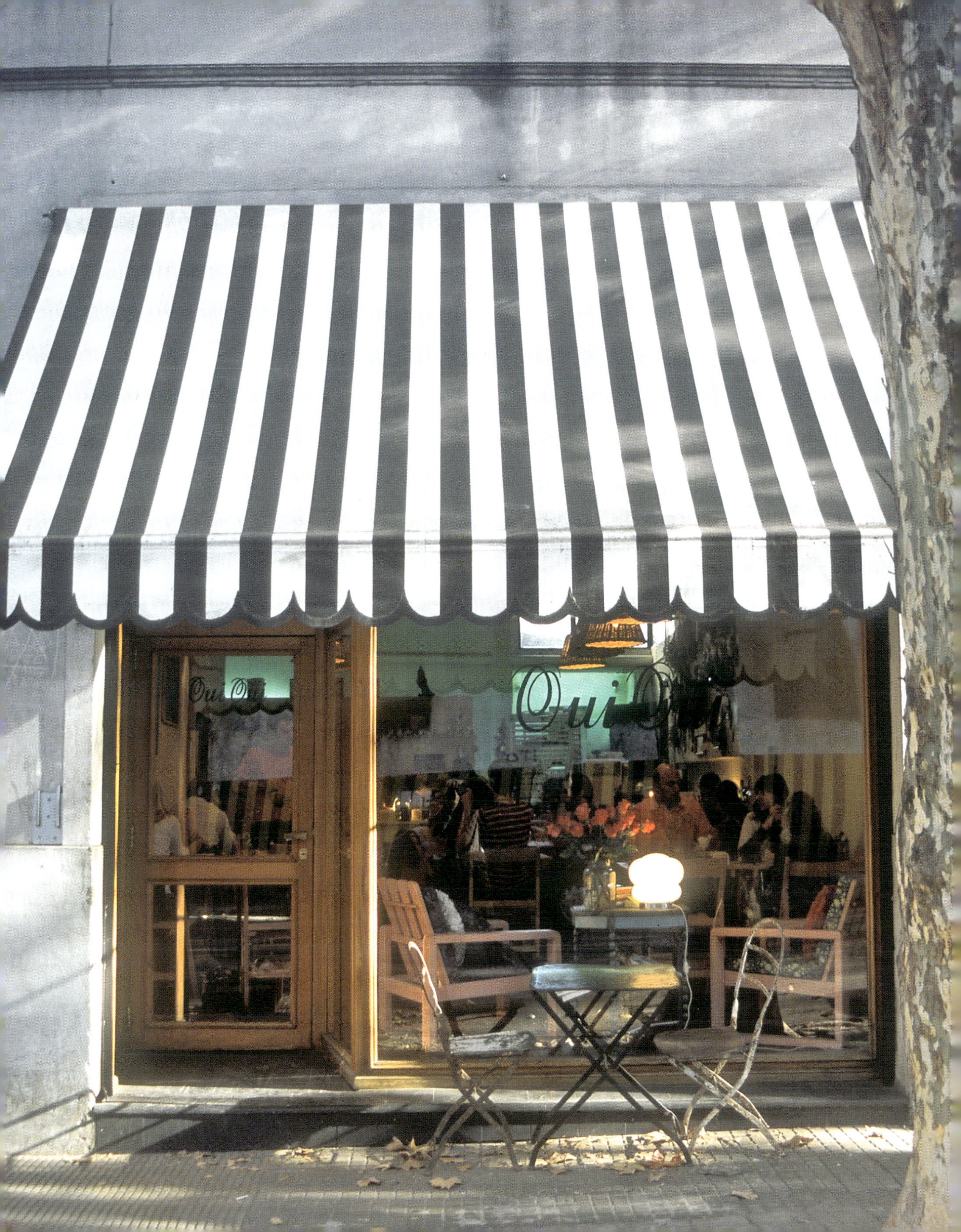
Oui Oui

ned
tras
as
el
Viva

L´Eau Vive
Constitución 2112
Luján
(02323) 42 17 74

l'eau vive

GUSTO

¡Han sido prevenidos! Puede pasar mientras el *camembert* se funde contra el paladar o cuando el helado de la *profiterole* se derrite en la boca. Una melodía celestial detendrá el movimiento de las túnicas con colores de África, sorprenderá a los comensales distraídos, y hará sonreír a los *habitués*. Es la invitación de las hermanas a cantar algún Ave María de Lourdes. Convencidas de que la música abre caminos hacia lo espiritual, las Trabajadoras Misioneras condimentan así su servicio gastronómico, divino acceso a bienes más terrenales.

Comida y religión mantienen una relación histórica y muy estrecha. Curas y monjas siempre han sido guardianes de la cultura culinaria, aunque aquí no se trata de antiguas recetas secretas. En la cocina de **L´Eau Vive** se siguen los preceptos de la escuela *Cordon Bleu* de Francia. Las hermanas que allí estudiaron cumplen parte de su misión enseñando a sus compañeras en los cinco continentes. En 1958 el padre Roussel, fundador de esta orden, comenzó a mandar misioneras por el mundo. Argentina recibió a las tres primeras en noviembre de 1960. Nueve años más tarde abrieron las puertas de su convento a través del restaurante L´Eau Vive, que se sumó a los de Perú, Burkina Faso, Francia, México, Nueva Caledonia y otros tantos países. Testimonios de un trabajo en conjunto y muy organizado que intenta, desde el punto de vista gastronómico, mantener las raíces y los sabores de la cocina clásica francesa, aunque incorporando las diversas costumbres y materias primas de cada lugar. Ajena a las tendencias gourmet del momento, la carta es extensa y tiene un dejo de los años setenta. Las papas *dauphine* son la guarnición de la mayoría de los platos principales. *Grenouilles*, *mousses*, *tournedos*, *lapin* y *profiteroles* llegan a la mesa en porciones que satisfacen los apetitos de peregrinos y *gourmands*, locales y turistas.

Unos seis millones de personas visitan Luján cada año, principalmente durante las peregrinaciones al santuario de la Virgen. Desde hace 45 años, los gauchos llegan a caballo para homenajearla. A la peregrinación anual y a la Juvenil se le suman otras, como la de los ciclistas. Aunque la ciudad está preparada para recibir multitudes inmensas, es mejor tener en cuenta el calendario; permite prever qué escenario se encontrará.

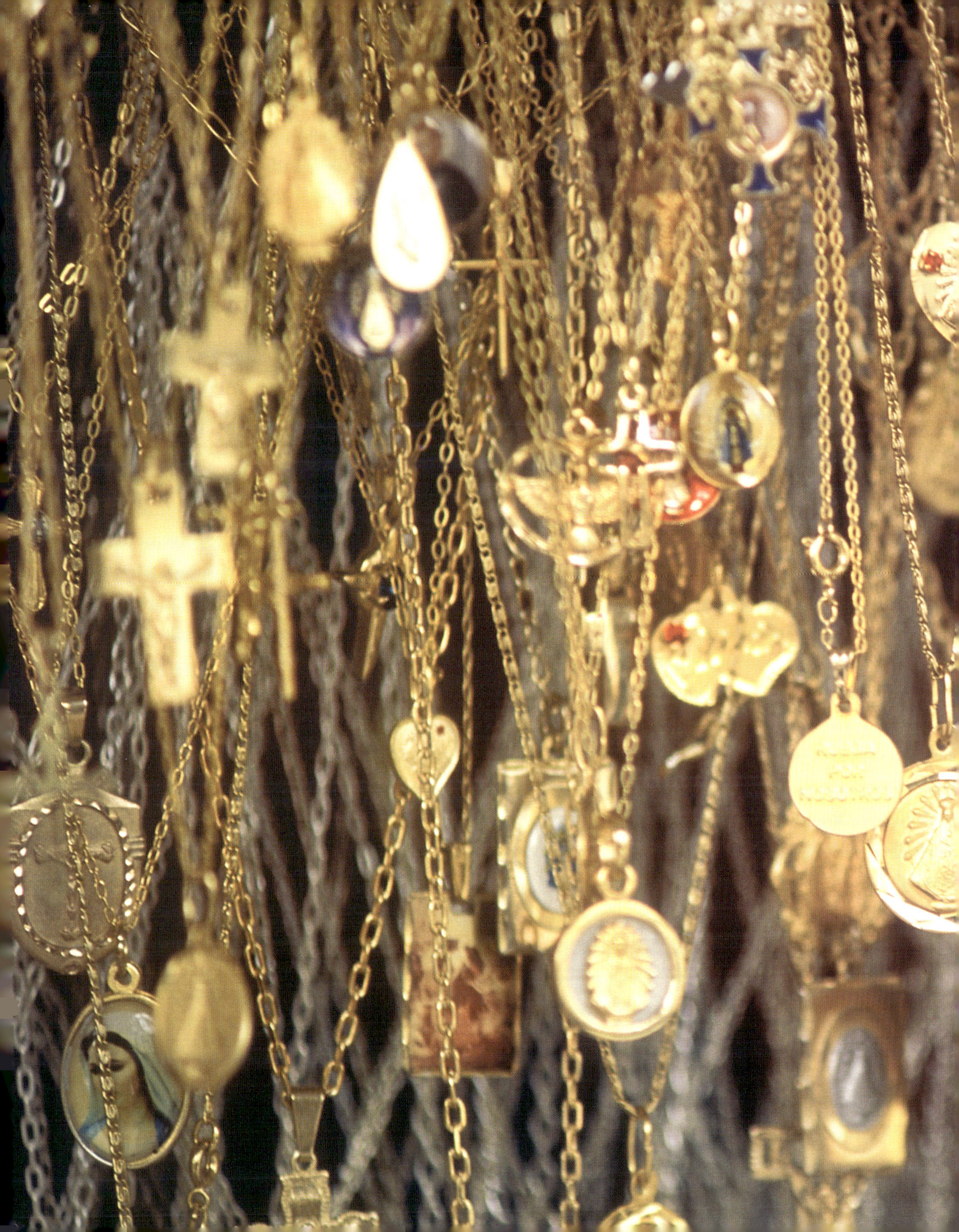

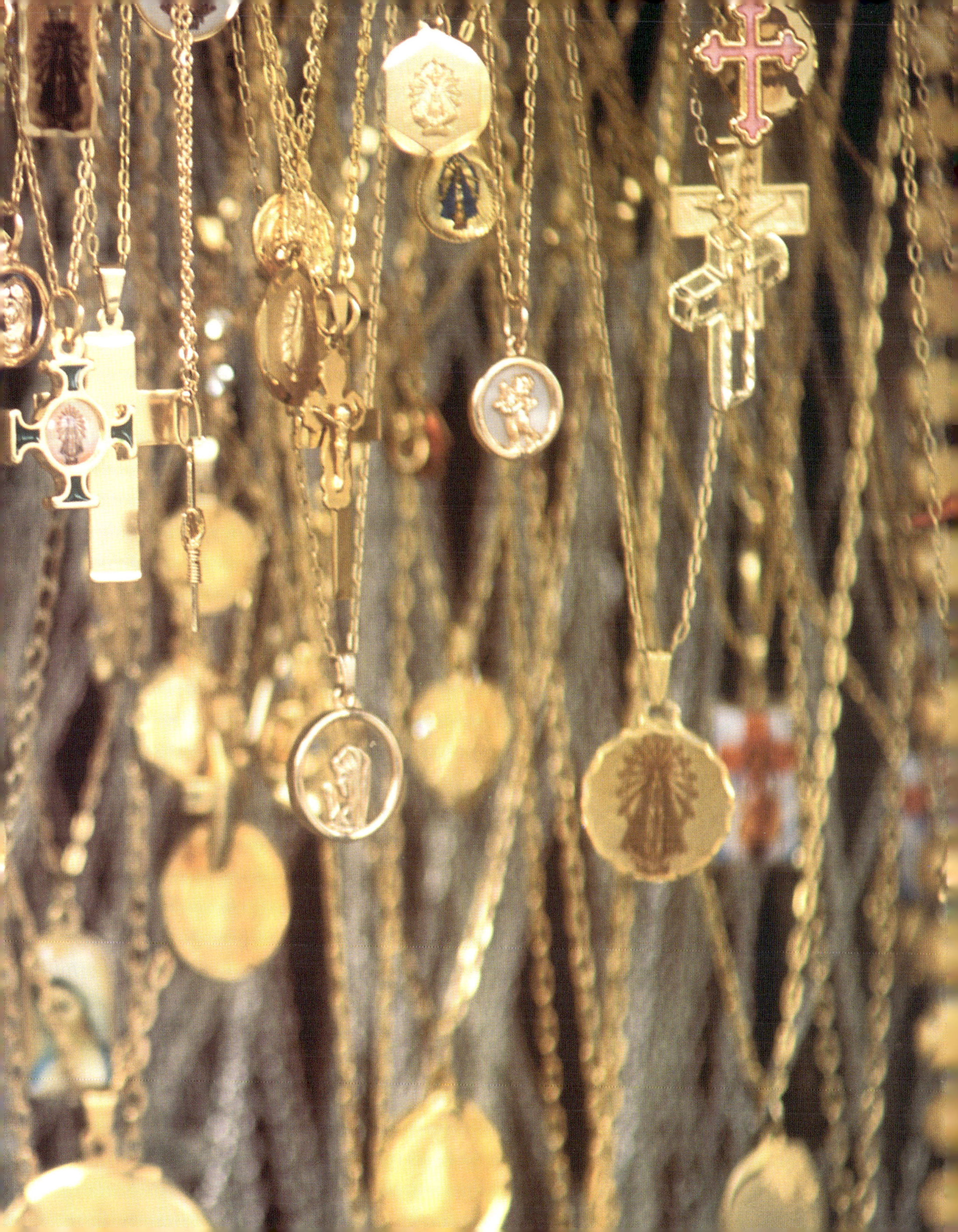

L'Eau Vive
Constitución 2112
Luján
(02323) 42 17 74

l'eau vive

TASTING

You have been warned! It can happen while the ice cream from the profiterole melts in your mouth or when the Camembert meets your palate. Heavenly tunes will stop the colorful, moving African garments surprising absentminded patrons and bringing smiles to regulars. It is the invitation of the Sisters to sing along to Lourdes's Holy Mary. Convinced that music opens up spiritual pathways, these working missionaries season their food proposal with sacred music, a divine access to earthly pleasures.

Food and religion maintain an incredibly close, historic relationship. Nuns and priests have long been guardians of the culinary culture, although in this restaurant it is not about liquors or cheeses elaborated using ancient secret recipes. The precepts of the French Cordon Blue reign over the kitchen of **L'eau Vive**. The Sisters that studied there fulfill their mission by teaching other Sisters spread out over five continents. In 1958 Father Roussel, founder of the Order, began sending missionaries around the world. Argentina received the first three in November 1960. As in Peru, Burkina Faso, France, Mexico, New Caledonia, and other countries, nine years later, they opened the doors of their convent in Luján through L'eau Vive restaurant. The organized team work guards the roots and flavors of classic French cuisine, though incorporating local tastes and ingredients. Far from current culinary tendencies, the long menu has reminiscences of the seventies. Dauphine potatoes are the most common side dish for all entrees. Grenouilles, mousses, tournedos, lapin, and profiteroles reach the table in portions that satisfy devotees, gourmands, and tourists.

Crowds grow considerably during the frequent peregrinations to the Virgin of Luján sanctuary. In October, for the last forty-five years, horseback-riding gauchos have gone to worship their *Virgen Gaucha*. In November, biking pilgrims reach the Basílica. The annual and youth pilgrimages also have their dates on this calendar, something to take into consideration in order to be prepared for the scenery one will encounter.

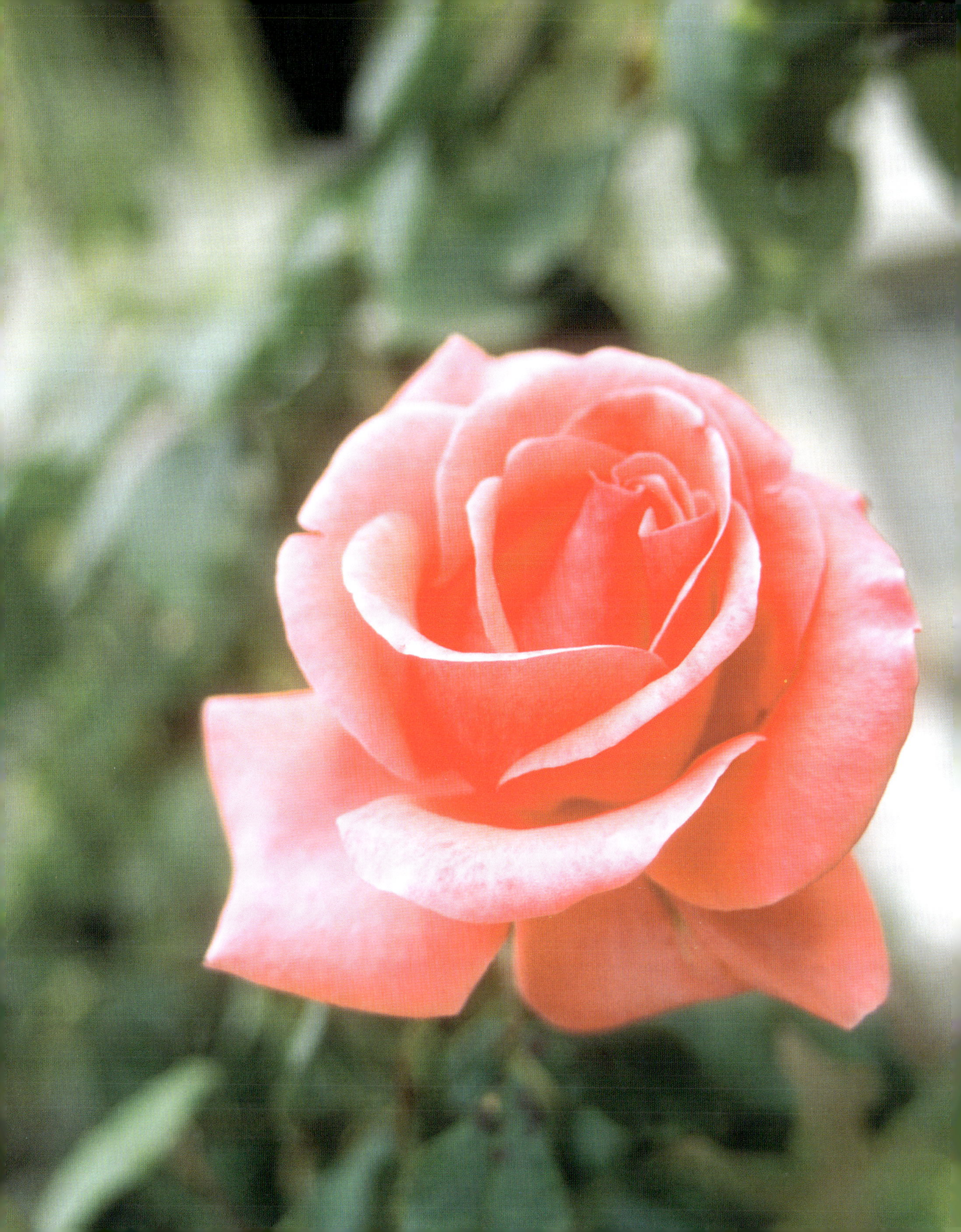

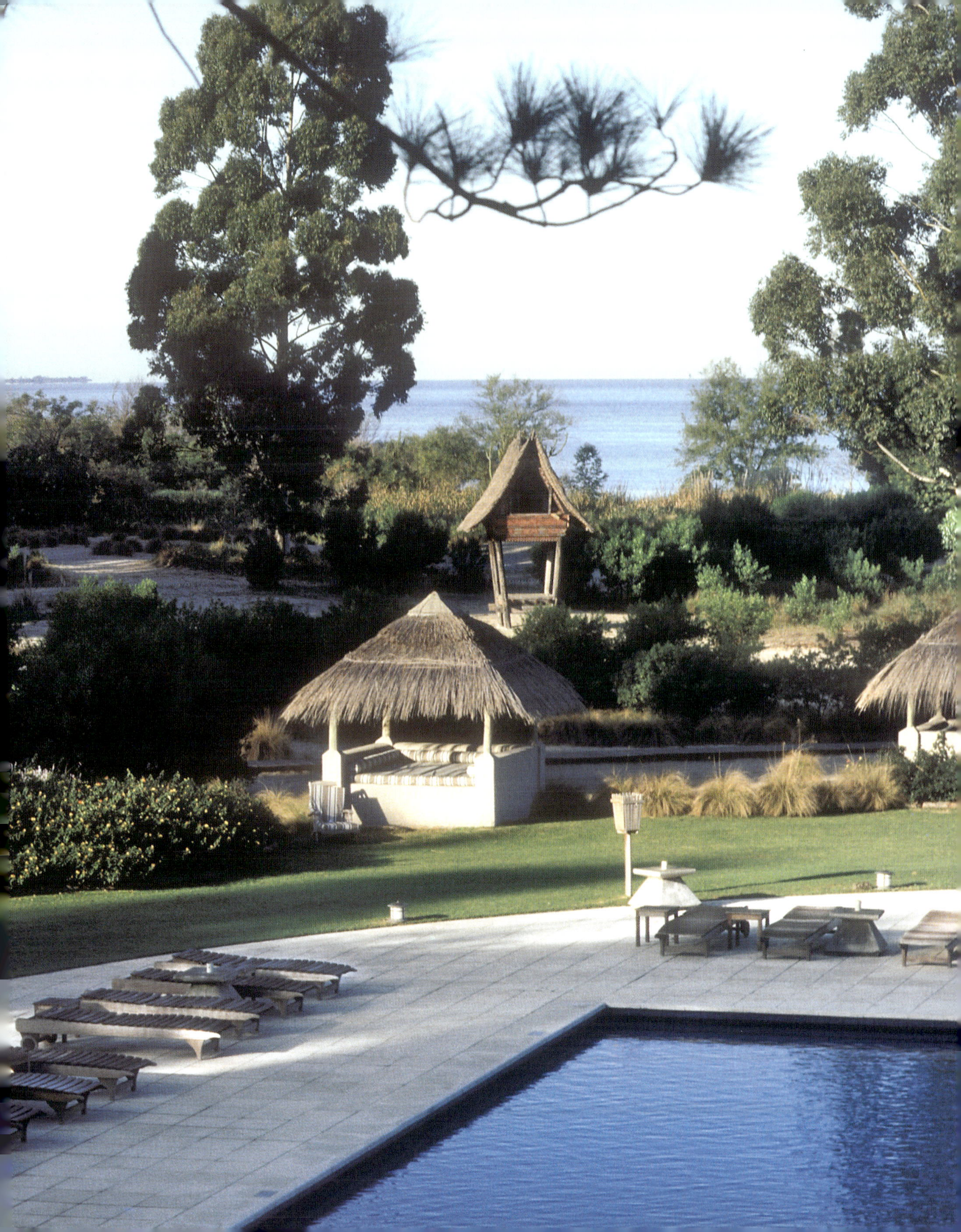

Four Seasons Resort Carmelo
Ruta 21, Km. 262
Uruguay
(598) 542 9000
www.fourseasons.com

carmelo

VIAJE

El **Four Seasons Resort** despertó a Carmelo de una larga siesta. Una combinación de costas arrulladas por las aguas, bosques frescos de pinos y eucaliptos, y un concepto arquitectónico muy contemporáneo generó un resultado contundente: una porción de paraíso. La naturaleza autóctona, que se deja descubrir en barco, kayak, a caballo o en bicicleta, acogió al hotel cinco estrellas de estética oriental y estilo moderno. Son 44 habitaciones estratégicamente escondidas unas de otras: la posibilidad de disfrutar en privado y con una tranquilidad completa nunca desaparece, aún cuando la ocupación sea total.

Remotas quedaron Buenos Aires y Montevideo. La certeza surge con sólo poner un pie dentro de la casa principal: algo de Asia se instaló en esta orilla del Arroyo de las Vacas, casi donde desemboca en el Río de la Plata. Los Budas opulentos del siglo XVII y el jardín de piedras perfumado con incienso lo confirman en el Spa. Los tratamientos se desarrollaron con la colaboración de una veterana de los Banyan Tree Hotels, de Tailandia. Las palabras masaje, armonía, fusión, energía, reflexología celestial, paz y relax se van mezclando con hierbas locales, para revitalizar la mente, el cuerpo y el alma. Los placeres se extienden en cada una de las habitaciones, entre las suites de techos altísimos y los bungalows con patio privado y duchas exteriores.

Todos con jacuzzis profundos y grandes chimeneas, que en invierno nunca se apagan. Muebles y paredes emanan sus aromas propios, de lapacho y viraro; la decoración es de inspiración netamente oriental, pero incorpora objetos, alfombras y productos de varios países de América del Sur.

Tal vez sea necesario tanto tratamiento para alejarse de ansiedades, y encontrarse con el ritmo delicioso, más pausado y más lento, de la República Oriental del Uruguay. En este rincón doblemente oriental confluyen lujo, buena comida y relax, con belleza natural y hospitalidad, aún fuera de los límites del hotel. Las bodegas, las granjas orgánicas y otras playas de Carmelo son excelentes destinos para cabalgatas y paseos. Y el campo de golf de 18 hoyos, y la pileta tamaño lago que es el corazón del Four Seasons. A su alrededor brillan las velas del Mandara Bar con su estilo marroquí; y flotan al ritmo de las brisas suaves las cortinas del Restaurante Pura. Ambos ofrecen butacas inmejorables para que la mirada derive, sin prisa ni necesidad de elegir dónde posarse; con la ilusión bien fundada de ser, por un delicioso período de tiempo, un intruso en el paraíso.

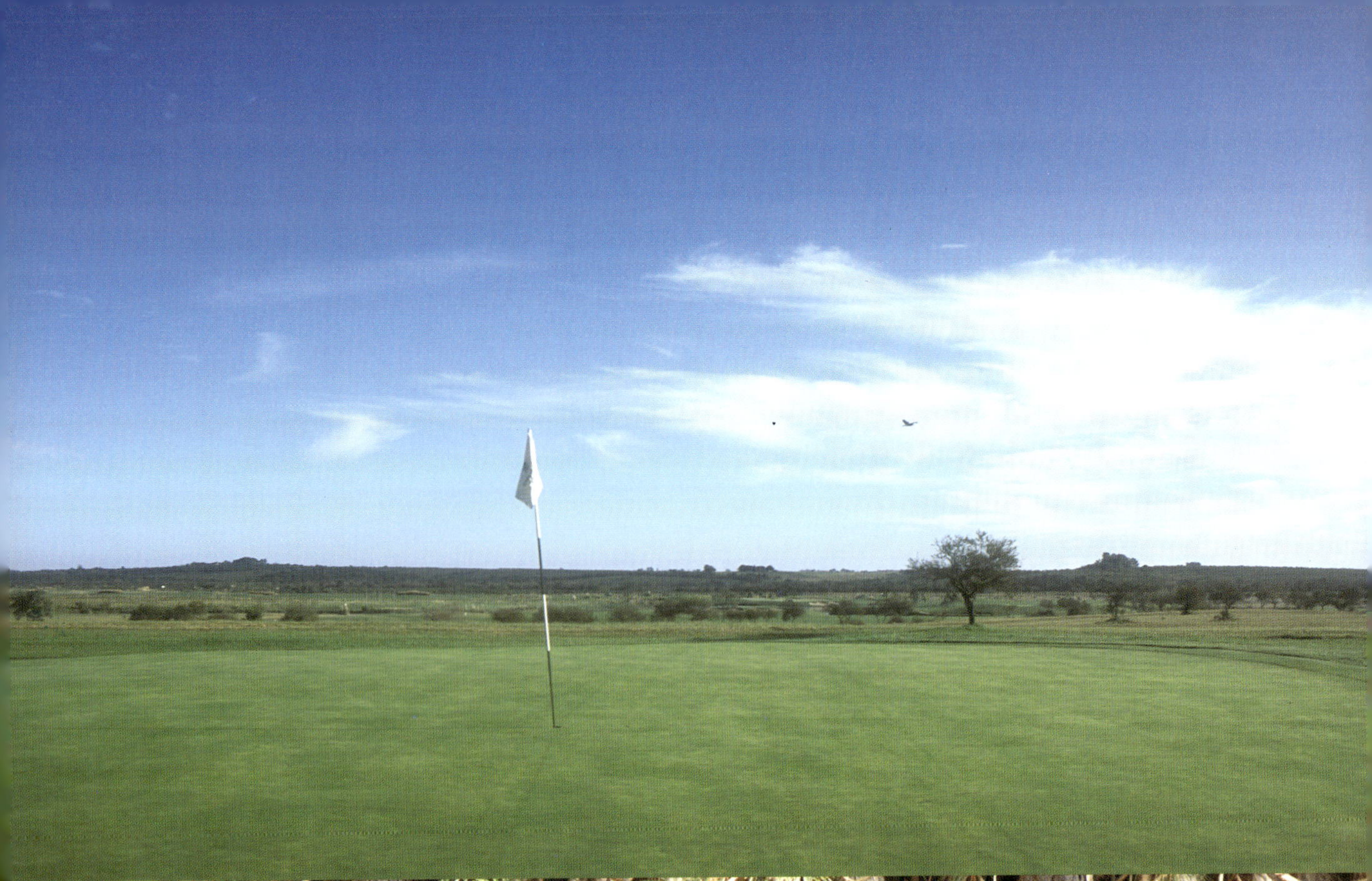
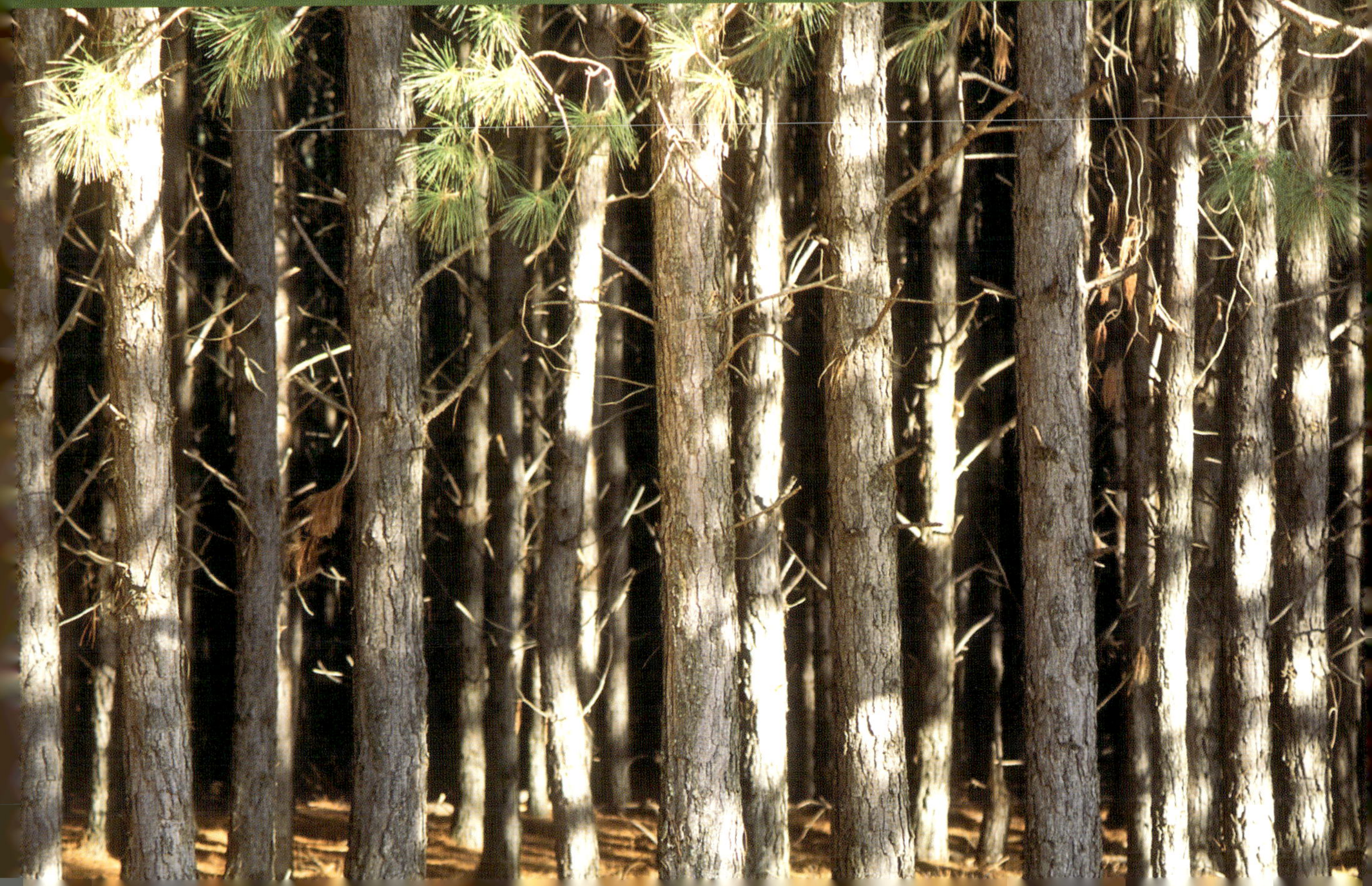

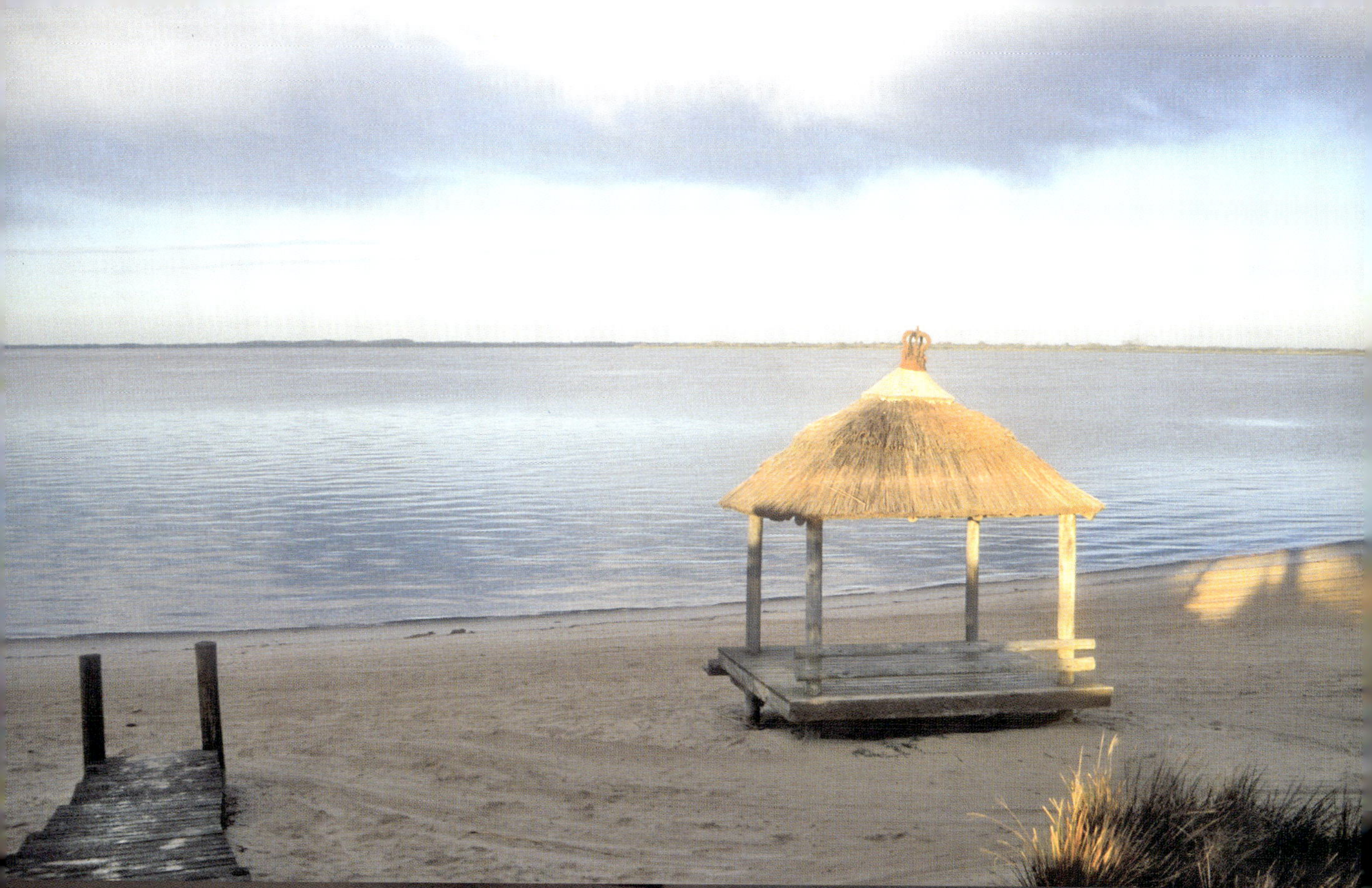

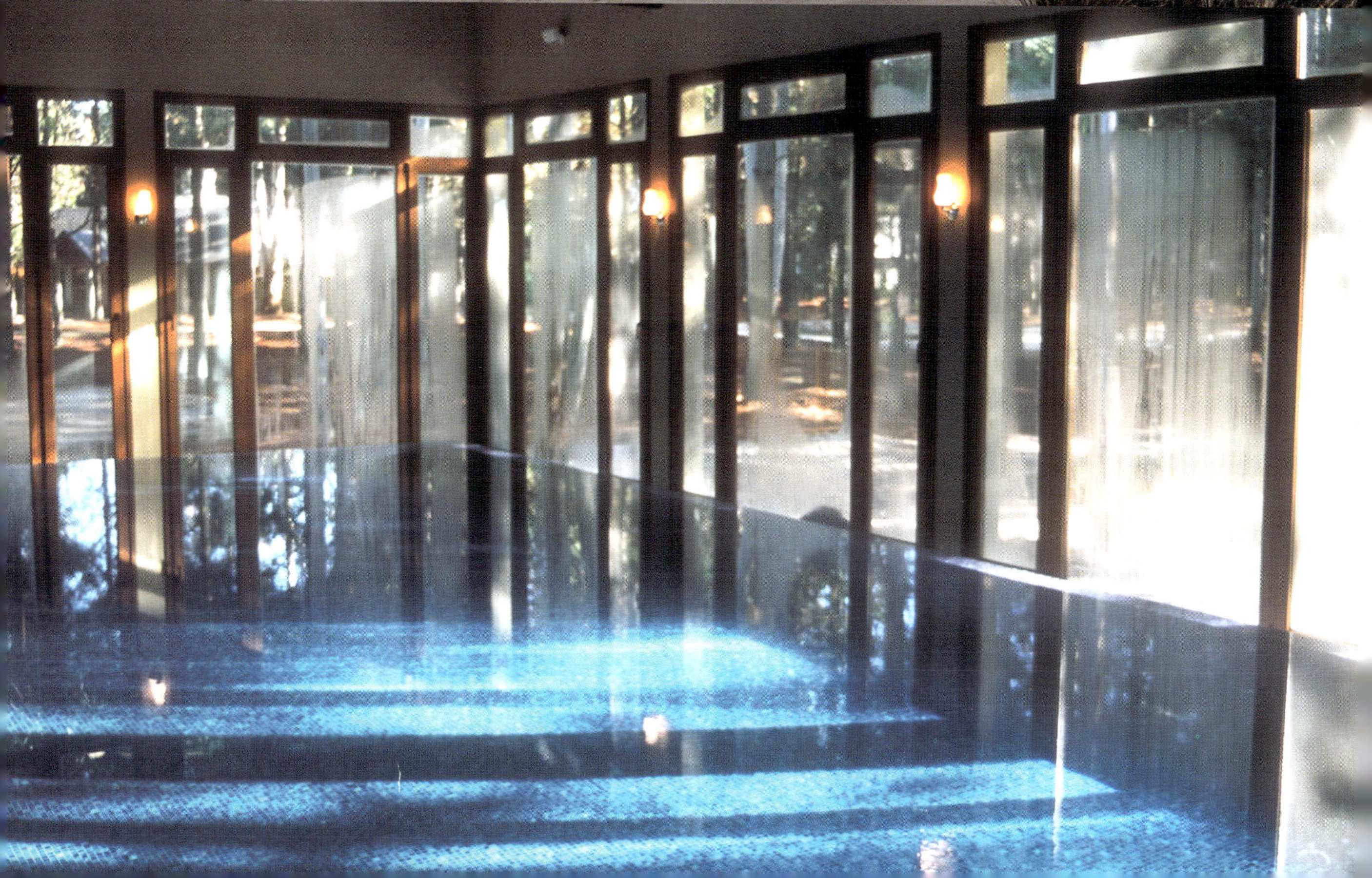

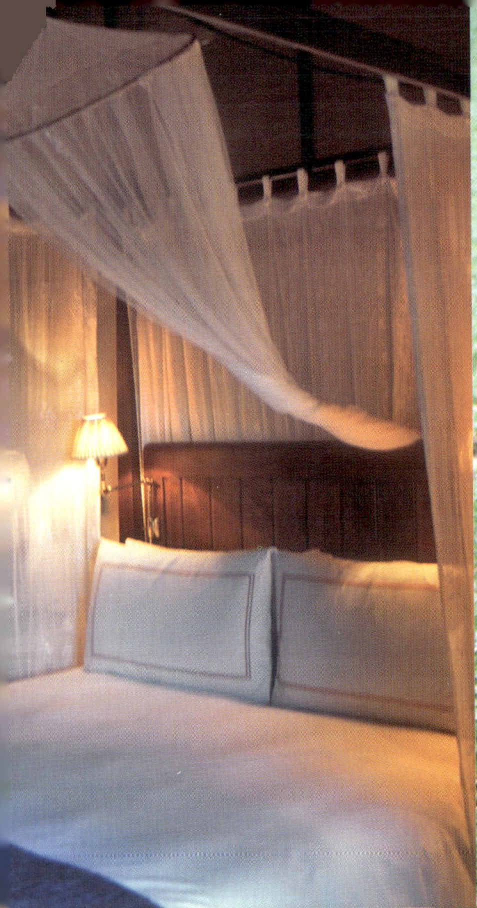
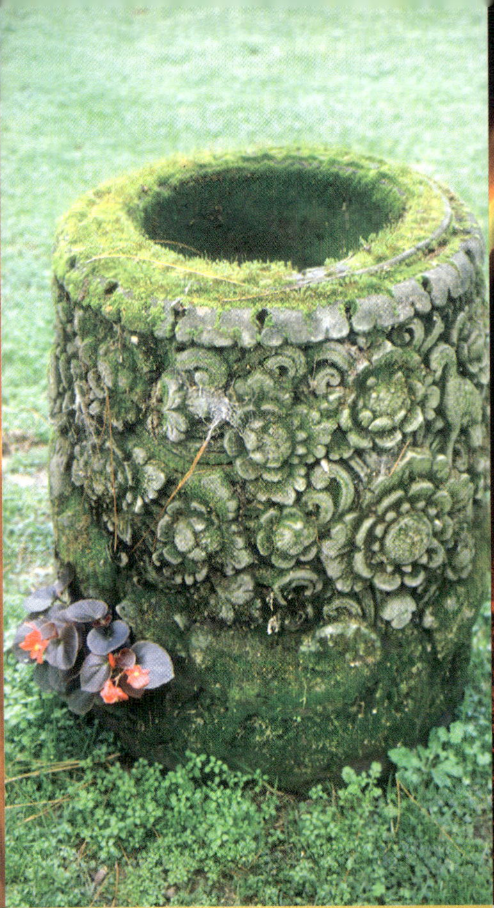
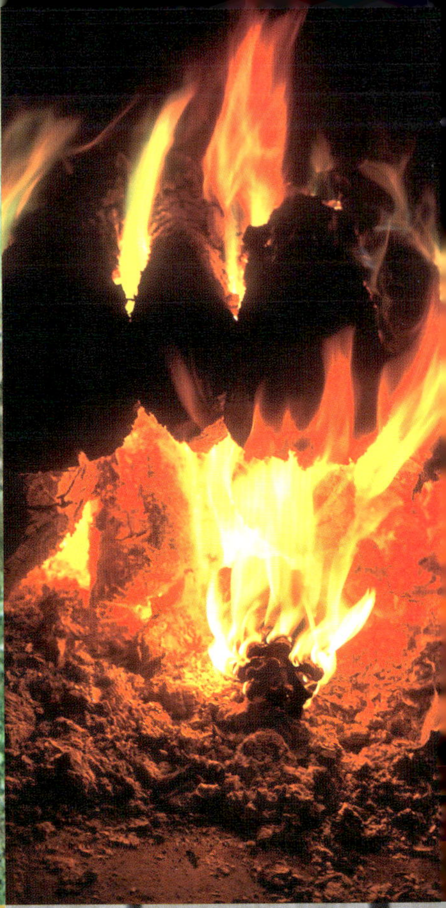
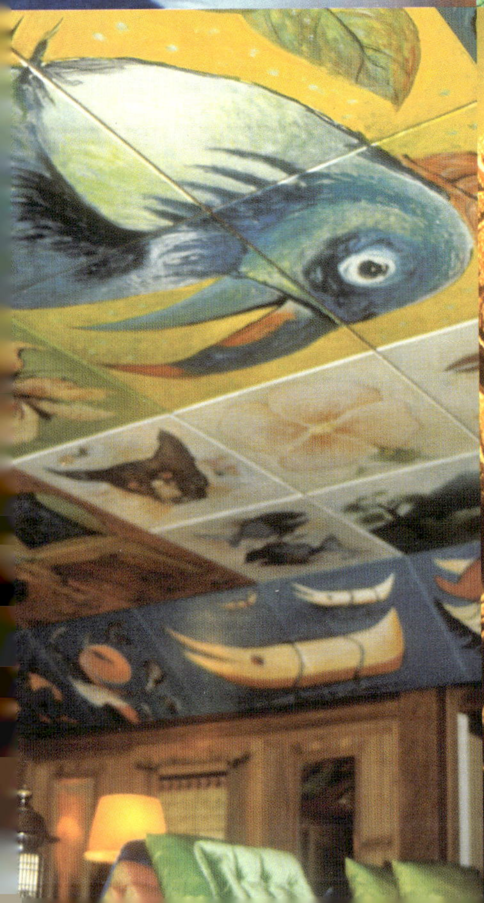
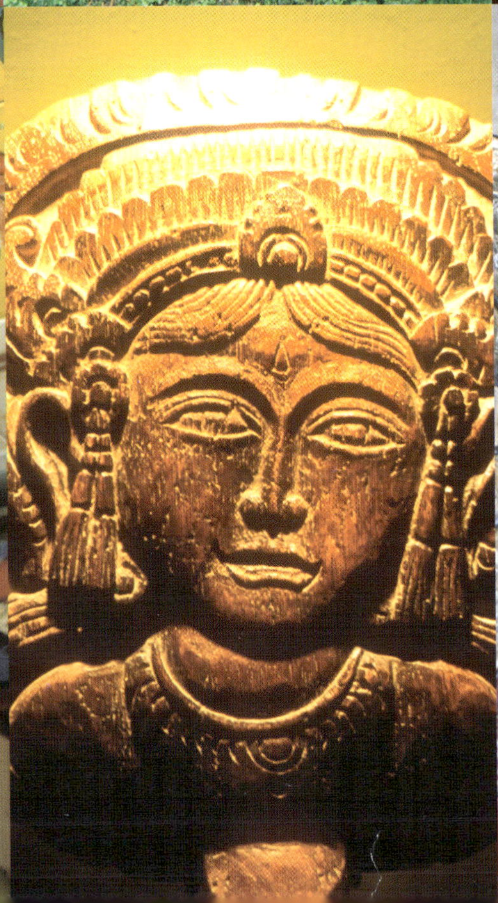
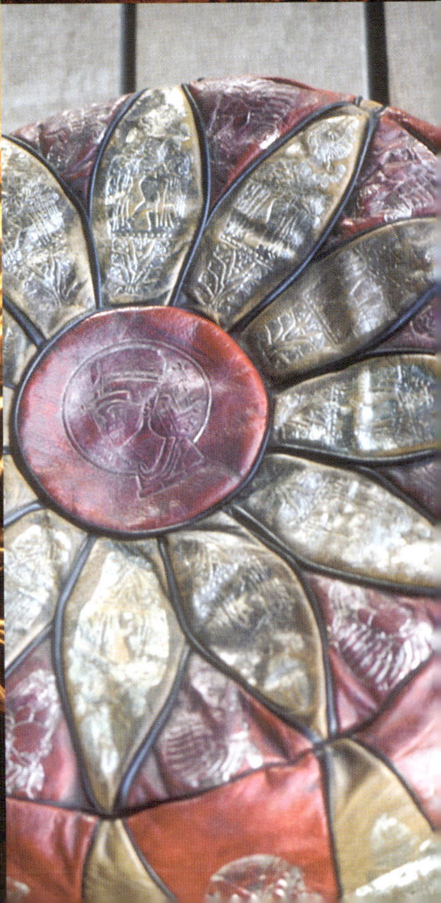

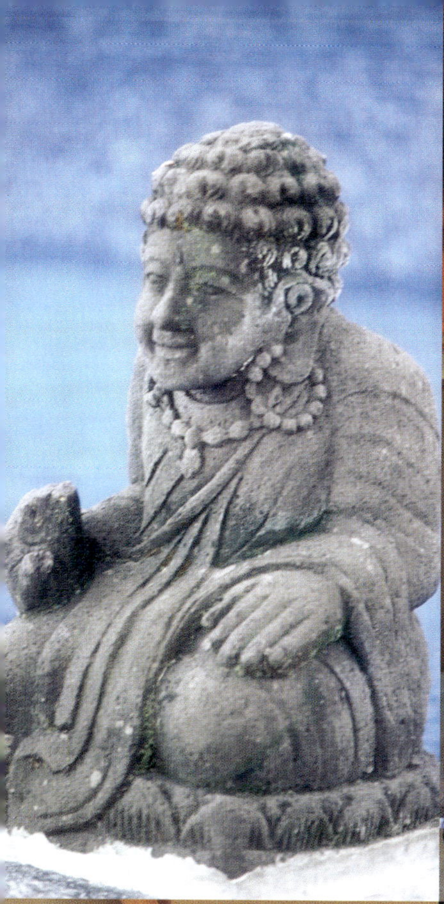
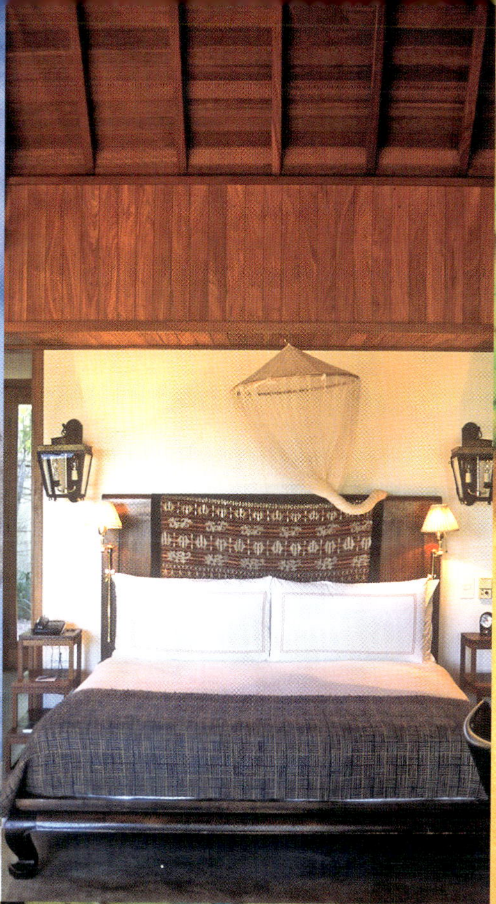
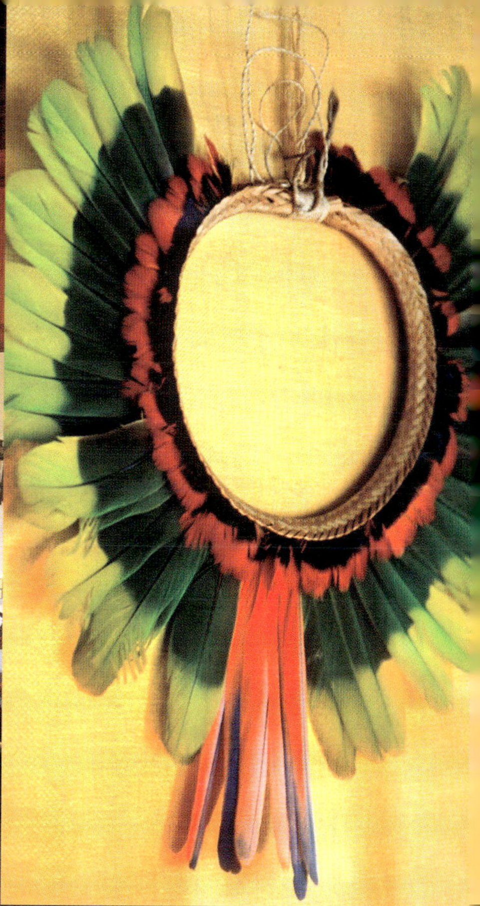
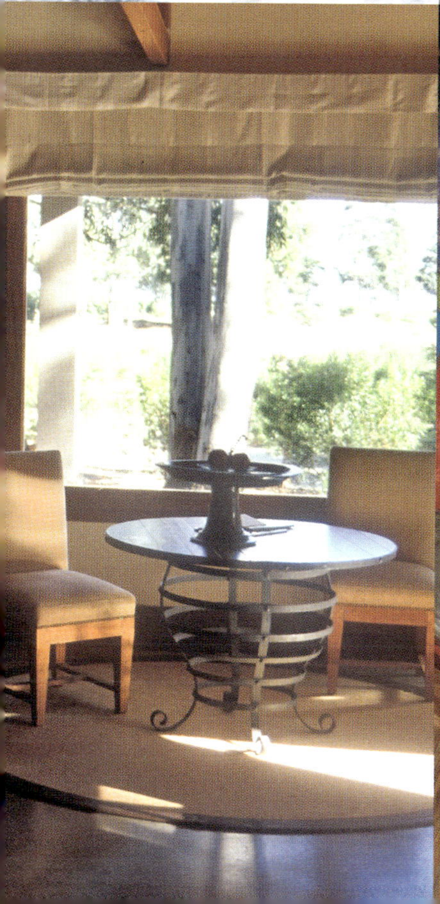
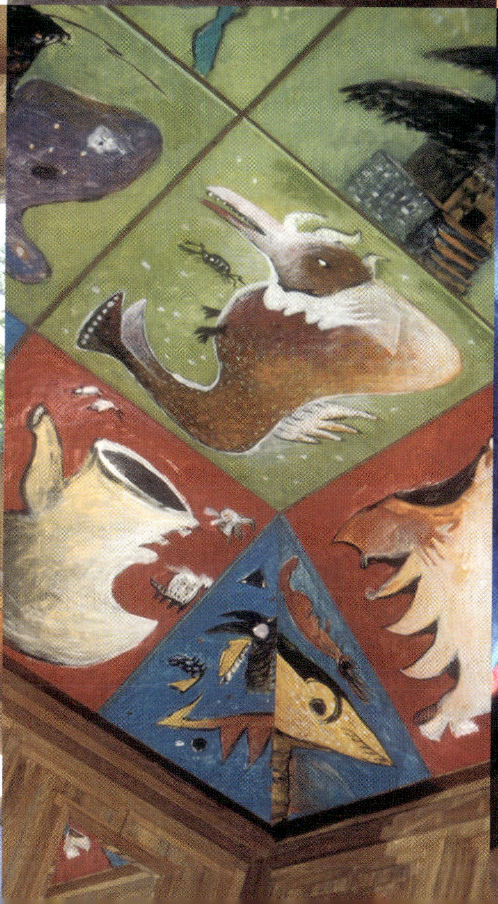
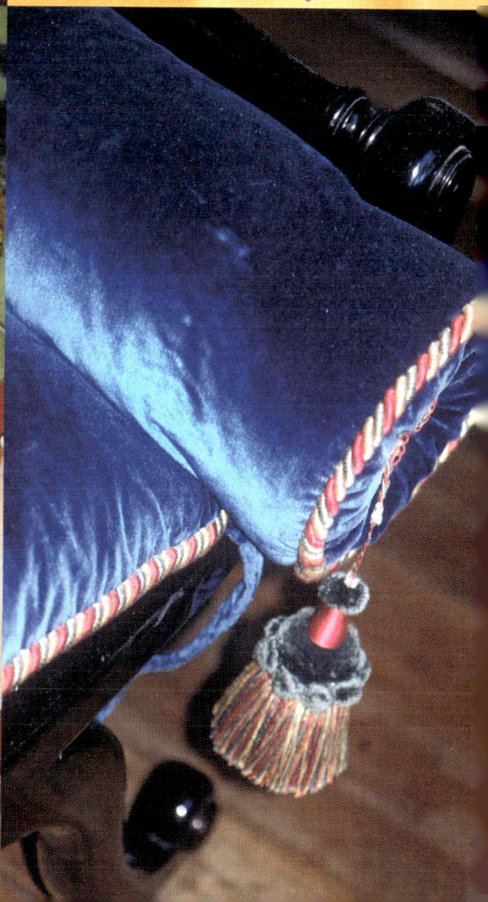

Four Seasons Resort Carmelo
Ruta 21, Km. 262
Uruguay
(598) 542 9000
www.fourseasons.com

carmelo

SHORT TRIP

The **Four Seasons Resort** awakened Carmelo from a long nap. The combination of coasts lulled by the water, fresh woods of pines and eucalyptus, and the contemporary architecture have had a startling result: a piece of paradise. On boat, kayak, horse, or bicycle one can discover the autochthonous nature that gently welcomed this modern-oriental five-star hotel. Forty-four rooms —strategically concealed one from the other— maintain the relaxed, private atmosphere, even when it is full.

The certainty that Asia has come to this side of the river becomes evident upon stepping into the main house. The opulent seventeenth century Buddhas, the incense-perfumed ambiance, and the interior rock garden at the Spa confirm it. The words: massage, harmony, fusion, energy, celestial reflexology, peace, and relax blend with local herbs to revitalize body and soul. The pleasures extend into every room: the suites with double-height ceilings and the bungalows with private patio and outside shower. All with deep bathtubs and grand chimneys for the winter. Furniture and walls emanate their own fragrance from the *lapacho* and *viraró* wood. The inspiration of the décor is strictly Oriental but there are objects from several South American countries.

Perhaps all these mood-enhancing treatments are necessary to rid oneself of anxieties and engage in the delicious, slower-paced República Oriental del Uruguay. In this twice-oriental destination good food, relax, natural beauty, and hospitality converge even outside the hotel walls. Vineyards, organic farms, and other beaches in Carmelo become excellent destinations for horseback rides or walks. The 18-hole golf link and the lake-sized pool —heart of the resort— are other appealing choices. The glowing candles of the Moroccan style Mandara Bar and the flowing curtains of the Pura Restaurant become visible. Both have seats that offer unsurpassed views, so that eyes won't need to choose where to look. And the illusion of being an intruder in paradise is guaranteed!

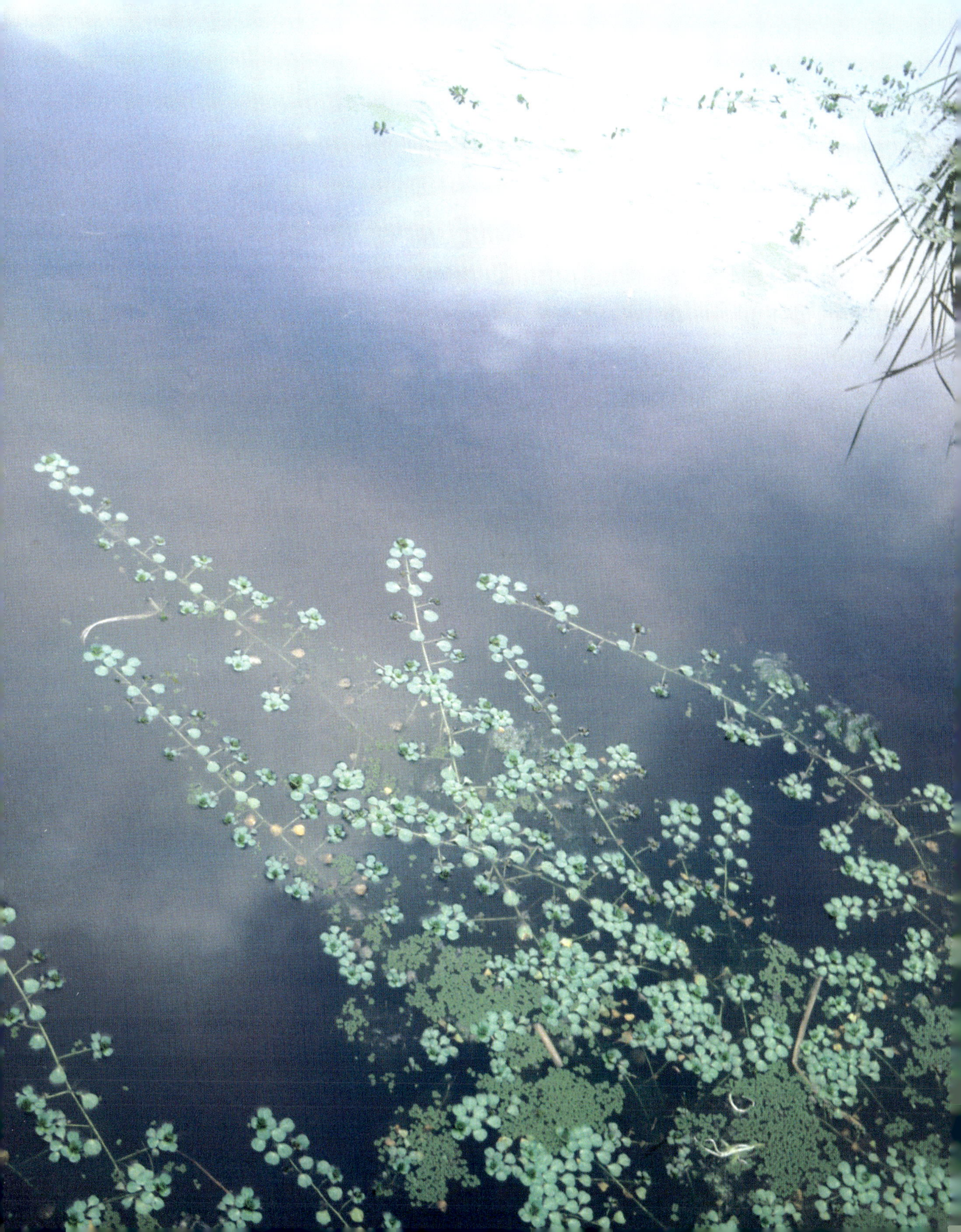

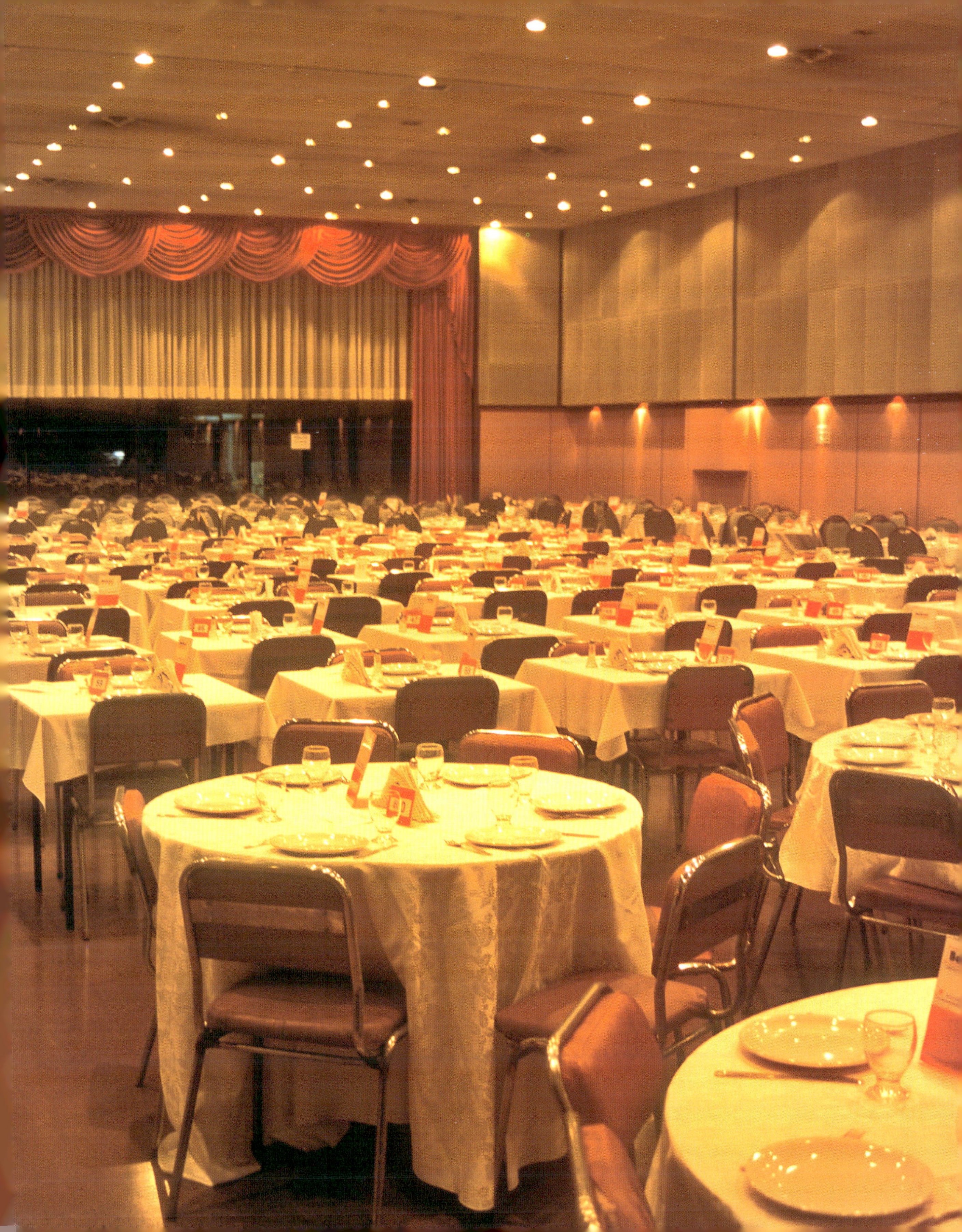

UGAB
Unión General Armenia de Beneficiencia
Armenia 1322
Palermo Viejo
47 71 65 00

escuela armenia
GUSTO

Dicen que donde llega un armenio, lo primero que hace es fundar una iglesia; y al lado, una escuela. Palermo Viejo, que ostenta la mayor densidad de colectividades de Buenos Aires, confirma la teoría hasta el paroxismo. Con la catedral, cuatro centros culturales con sus auditorios, tres restaurantes y dos escuelas, la calle Armenia al 1300 es un concentrado de armenidad. Desde donde sus mujeres se ocupan de perfumar Buenos Aires con aromas y sabores cuyos secretos conocen desde el fondo de los tiempos. El dato comenzó a circular hace algunos años: para que los alumnos graduados de **UGAB** viajen a las tierras de sus ancestros, sus madres se convierten en *chefs*. Sólo los viernes a la noche, de marzo a diciembre.

¿Qué esperar de semejante propuesta? ¿Cuatro o cinco mesas, matronas amasando, espacio y servicio improvisado? Nada de eso. Al bajar la escalera y en un salón grande, alumnos-meseros no profesionales y señoras bien coquetas se ocupan del sector de comidas para llevar, y de las exquisiteces servidas en las mesas. La cocina es bien casera y con ingredientes frescos asegurados. Se adivina una organización impecable, que logra que el indiscutido reinado gastronómico de las mujeres armenias se renueve cada año: sabiduría, recetas y *know how* deben transmitirse de camada en camada. Sin tutía y a veces a regañadientes, en diciembre abdican en favor de sus sucesoras. Se asegura así que siempre haya *humus*, *tabule*, *fatal*, *kebbe*, *sarmá*, pan árabe, *sambusa*, *bastermá*, *mamul*, *baklavá*, y otras delicias caseras.

Bajo la supervisión de estas mujeres, se recaudan fondos para el viaje, y la tradición Armenia puede considerarse a salvo. Junto al restaurante polaco, al indio y al griego, a los árabes, franceses, italianos y japoneses, reconstruyen la ciudad como oportunidad de viajar grandes distancias, y experimentar una magnífica diversidad de consumo. Que es en definitiva el presente de Palermo Viejo: un edén *fashion* que convirtió las viejas casas del barrio en vidrieras de lujo y diseño, y renovó por completo la mirada que los porteños solían tener sobre los clubes y asociaciones culturales, incorporándolos al circuito top de la gastronomía.

UGAB
Unión General Armenia de Beneficiencia
Armenia 1322
Palermo Viejo
47 71 65 00

escuela armenia

TASTING

It is said that the first thing an Armenian does upon arriving to a new town is set up a church and right beside it a school. The multiethnic area of Palermo Viejo, confirms it! With a cathedral, four cultural centers –all with auditoriums–, three restaurants and two schools, Armenia Street is a concentrate of that unique culture. Its women perfume BA with age-old aromas and flavors. So that the graduating high school class of **UGAB** can travel to the country of their ancestors, their mothers become chefs. Open only on Friday nights, from March till December. This well-kept secret was revealed not too long ago.

What should be expected of such a proposal? Perhaps four or five tables, a few matrons kneading, off the cuff service? Well, there's none of that! Once at the bottom of the stairs, a large room is staffed by students serving as amateur waiters and their natty mothers managing the carry-out sector as well as the food served at the tables. There is an impeccable organization that enables the inarguable reign of Armenian women to be renewed each year. Knowledge, fresh ingredients, recipes, and know-how are conveyed from one senior class to the next. Without exception, though sometimes reluctantly, every December one group steps down and the following class takes charge. *Humus*, *tabule*, *fatai*, *kebbe*, *sarmá*, *pita bread*, *sambusa*, *bastermá*, *mamul*, *burmá*, *baklavá* and other homemade delicacies.

Supervised by grandmothers and mothers, funds are raised and the Armenian tradition is kept alive. Along with Polish, Indian, Greek, Arab, French, Italian and Japanese restaurants they show the city as a wonderful chance to travel long distances and experience diverse cuisines. Proving that recycling can be aesthetic, eclectic design boutique windows have rapidly made their way into the neighborhood district of Palermo Viejo. Today, this fashion haven joins traditional social clubs and cultural associations to a hip urban circuit.

PILAV CON POLLO Y ALMENDRAS
DOLMA
LEHMEYUN
SARMA DE REPOLLO CON CARNE
SARMA CALIENTE

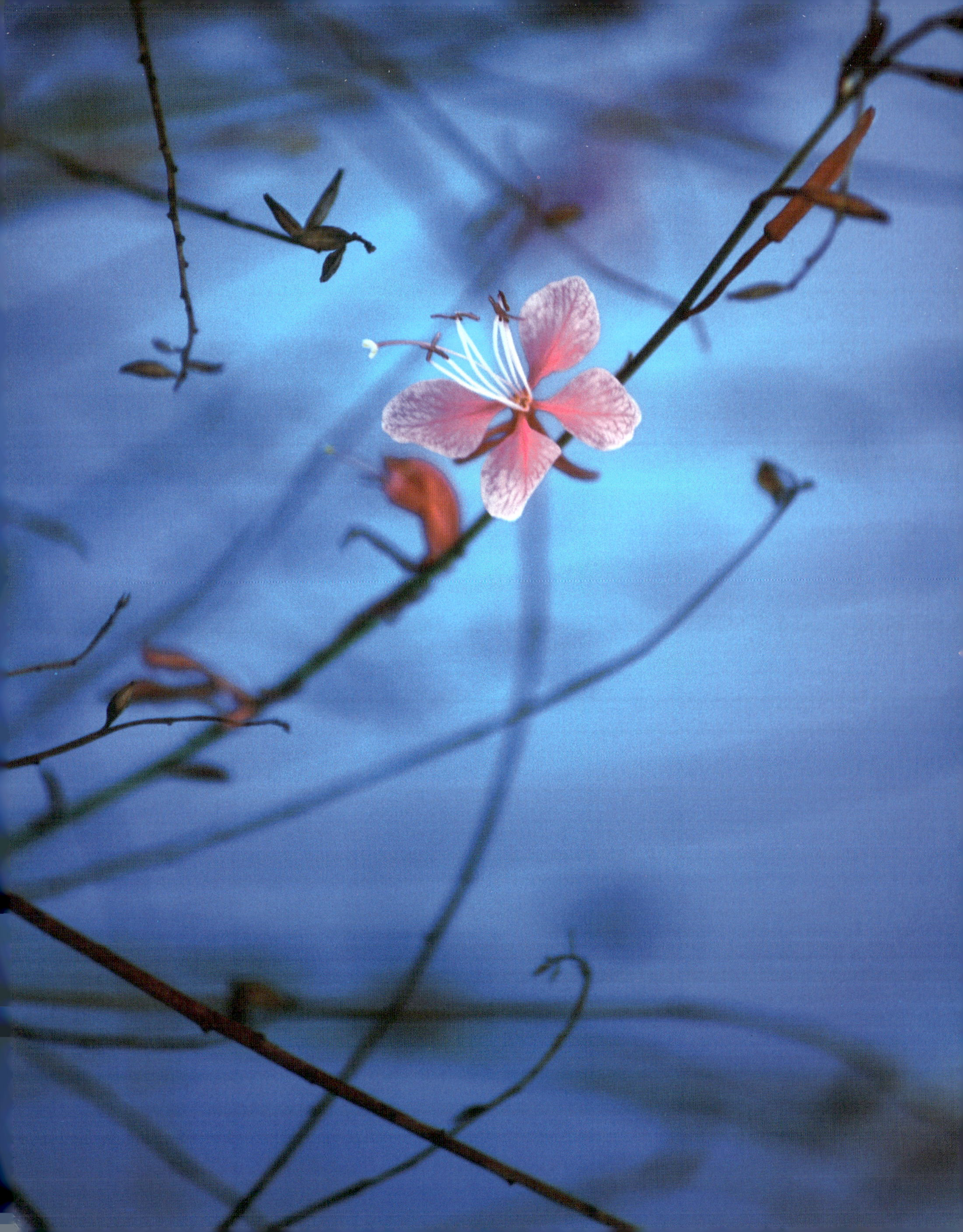

paseos / outings

BOTÁNICO, 63
palermo

CARLOS KEEN, 175
luján

CHASCOMÚS, 103
chascomús

COLONIA, 153
uruguay

ETERNAUTAS, 149
barrios de buenos aires

FAENA, 109
puerto madero

FUNDACIÓN PROA, 37
la boca

LOS PECANES, 31
san fernando

TEATRO SAN MARTÍN, 69
san nicolás

viajes / short trips

CARMELO, 203
uruguay

EL CASCO, 165
san isidro

LA JUANITA, 11
chascomús

LA PASCUALA, 21
san fernando

JOSÉ IGNACIO, 129
uruguay

MONTEVIDEO, 169
uruguay

PARK TOWER, 51
retiro

SANTA RITA, 117
lobos

VILLA JULIA, 17
tigre

gustos / tastings

BAR DE ROBERTO, 161
almagro

BEREBER, 187
palermo viejo

EL CHANGO, 77
open door

EL DIAMANTE, 41
palermo viejo

ESCUELA ARMENIA, 211
palermo viejo

L'EAU VIVE, 197
luján

OUI OUI, 193
palermo hollywood

PAN Y TEATRO, 97
boedo

PARRILLA LA ESQUINA, 47
bajo belgrano

caprichos / delights

BARRIO CHINO, 181
bajo belgrano

BRAGA MENÉNDEZ, 123
palermo hollywood

EVIAN, 27
palermo

FAGLIANO, 143
hurlingham

FOLKLORE, 93
flores

GAUCHITO GIL, 81
rutas argentinas

MATADEROS, 87
mataderos

PROMENADE, 137
recoleta

SALÓN MUARÉ, 57
palermo viejo

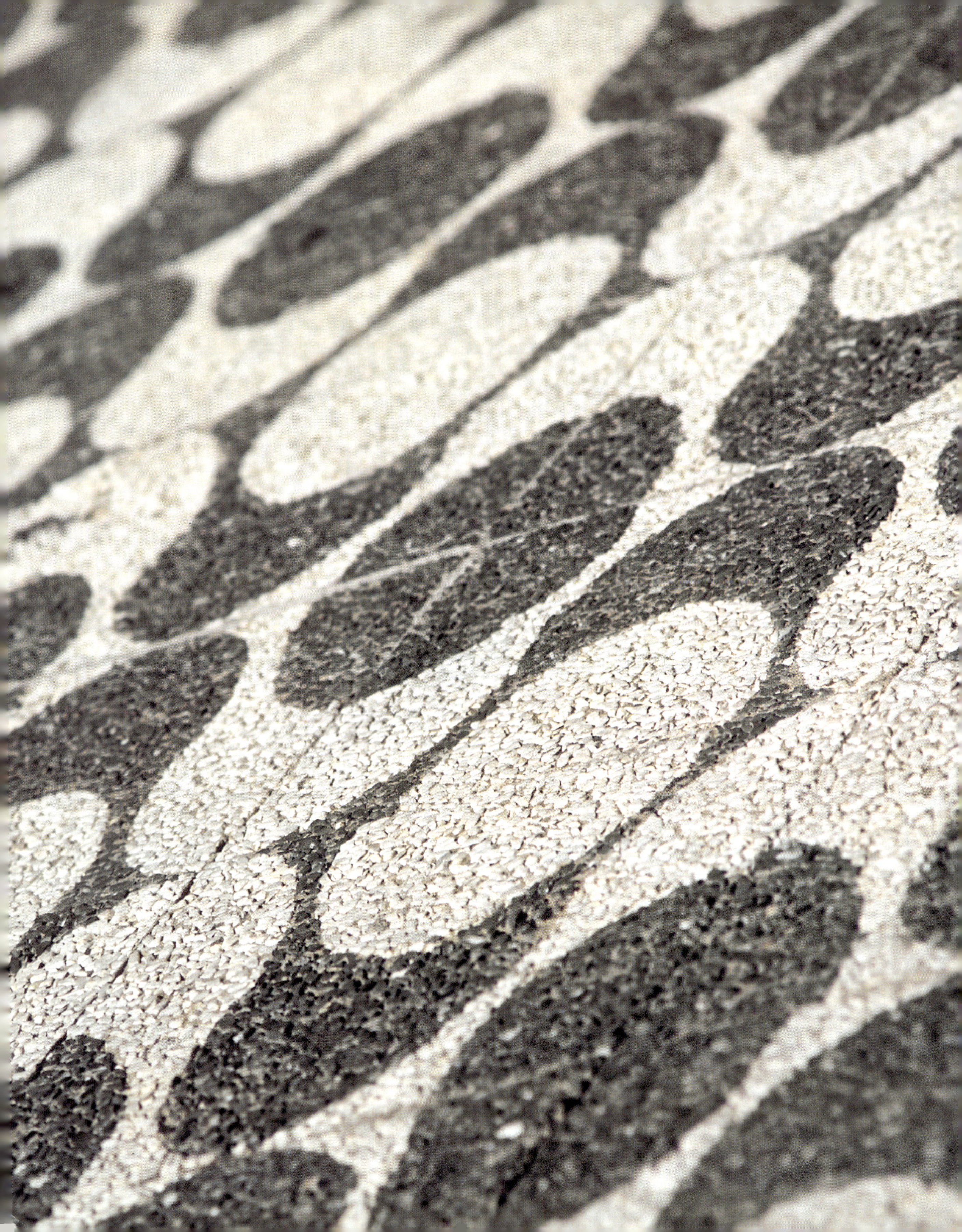

agradecimientos
OUR SPECIAL THANKS TO

Actitud Buenos Aires agradece sinceramente a Sofía M. de Pomar por su enorme generosidad. A Ignacio Heguy y Guillermo Kohan por su apoyo y sucesivas y diversas colaboraciones. A Stefania y Sol Elliot, fieles lectoras de los textos en inglés y a Mariana, Sandra y Débora por sus lecturas de los mismos en español. A nuestros familiares y amigos, que con su enorme entusiasmo nos llenan de energía y exigen más y más libros. A Martín Churba y a Yumico, por la idea -y realización- de llevar **Actitud Buenos Aires, una experiencia urbana** hasta Japón. A Lucas, una parte esencial de nuestra organización. A Prince, Sol y Julieta por su ayuda desde Miami. A Patricia Kohan. A Florencia Cambariere y Carolina Schinelli por compartir sus conocimientos editoriales. A Teresa Bogo, que sigue haciendo gala de una paciencia infinita. A los libreros, que nos han brindado su apoyo y han valorado nuestra independencia. A Henry Chinaski. Y a los responsables, creadores, trabajadores y organizadores de cada lugar incluido en el **Unplugged**; al visitarlos se nos abren las puertas a placeres, diversión, conocimiento, belleza y viajes, ya sean reales o imaginarios. Toda la información que amigos, colegas y lectores comparten con nosotras sobre hallazgos, ricuras, bellezas, experiencias culturales y datos top de todo tipo fue, es y será más que bienvenida.

www.actitudbuenosaires.com
info@actitudbuenosaires.com

Idea y producción de Sofía Pomar y Natasha Elliot.

Investigación, textos y traducciones por Natasha Elliot y Sofía Pomar.

Fotografías: Mariano Galperín.

Diseño y armado: Sandra Abousleiman.

Escaneo y retoque: Alejandro Calderone.

Impreso en Akian Gráfica Editora S.A.

Copyright Natasha Elliot y Sofía Pomar.

Elliot, Natasha
  Actitud Buenos Aires unpplugged: fin de semana - weekend / Natasha Elliot y Sofía Pomar - 1a ed. - Buenos Aires: el autor, 2005.
  216 p. ; 24x20 cm.
  ISBN 987-43-9897-3

  1. Turismo-Buenos Aires. I. Pomar, Sofía II. Título
  CDD 338.479 108 2

Fecha de catalogación: 09/09/2005

Se terminó de imprimir en la Ciudad de Buenos Aires, en septiembre de 2005

5000 ejemplares